KB031612

아베 신조의 일본

노다니엘 지음

아베 신조의 일본

초판 1쇄 인쇄 2014년 11월 1일
초판 1쇄 발행 2014년 11월 5일

–

지은이 노다니엘
펴낸이 이방원
편　집 조환열 · 김명희 · 안효희 · 강윤경
디자인 박선옥 · 손경화
마케팅 최성수

–

펴낸곳 세창미디어
출판신고 2013년 1월 4일 제312-2013-000002호
주소 120-050 서울특별시 서대문구 경기대로 88 냉천빌딩 4층
전화 02-723-8660 | 팩스 02-720-4579
이메일 sc1992@empal.com | 홈페이지 http://www.sechangpub.co.kr

–

ISBN 978-89-5586-213-3 03300

_ 본 도서에 실린 아베 신조의 사진은 산케이신문(産經新聞)의 협조로 제공되었으며,
모든 사진저작권은 산케이신문에 있습니다.

이 도서의 국립중앙도서관 출판시도서목록(CIP)은 서지정보유통지원시스템 홈페이지(http://seoji.nl.go.kr)와
국가자료공동목록시스템(http://www.nl.go.kr/kolisnet)에서 이용하실 수 있습니다. (CIP제어번호: 2014030587)

安倍晉三 아베 신조의 일본

노다니엘 지음

세창미디어

安倍晋三

프롤로그

이 책의 원고를 마친 2014년 현재, 해방 후 한일관계는 최악의 상태에 도달해 있다는 인식이 널리 퍼져 있다. 1945년에 세계대전이 끝나고 그 때부터 20년간의 우여곡절 끝에 '국교정상화'를 이룬 한국과 일본. 그런데 그 '1965년 체제'마저 흔들리고 있다. 이러한 위기 관계의 큰 책임이 일본의 최고지도자 아베 신조에게 있다고 믿는 한국인이 많다.

과연 그럴까? 만약 그렇다면 이는 두 나라 사이의 문제에 그치지 않고, 인류사에 드문 하나의 수수께끼이다. 세상의 모든 정보가 인터넷에 올라 인류가 공유하는 이 시대에 한 사람의 정치가 때문에 인구 합계 1억 7천만에 이르는 두 나라의 관계가 위기에 이른다면 이는 인류의 연구대상임이 틀림없다. 반대로 그렇지 않다면 그것도 큰 문제이다. 일본의 한 정치가에 대하여 틀린 인식을 가짐으로써 한국의 국민이 흥분하고 휘둘림을 의미하기 때문이다.

아베 신조는 과연 누구인가? 그는 어떤 정치가이고 그가 추구하는 정책은 무엇인가? 그는 많은 한국인이 생각하듯 '우경화'라는 병에 걸린 이상한 사람인가? 그와 그의 추종자들이 이토록 한국인의 가슴을 헤집고 두 나라의 관계를 해치는 까닭은 어디에 있는가? 한국인으로서 그리고 지구촌에 사는 교양인으로서 우리가 가져야 할 공정하고 정확한 인식은 무엇인가?

이 책은 이러한 질문에 답을 제시하고자 하는 것이다. 이러한 과제를 효과적으로 수행하기 위해 이야기를 세 부분으로 나누어 전개하였다.

〈제1부〉에서는 1954년에 태어나서 일본의 총리대신을 맡고 있는 오늘까지 그의 인생 60년을 그린다. 그리고 그 과정에서 그를 지지하고 같이 권력을 공유하게 되는 사람들의 면면을 소개한다. 아베 신조는 정치가의 세습이 보편화된 일본에서도 보기 드물게 권력기반, 그리고 정치의 노하우를 선조로부터 세습한 사람이다.

정치가문에서 태어난 그는 고베제강이라는 회사의 평사원으로 있다가 부친인 아베 신타로가 외무대신이 되자 비서로서 정계에 입문하게 된다. 그 후 그는 중의원으로 당선되어 모리, 고이즈미 등의 수상을 배출한 세이와카이라는 자민당의 파벌에 속하여 수상으로 부상하는 정치수업을 받게 된다. 이윽고 2006년에 52세의 나이로 일본의 총리대신이 된다. 1945년의 종전 이후에 태어난 사람이 처음으로 일본의 수상이 된 것이었다. 그러나 질병으로 인하여 일 년 만에 수상직을 스스로 내려놓는다. 그때부터 5년간 그는 50대 중반의 남자로서 많은 것을 깨달으며 재기를 노렸다고 인터뷰에서 내게 털어 놓았다. 그리고 2012년 겨울, 재집권에 성공한다. 다시 수상이 된 그는 별렀다는 듯이 야스쿠니신사에 참배하고, 이어서 고노 담화의 재검토, 집단적 자위권 등의 정책을 추구하며, 그로 인해 한국, 중국과의 갈등이 고조되고 있다.

〈제2부〉에서는 제1부에서 그린 정치가 아베 신조의 생각과 말과 행동이 구체적으로 정치에 구현되는 과정과 내용을 설명한다. 2012년 말에 다시 정권을 잡은 아베가 내건 슬로건은 '일본을 다시 찾자'는 것이었다. 이 추상적인 슬로건에 의문을 표하는 사람이 많았다. 그러나 그 표어 뒤에는 아베가 1차 정권에서 내건 '전후 레짐으로부터의 탈각'이라는 뼈대가 버티고 있다. 그가 표방하는 '새로운 일본'의 건설을 위한 노력은 '전후 레짐'으로부터 벗어나는 것을 기반으로 한다. 전후(戰後) 레짐(regime)이란 태평양전쟁에서 패한 일본에 대하여 승전국 미국이 부과한 헌법을 비롯하여 1945년 이래 일본사회의 뼈대를 이루어 온 체제를 말하는 것이고, '탈각'이란 그것에서 벗어나겠다는 것이다. 일본 국내뿐 아니라 국제사회에서도 논란이 되고 있는 헌법의 개정, 국방군의 창설, 영토를 둘러싼 갈등, 역사인식 문제, 교과서의 개정 등은 모두 일본의 보수층이 꾀하고 있는 커다란 '패러다임의 전환'이라는 맥락 속에서 이해할 수 있다.

〈제3부〉에서는 앞의 논의에서 유추할 수 있는 한일관계의 특질을 논하고자 한다. 제1부와 제2부에서 나는 다양한 사실과 그 관계를 중립적인 시각에서 객관적으로 정리하고자 노력했다. 그러나 제3부에서는 30여 년에 이르는 일본에 대한 연구와 경험을 바탕으로 한일관계를 새롭게 해석해 보고자 한다. 여기서 '새롭게'라는 것은 내가 2011년 이후 연구해온 '지정학적 심리'라는 시각에서 일본의 '문명'을 개념화하고 그를 바탕으로 한일관계의 현상들을 해석하고 전망하는 것이다.

한국인에게 생소하고 민감한 이야기를 전달함에 있어서 나는 최대한의 중립성과 객관성을 지키고자 한다. 2006년에 나는 『우경화하는 神의 나라: 일본 지배세력의 정신세계』라는 책을 냈다. 당시는 일본의 '우경화'가 하나의 용어가 되며 한국에서 비상한 관심을 끌던 시기였다. 그 책의 서문에서 나는 다음과 같이 썼다.

> 이 책의 목적은 일본인의 속마음을 느끼고 아는 데 기여하고자 하는 것이지, 일본의 특정한 개인이나 단체에 증오나 저항을 불러일으키고자 하는 것이 아니다. 이 책을 읽는 한국인들은 사람에 따라 충격을 받거나, 분노하거나, 감동할 수도 있다. 결국 이 책은 일본지배세력의 정신세계를 들여다보는 안내서이며 이야기책이다.

한국과 일본이라는 두 나라 사이에 벌어지고 있는 영토, 역사인식 등 매우 미묘하고 중대한 문제들에 관하여 한 사람의 학자가 판단을 내려 의견을 제시한다는 것은 위험하고 오만한 것이라고 생각한다. 따라서 이 책 또한 아베 신조라는 정치가와 그를 지지하는 사람들의 진정한 생각과 모습과 언행을 있는 그대로 전달하고자 한다. 아베와 그를 둘러싼 인사들을 마을로 비유한다면, 이 책은 그 마을을 효과적이고 체계적으로 둘러볼 수 있는 지도에 해당하는 것이다.

마지막으로 이 책을 쓰는 데 커다란 도움을 준 구보타 루리코 씨에게 깊은 감사의 말씀을 드린다.

교토에서

노다니엘

차 례

1

투쟁하는 정치가

2

전후 레짐으로부터의 탈각

3

아베 정권의 심층심리

1

투쟁하는 정치가

1

安倍晋三

あべしんぞう Abe Shinzo

"시대가 바뀌었지만 나는 정치가를 이렇게 나누어 본다. '투쟁하는 정치가'와 '투쟁하는 않는 정치가'이다. '투쟁하는 정치가'란 우선 국가와 국민을 위해서라면 비판을 두려워하지 않고 행동하는 정치가이다. '투쟁하지 않는 정치가'란 '당신이 말하는 것이 맞아요'라고 동조하면서 결코 비판의 화살에 맞서려고 하지 않는 정치가이다."

아베 신조, 『새로운 나라에』

제1장
인간 아베 신조

아베와의 인터뷰

2014년 4월 16일. 오전 11시에 아베 신조를 총리집무실에서 만날 기회를 갖게 되었다. 한국특파원을 지낸 한 일본 언론인의 주선으로 이루어진 것이었다.

도쿄도 치요다구 나가타초 2정목 3번지의 총리관저. 아홉 개의 경찰 대대가 삼엄하게 호위하는 이 건물에 나는 다메이케산노(溜池山王) 지하철역에서 걸어가기로 하였다. 국회도서관에 가기 위해서 지금까지 수백 번도 걸었던 길이지만 전혀 새로운 느낌이 들었다. 걸어서 약 15분 남짓. 가는 동안 많은 생각이 떠올랐다.

일본정치경제를 전공한 내게는 아베 신조라는 인물을 오랫동안 관찰하고 생각하게 된 계기가 있다. 1989년 봄에 나는 미국의 대학원에 제출할 박사학위 논문의 사례연구를 쓰기 위하여 일본에 갔다. 그 봄은 쇼와(昭和)시대가 끝나고 헤이세이(平成)시대가 시작되는 전환기였다. 나는 도쿄 도심에서 서쪽으로 벗어나 있는 무사시노(武藏野)라는 곳에 정착하였다. 나의 아파트 부근에는 보기 드물게 아름다운 느티나무 길이 있었다. 그리고 그 길 옆에는 세이케이(成蹊)라는 사립대학이 있었다. 들어본 적이 없는 대학이었다. 그런데 얼마 후에 아베 신조가 이 대학 출신임을 매스컴을 통하여 알게 되었다. 그리고 그가 나와 같은 1954년생인 것도 알게 되었다.

나와 동갑인 아베는 일본 정계의 '순혈종마'(純血種馬)라고 불리며 주목을 받고 있었다. 외할아버지 기시 노부스케와 그의 친동생인 사토 에이사쿠라는 두 수상의 자손인 아베 신조는 장차 수상이 되리라고 예상되는 부친 아베 신타로[1]의 비서로서 정치수업을 시작한 것이었다. 일본의 식민통치를 받은 한국에서 태어난 무명의 한국인과 그 식민통치를 행한 일본 정계의 호프 …. 같은 30대 중반의 나이지만 내 마음속에서는 너무도 큰 차이였고 극적인 대비였다. 그때부터 나는 정치가 아베 신조의 성장을 늘 관심을 가지고 보며 내 마음속에 노트를 해왔다. 그래서인지 그를 처음 대면하는 순간 오래전에 만났던 이를 다시 보는 듯한 느낌을 순간적으로 가졌다.

2002년에 완공된 총리관저는 5층짜리 직사각형의 건물로 예상했던 것보다 평범하여 다소 놀랐다. 언덕에 지어져 있어 3층은 지상이고 2층은 지하 아닌 지하의 구조다. 밖에서 볼 때는 온통 유리로 싸여 있어 채광이 좋을 듯한데, 막상 안에 들어가 보니 미로 같은 구조에 옹색한 느낌이 들었다.

1 아베 신조와 그의 부친 아베 신타로를 같이 놓고 반복하여 말하는 경우에, 전자를 '신조'로 후자를 '신타로'로 줄여서 부르기로 한다.

안내된 응접실에서 주선자인 일본 언론인과 기다리자 11시 정각에 문이 열리며 그가 들어섰다. 동시에 다른 편의 문이 열리며 두 사내가 들어서서 벽 쪽의 배석의자에 앉는다. 유심히 보니 한 사람은 아는 얼굴이다. 수년 전에 서울의 일본대사관에 근무했던 스즈키 히로시 공사였다. 외무성이 수상관저에 비서관으로 파견한 모양이다.

마침 그날은 일본을 방문 중인 몽골의 엘베그도르지 대통령과 일본 총리의 오찬이 예정되어 있어서 인터뷰 시간이 단축되지나 않을까 다소 염려했다. 그런데 11시부터 60분 예정으로 되어 있던 인터뷰는 조금 시간을 초과하였다. 인터뷰가 끝난 후 아베 총리가 갑자기 같이 사진을 찍자며 사진사를 찾는 바람에 그렇게 된 것이다. 사진사를 기다리는 몇 분은 사생활에 관해서 물어볼 수 있는 소중한 시간이 되었다.

일본의 총리가 면식이 없는 한국의 한 학자에게 한 시간을 내준다는 것은 이례적으로 보일 수도 있는 일이었다. 인터뷰의 목적은 물론 그에 관한 책을 쓰기 위한 것이었다. 그만큼 그는 자신을 한국 독자들에게 알리고 싶어 한다는 것을 직감할 수 있었다.

미리 제출한 질문서를 바탕으로 인터뷰는 우호적인 분위기 속에서 진지하게 이루어졌다. 한 20분이 지난 후 그는 다소 긴장한 듯한 정좌세를 허물고 다리를 꼬아 앉으며 '오프 더 레코드'로 편하게 말하자고 하였다. 나로서야 물론 환영이었다. 내가 그 짧은 시간에 얻고자 했던 것은 어떤 특정한 정보나 대답이 아니었다. 나는 그의 생김새, 분위기, 체취, 말투 등 내 나름대로 그를 직관적으로 파악하고 싶었다. 그런 점에서 그 인터뷰는 성공이었다. 내 마음속에는 아베 신조라는 인간과 정치가의 '게슈탈트'(gestalt), 즉 총체적 모양새가 형성이 되었다. 이는 이 책을 써 나가는 데 소중한 심리적 나침반이 되어 주었다.

비록 짧은 시간이었지만 탁자를 사이에 둔 가까운 거리에서 그를 접하고 나서 내가 얻은 이미지는 '도회적이고 여성적'이라는 것이었다. 권력투쟁과 밀실 거래와 복선 뒤에 다시 복선이 있는 소위 '자민당 정치'가 주는 어둡고 마초적인 이미지와는 거리가 먼 인상이었다. 60살인 그는 회색양복에 옅은 푸른 셔츠 그리고 골드색의 넥타이를 매고 있었는데, 내가 지금까지 만나 본 수십 명의 일본정치가들과는 매우 다르게 패션에 많이 신경을 쓴 스타일이었다. 사단법인 일본맨즈패션협회가 뽑은 2013년의 베스트 드레서 9명 중에 정치부문에서 아베가 뽑힌 것은 우연이 아니라고 생각되었다.

아베의 옷맵시를 칭송하자는 것이 아니다. 일본의 수상이 된 60살의 남자가 자식이 없는 쓸쓸한 분위기의 가정에서 아침에 신경을 써서 옷을 코디해 입고 나가는 모습을 상상하면서 우리가 추론해 낼 수 있는 그의 정신세계는 무엇일까? 그의 부인 아키에가 다른 인터뷰에서 '순진'하다고 한 표현을 나는 '단선적'이라고 바꾸어 표현하고 싶다. 그의 모습에서 얼핏 여성성을 감지하였다. 이는 그의 남성성을 모독하자는 의도가 아니다. 그의 모습에서 세상을 큰 걱정과 풍파 없이 살아온 사람의 단순함, 순진함을 느낄 수 있었다는 것이다.

인터뷰가 끝나고 사진사가 오기를 기다리는 잠시의 비공식적인 대화 시간이었다. 그의 책들을 보면 영화와 소설을 좋아하는 것 같다고 하자, 그는 얼굴이 밝아지며 '탐정소설이 좋다'고 덧붙였다. 이때 그의 모습은 외국인 연구자를 만나는 일국의 총리가 아니라 의기양양한 소년의 모습이었다. 이 모습은 2014년 3월 25일, 헤이그에서 박근혜 대통령에게 '만나서 반갑스무니다'라고 말을 어색하게 건네던 그의 모습과 오버랩된다. 정치에 찌든 자민당의 노회한 정치인이라면 도저히 취할 수 없는 행동이었다. 마치 만나 주지 않는 여학생에게 수줍게 말을 건네고자 그 말을 마음속에서 준비했다가 꺼내는 듯한 그의 에토스가 바로 그가 일본인에게 어필하는 장점이고, 동시에 단순하게 일을 밀어붙이는 약점이기도 하다는 느낌이 나의 뇌리에 진하게 남았다.

아베 신조는 1954년 9월 21일에 태어났다. 따라서 그는 2014년 9월에 환갑을 맞았다. 갑오년이었던 1954년은 태평양전쟁에서 돌아온 병사들이 아기를 낳던 베이비 붐 시대가 지난 때였다. 전쟁의 참화에서 벗어나 성장기로 접어들던 일본에 그해에 특별한 일은 없었다. 역사적으로 기억되는 일이 있었다면 7월 1일에 육해공 삼군의 자위대가 발족했다는 것이고, 2월에는 마릴린 먼로가 도쿄에 찾아왔다는 정도였다.

2014년에 만 60세가 된 아베 신조. 직업은 중의원 의원이자 일본 총리대신. 신장 175cm. 체중 70kg. 혈액형 B형. 아내 아베 아키에. 자녀 없음. 취미 영화보기. 좋아하는 음식 곱창구이.

이 사내는 어떤 인물인가? 그는 도대체 어떤 생각을 가진 사람인가? 그는 어떻게 일억 이천만 명이 사는 선진국 일본의 최고지도자가 되었으며, 높은 수준의 시민의식을 가진 것으로 평가되는 일본인들은 왜 그를 최고지도자로 뽑았는가? 우리는 그가 이끄는 일본이라는 이웃나라와의 관계를 어떻게 맺어가야 하는가? 지금부터 그 의문들을 풀어 보기로 한다.

일본 정계의 '사라브렛도'

일본정계에서 아베 신조는 흔히 '사라브렛도'라고 불린다. '사라브렛도'란 thoroughbred라는 영어 단어의 일본식 발음이다. 우리말로 순혈종마(純血種馬)라고 번역할 수 있다. 혈통 기록이 보관되는 경주마를 가리키는 어휘이다. 다분히 미화적인 어감이 들어 있지만, 이 어휘를 음미할 필요가 있다.

이 음미의 키워드는 '제왕학'이다. 금전이 가장 높은 가치가 되어버린 이 시대에는 삼라만상을 돈이라는 프리즘을 통해서 보고 말하는 사람이 많다. 내가 도쿄의 히토쓰바시대학에서 연구할 때 찾아왔던 재벌가문의 한 아들이 캠퍼스에 들어서자마자 눈에 들어오는 소나무 숲을 보더니 '아니 이게 돈으로 따지면 얼마야' 하며 감탄하던 것을 잊을 수 없다. 이 사람들에게 어려서부터 '배운 도둑질'은 돈 계산이다.

이 이야기를 아베 신조에게 적용한다면 그는 삼라만상을 자신의 권력포지션과 연관하여 따지는 계산법을 어려서부터 몸에 익혔을 공산이 크다. 유아기로부터 청소년기를 거쳐 성인이 될 때까지 그의 주변은 모두 정치 일색이었다. 외할아버지(기시 노부스케)와 그의 동생(사토 에이사쿠)이 직업정치가로서 수상이 되었고, 신조의 부친(아베 신타로)도 기자를 거쳐 정치에 입문하여 외무대신에 올랐으며 모두가 수상이 되리라고 예상하던 때에 갑자기 세상을 떠났다.

결국 아베 신조는 지금까지 60년을 살아오면서 학생시기를 제외하고 성인이자 사회인으로서는 회사원 생활을 잠깐 했을 뿐 내내 정치로 밥을 먹어 온 사람이다. 따라서 '제왕학'이라는 말을 누구에겐가 갖다 붙인다면 그보다 더 적당한 사람은 일본에 없다. 그는 정치, 즉 계산과 권모술수와 암투를 포함한 권력비즈니스를 어려서부터 느끼고 보고 나중에 몸으로 실현해온 사람이다. 이 요소는 아베라는 정치가를 객관적으로 관찰하는 데 매우 중요하다고 생각된다.

한 예로, 아베를 좋아하는 일본인들이 그를 칭송하며 잘 쓰는 수식어로서 '부레나이'라는 말이 있다. 우리말로 바꾼다면 뚝심과 강단이 있어 웬만한 일에 입장이나 의견을 바꾸지 않는다는 뜻이다. 이것이 그의 천성 중 하나일 수도 있다. 그러나 학창시절 등의 기록과 비교해 보면 이는 그가 정치가가 된 후에 연출하는 이미지일 가능성이 높다고 본다. 내각책임제에서 수상이 수시로 바뀌고 정치가들이 인기에 영합하거나 외국(특히 한국, 중국, 미국)의 압력에 굴복하여 정책을 바꾸는 것에 염증을 느낀 일본인들은 아베의 강경하고도 일관된 태도에서 신뢰와 의존심을 느끼는 것이다.

그를 잘 아는 사람들, 특히 그의 학창시절의 친구들은 그가 귀족가문에서 태어난 부드러운 천성을 가진 사람이라고 한다. 그의 대학 선배인 스즈키 시게유키는 아베를 "얌전하고 순진한 인간이었다. 그래서 주위 사람도 정치가의 아들이라는 걸 의식하지 않았다. 본인도 거만을 떨거나 하지 않았다"고 평했다.

칭찬으로 들을 수 있는 이 말에서 우리는 그가 전혀 고생을 모르고 성장한 남자라는 것을 추론할 수 있다. 수상과 장관을 외할아버지와 아버지로 둔 그는 시험에 떨어지는 실패나 가난이나 여건이 안 돼서 하고 싶은 일을 못 하는 좌절이나 역경 없이 권력의 중심부에 들어간 사람이다. 따라서 그가 외형적으로 부드럽게 보이는 천성을 갖게 된 것은 충분히 이해할 수 있는 일이다.[2]

아베의 이력에는 불량하다거나 괴팍한 모습이 그려져 있지 않다. 그는 지적으로 우수하지는 않았을지 모르지만 성실하고 노력하는 모습을 남에게 보여 주었다. 직업외교관 출신으로 아베의 측근이 되어 나중에 국가안전보장회의 사무국장이라는 중책을 맡은 야치 쇼타로는 아베에게 있는 '울트라 내셔널리스트'라는 세간의 이미지를 어떻게 생각하는가란 물음에 "정치가의 타입으로 말하자면 아주 진지한 사람으로서 권모술수를 쓴다거나 하는 타입은 아니다. 정책 사안에 대하여 공부도 열심히 하고 논리도 명쾌하다. 대명사를 많이 써서 의미가 불분명하다거나 연막을 피운다거나 하지 않는다"고 대답하였다.

2 여기서 박근혜 대통령과 잠깐 비교해 본다면, 박근혜도 권력의 베일에 휩싸여 유년기와 소년기를 보냈다는 점에서 아베와 유사한 성장과정을 가졌다고 할 수 있을지 모른다. 그러나 박근혜는 민감한 청년기에 아버지와 어머니를 총탄에 잃은 엄청난 경험을 통하여 일종의 '한'을 품을 수밖에 없었을 것이다. 이에 비하여 아베에게는 한 개인으로서는 '한'을 품을 요소가 없었다. 그의 부드럽게 남을 배려하는 성격이 부친 신타로에게서 온 것이라는 평이 대체적이지만, 이는 '한'을 품지 않은 평범한 인간형의 표출이기도 할 것이다.

아베 신조의 아내 아키에가 보기 드물게 두 사람의 생활에 관하여 자세히 인터뷰에 응한 글이 있다. 〈신조45〉라는 월간지 2013년 9월호에 게재된 '아내가 본 맨얼굴의 아베 신조'라는 기사를 보면 다음과 같은 대목이 나온다.

기자_ 작년이 결혼 25주년이었지요. 결혼 당시와 지금을 비교하면 아베 씨는 변했습니까?

아키에_ 기본적으로는 변하지 않았다고 생각해요. 특히 두 사람 관계에 있어서는, 우리는 애가 없기 때문에, 늘 같아요. 다만 예전이 더 순진했다고 생각해요.

기자_ 순진하다구요?

아키에_ 전에는 아주 순진하다는 느낌이었어요. 보시면 느끼듯이, 조금 신경질적인 느낌 … 선이 가늘다고 할까. … 누가 뭐라고 하면 그걸 신경 쓰는 그런 성격이었어요. 선거를 할 때에도 잘 모르는 사람한테 다가가서 악수하는 것을 꺼리는 편이었어요. 그래도 장년의 정치가가 되면서 유들유들해져서 아주머니들한테 다가가서 "여러분 참 미인이네요"라는 말도 해요.[3]

한 시간 동안 아베와 인터뷰를 하며 나는 그의 부인 아키에가 한 말

3 〈신조45〉, 2013년 9월, 78-85쪽.

을 실감할 수 있었다.

정치 속에서 태어난 아이

"안보 반대! 안보 반대!"

도쿄 시부야에 있던 기시 노부스케의 자택을 에워싸고 성난 군중이 외치던 소리였다. 1960년에 총리 기시가 밀어 붙이던 미국과의 안전보장조약에 대한 반대가 전국을 광풍처럼 휩쓸고 있었다.

"안보 반대!"

신조가 따라 부른다. 여섯 살의 아이이다. 신조의 모친 요코가 어린 두 아들을 신문사 차에 태우고 성난 군중의 눈을 피하여 뒷문을 통해 친정으로 데리고 온 것이다. 외출을 삼가고 있던 기시는 손자들과 노는 게 소일거리였다. 둘째 외손자 신조가 밖에서 들려오는 소리를 따라 한 것이다. 기시는 빙그레 웃으며 말한다.

"신조야, 안보 찬성이라고 해야 돼."

역사는 우연으로 가득 차 있다. 멋도 모르고 군중의 외침을 바꾸어 '안보 찬성'이라고 흥얼거리던 신조는 지금 외할아버지가 하던 대로 헌법을 바꾸어서라도 미국과 '집단적 자위권'을 행사할 수 있는 동맹체제로 업그레이드하려고 하는 것이다.

1954년 9월 21일. 아베 신조가 태어났다. 아베가 태어난 곳은 도쿄

였지만 본적은 야마구치 현의 서북쪽에 위치한 나가토(長門) 시였다. 항구도시인 나가토는 후카가와(深川) 만을 벗어나면 바로 부산항까지 바다가 펼쳐지는 곳이었다. 아베의 본적이 나가토라는 것은 그의 한국에 대한 생각과 밀접한 관계를 가지게 된다. 나가토 시는 메이지유신 전의 막부시대에 초슈 번(長州藩)의 일부였다. 초슈 번은 막부체제를 무너뜨리고 메이지유신을 이룬 공신들이 대거 나와서, 근대 일본에서 강력한 세력을 구축하였던 곳이다.

신조는 부친 아베 신타로(安倍晋太郎)와 모친 기시 요코(岸洋子) 사이의 둘째 아들로 태어났다. 신조가 태어날 당시 부친 신타로는 마이니치 신문에서 기자로 일하고 있었는데, 2년 후에는 기자를 그만두고 외무대신이던 장인 기시 노부스케의 비서로 들어가게 된다. 나중에 자세히 설명하겠지만, 신조 역시 부친 신타로의 비서로서 정계에 발을 딛게 된다.

결국 신조는 일본정계의 중추부에 자리를 잡은 정치가들의 가문에서 태어난 것이었다. 외할아버지 기시 노부스케는 56, 57대 총리대신, 그리고 기시의 친동생 사토 에이사쿠는 61, 62, 63대 총리대신을 역임하였다. 이 두 사람이 총리로 재임한 기간은 총 11년에 이른다. 그리고 신조의 부친 신타로는 중의원 의원을 거쳐 농림대신, 통상산업대신, 그리고 외무대신을 역임하였다. 그가 '어린 시절부터 내 주변에는 정치가 있었다'고 한 말은 그의 태생을 잘 표현해준다.

아베가 수상이 된 후에 그를 논하며 '기시의 DNA'가 들어 있다고 평하는 사람이 많다. 그런 비교를 하며 흔히 쓰이는 사례가 방문외교이다. 1957년에 수상 자리에 오른 기시는 당시 만 60세였음에도 불구하고 2

월에 동남아시아 6개국을 순방하고, 6월에는 미국을 방문하였으며, 11월에는 다시 동남아로 나가 9개국을 방문하였다. 이를 놓고 당시 언론은 '하늘을 날아다니는 국제정치가'로 덜레스, 흐루시초프, 그리고 기시를 꼽기도 하였다. 아베도 이에 못지않게 하늘을 날고 있다. 그는 취임한 지 일 년 만에 25개국을 방문하였는데, 그 페이스는 지금도 지속되고 있다.

성장과정

아베는 세이케이(成蹊)라는 사립학교법인이 만든 초등학교에서 대학교까지 16년 동안 교육받게 된다. 한국에는 드문 현상으로 일본에는 유치원부터 대학까지를 같은 재단이 운영하는 소위 '일관(一貫)교육'을 제공하는 학교가 있다. 가장 잘 알려진 예는 게이오학원이다. 한국에서도 알려진 '게이오 대 와세다'라는 경쟁을 벌이는 게이오학원의 유치원에 들어간 아이는 큰 문제를 일으키거나 아주 열등하지 않다면 게이오대학까지 졸업할 수 있는 것이다. 세이케이도 한국인의 귀에는 생소한 학교이지만 일본에서는 어느 정도 이름이 있다.[4]

아베의 교육과 관련하여 재미있는 일화가 있다. 그가 초등학교 4, 5학년 2년간 히라사와 가쓰에이(平澤勝榮)라는 도쿄대학 법학부 학생이

4 세이케이학원은 메이지 시기에 미쓰비시 재벌의 4대 총수였던 이와사키 고야타(岩崎小彌太) 등이 주축이 되어 만든 사립학교로서 1949년에 새로운 교육시스템에 맞추어 개편된 학교였다. 전후에도 미쓰비시 그룹의 영향이 커서 재정적으로 안정된 사립학교로 평가받고 있다. 아베는 이 대학의 법학부 정치학과를 졸업하였다.

가정교사로 와서 공부를 도왔다. 아베보다 아홉 살이 많은 히라사와는 나중에 고등고시를 통하여 경찰에 투신, 고급간부로 올라갔다가 1996년에 중의원선거에서 당선되어 자민당 소속의원이 된다. 이때 아베는 선거에서 재선되어 히라사와보다 정치인으로서는 선배가 된다.

대학을 졸업한 아베는 1977년에 당시로서는 보기 드물게 언어연수를 위하여 캘리포니아주립대학 헤이워드 캠퍼스에서 영어를 배우다가 이듬해에는 남캘리포니아대학에 정치학 전공으로 입학한다. 그러나 1979년에 미국유학을 중단하고 다시 일본에 돌아오게 된다. 일본인, 특히 정치가가 영어를 제대로 하는 사람이 드문데, 그중에서 아베는 (비록 일본식 영어발음이라 해도) 국제무대에서 영어로 연설을 하는 희귀한 인물이다. 영어에 대한 자신감은 이때 얻은 것이라고 할 수 있다.

회사원 경험

일본에 돌아온 아베는 1979년에 고베제강에 입사한다. 주식회사 고베제강소(神戸製鋼所)는 1905년에 고베에서 창립된 일본유수의 철강회사이다. 입사 당시 외할아버지 기시는 정계에서 은퇴하였고, 부친 신타로는 후쿠다 내각에서 관방장관의 자리에 올라 있었다.

고베제강에 입사한 아베는 뉴욕사무소에서 근무하게 된다. 여기에는 그가 대학 졸업 후 일 년간 미국에서 언어연수를 하였다는 점이 평가된 것이다. 길지 않은 미국생활을 거쳐 지방의 가코가와(加古川) 제철소에 근무한 후 도쿄 본사에서 일을 하게 된다. 그는 가코가와 제철소에서의 경험을 높이 평가하여 자신의 "사회인으로서의 출발점"이라고 회고하였다. 고베 시의 서쪽 세토내해의 연안에 위치한 지방도시에서 평범한 생활을 보낸 그 시기를 신조는 자신의 '서민'으로서의 면모를 내세우는 심리적 근거로 삼았을 것이다.

아베의 회사원 생활은 3년 정도 지속된다. 1982년 11월 그는 회사를 그만두고 정치인 아닌 정치인으로 변신하게 된다. 그의 부친 신타로가 나카소네 내각에서 외무대신으로 취임하게 되자, 부친의 비서관으로 전직하게 된 것이었다. 이것이 그의 사회생활의 전부이다. 결국 그는 성인이 된 후 이때의 3년을 제외하고는 줄곧 정치가로서 생활하게 된다.

집안사람들

한국에는 두 가문 사이에 데릴사위나 양자라는 관행으로 성이 바뀌고 사람이 '교류'하는 풍습이 없다. 따라서 우리에게는 이해하기 힘든 일이지만 기시(岸)나 사토(佐藤) 두 성 중 하나를 쓰는 아베 신조의 '혈족'은 무수히 많다. 그 많은 사람을 일일이 거론할 수는 없다. 여기서는 현재 생존하는 가족으로서 아내 아베 아키에와 친동생 기시 노부오만을 소개한다.[5]

5 그 외의 인물로 아소 다로를 들 수 있다. 그는 자신이 먼저 총리대신을 역임하고 아베와의 총재 경선에서 패배한 후 그 밑에서 현재 부총재 겸 재무대신과 금융담당대신을 맡고 있다. 일본의 귀족

아베 아키에

한류팬으로 알려진 아베 신조의 부인 아베 아키에의 원래 성은 마쓰자키(松崎)이다. 그녀의 아버지 마쓰자키 아키오는 제과회사 모리나가(森永)의 소유주로서 사장을 지낸 사람이다. 말하자면 신조와 아키에의 결혼은 정계와 재계의 정략결혼에 해당한다. 두 사람을 연결시킨 사람은 자민당의 한 축을 이루던 거물정치인 후쿠다 다케오였다. 후쿠다는 아베의 중매인이었을 뿐 아니라 아베가 나중에 활약하게 되는 자민당의 파벌인 세이와정책연구회, 속칭 세이와카이(淸和會)의 창시자였다.

아키에는 아베보다 여덟 살 아래인 1962년생으로 세이신여자전문학교와 릿쿄대학에서 디자인을 공부하였다. 대학을 졸업하고 일본을 대표하는 광고회사의 하나인 덴쓰(電通)에서 근무하다가 아베를 만나 1987년에 결혼을 하였다. 당시 아베는 부친의 비서로 일하고 있었다.

아키에는 한 나라의 지도자의 부인으로서는 다소 독특한 스타일을 가지고 있다. 우선 아베 부부는 자녀가 없는데 이는 아키에가 불임인 탓으로 전해진다. 아키에는 매우 사교적이고 술을 좋아하는 등 남편 아베 신조와 성격이나 행동에서 대조를 이룬다. 신조가 중의원선거에 나갈 때에는 지역구 라디오방송국의 MC를 맡는 등 적극적이고 남의 눈치를 보지 않는 성격을 가지고 있다. 아베가 두 번째로 수상을 맡기 직전에 아키에는 전부터 추진하던 고급 이자카야(대중주점) 경영을 허락받아 현재

이라고 할 수 있는 그의 가문은 아베의 가문과도 연결되어 있다. 아소의 할아버지가 되는 전 수상 요시다 시게루의 사위인 요시다 히로시가 기시 노부스케의 사촌에 해당된다. 그야말로 한국표현의 '사돈의 팔촌' 정도가 되는 느낌이지만 엘리트 정치가문 출신이라는 생각을 아베와 아소가 공유하며 서로 돕는 측면이 있는 것은 사실이다.

이를 운영하고 있다. 이것이 총리부인의 행동으로서 적합한가에 관하여 설왕설래가 있으나 정작 아베 부부는 문제시하고 있지 않다.

그녀를 두고 흔히 '가정 안의 야당'이라고 말하는 평론가가 많다. 외부 사람들의 의견을 솔직히 전달하거나 아베를 꼭 만나고 싶어 하는 사람을 연결하는데, 아베는 이를 대부분 받아들여 만난다는 것이다. 아베가 1차 총리 집권 말기에 궤양성 대장염으로 고생할 때 정치를 그만둘 것을 강력히 요구했는데, 이는 나서지 않고 남편에게 조용히 순종하는 일본정치가의 아내들의 보편적인 모습과 매우 대조되는 태도이다. 아베에 대한 지지도가 낮아지는 것을 놓고 '매스컴이 부당하게 과장 보도'한 탓으로 평하기도 하여 언론의 공격을 받기도 하였다.

그녀의 적극적인 모습을 두고 과거와 달리 '미국형 퍼스트레이디'를 지향한다는 평을 내놓는 이도 있다. 실제로 총리관저가 그녀의 활동을 보조하기 위하여 외교관 출신 인사를 '수상관저 연락조정관'으로 임명하기도 하였다. 특히 아베가 추진하는 원자력발전 정책, 환태평양연대협정(TPP), 소비세 인상 등에 관해서는 공공연히 반대 의견을 개진하기도 하였다. 하지만 그녀는 한 인터뷰에서 남편의 뜻을 꺾고자 하는 것이 아니라 세상의 반대의견을 전달하는 정도라고 밝혔다.

기시 노부오

1959년생으로 신조보다 5살 아래인 친동생 기시 노부오(岸信夫)는 태어나자마자 외삼촌의 호적에 입적하여 사토라는 성을 쓰지 않고 기시라는 성을 쓰게 된다. 호적상으로는 신조가 기시 노부스케의 외손자이고, 노부오는 친손자가 되는 것이다. 신조와 노부오는 피를 나눈 형제임에도 불구하고 그 사실을 부모가 말해주지 않아서 내내 모르다가 노부오가 대학에 진학하면서 제출하게 된 호적등본을 보고 우연히 알았다고 한다.

신조가 세이케이학원에서 일관 교육을 받은 것과 같이 노부오는 게이오학원에 들어가 유치원에서부터 대학교까지 교육을 받는다. 게이오대학 경제학부를 졸업한 그는 1981년에 스미토모상사에 취직하여 미국, 베트남, 호주 등에서 근무를 하다가 2002년에 회사를 그만둔다. 형을 따라 정치에 입문하게 위해서였다.

2004년에 있었던 참의원선거에서 노부오는 대대로 집안의 텃밭인 야마구치 현에서 자민당 후보로 출마하여 당선된다. 45세 되던 해였다. 방위대신 정무관 등을 맡던 그는 2012년의 중의원선거로 바꾸어 같은 야마구치에서 당선됨으로써 중의원 의원이 된다. 2013년에는 외무 부대신의 자리에 오른다. 비즈니스맨으로 해외경험이 많은 그가 앞으로 형 아베 신조에게 큰 힘이 될 것이라고 그의 동정에 주목하는 평론가가 많다.

제2장
정치가 아베 신조

강성 정치가의 혈통

아베는 3남 중에서 둘째 아들로 태어났다. 이 3형제 중에서 가운데인 신조가 가장 정치에 적극적인 것으로 나타났다. 형은 종합상사의 간부이고 동생이 뒤늦게 정치에 입문하여 현재 국회의원으로서 아베 정권에서 외무 부대신을 맡고 있다. 대개 장남이 가업을 물려받는 일본의 풍토 속에서 둘째인 신조가 가업, 특히 아버지의 선거지역구를 물려받아 국회의원이 된 데는 여러 가지 요인이 있겠지만, 가장 두드러지는 점은 그의 외할아버지 기시 노부스케의 총애이다. 일본의 만주국 지배에서 첨병 역할을 했고, 태평양전쟁을 주도한 도조내각에서 각료로 일했으며, 전쟁이 끝난 후 수상으로 재기해서 일본국민의 극심한 반대를 뚫고 미국과 동맹조약을 맺은 강성 정치가 기시 노부스케. 그의 기질은 나중에 아베 신조가 강성 정치가로 거듭나는 데 주효하게 된다.

아베가 기시 노부스케의 기질을 물려받았다는 말에는 어느 정도 근거가 있는 듯하다. 이를 이해하기 위해서는 그의 모친 기시 요코를 경유해서 설명해야 할 것이다. 큰아들이 아니라 둘째 아들이 가업인 정치를 물려받게 하도록 하는 데에는 기시 노부스케의 딸 요코의 의향이 결정적이었다는 것이다. 기시가 만들고 나중에 신조가 합류하는 세이와카이 파벌을 오랫동안 취재해 온 정치평론가 아사카와 히로타다(淺川博忠)는 신조가 정치가업을 물려받는 데에는 "모친 요코 씨의 의향이 작용했다고 할 수 있다. 그녀는 신조가 미완의 대기라고 판단한 것 같다"라고 했다. 자식은 몸으로 낳고 핏덩어리 때부터 성격과 행동을 관찰한 모친이 가장 잘 알기 때문이다.[6]

이 책을 준비하며 알게 된 또 하나의 사실은 신조가 부친 신타로가 수상 자리를 눈앞에 두고 사망한 일에 깊은 충격을 받았으며 그 충격이 하나의 원동력이 되어 그의 정치생활에 반영되고 있다는 것이다. 부친 신타로가 1991년에 사망했을 때 신조는 37세로 신타로의 비서를 하고 있었다. 부친이 암이라는 진단을 세상에 처음으로 알린 사람도 둘째 아들이자 비서인 신조였다. 부친의 생에 대한 회고는 신조가 병으로 인하여 스스로 총리 자리를 내려놓고 2012년에 총리로 컴백하기 전에 보낸 5년간의 '와신상담' 동안 50대 중반 사내의 내적 성찰에 많은 영향을 끼친 것으로 파악된다. 그리고 그는 연약한 정치가의 이미지를 탈피하고 강성 정치가로 환골탈태한 것이다. 지금 한국을 비롯한 아시아의 관계에서 갈등을 고조시키고 있는 매파적인 버전의 아베 신조는 이 시기에 그 내면이 확립되었다고 볼 수 있다.

6 「人間・安倍晋三の実像」, 〈ライブドア・ニュース〉, 2006년 9월 19일.

세 개의 정신적 기둥

나와의 인터뷰에서 아베 신조는 자신에게 가장 큰 영향을 끼친 두 인물로 요시다 쇼인과 기시 노부스케를 꼽았다. 막부시대 말기에 있었던 존황양이(尊皇攘夷)운동[7]의 사상적 기반을 제공한 요시다 쇼인은 아베 가문의 본고장 초슈에서 활동하던 사상가이자 교육가라고 할 수 있는 사무라이였다. 기시 노부스케는 이미 언급하였듯이 아베의 모친 요코의 부친, 즉 그의 외할아버지이다. 아베와 대화를 나누고 그의 주장이나 행동을 면밀히 살펴본 후에 깨달은 것은 그에게 두 가지의 상반된 성향이 섞여 있다는 것이다. 하나는 이념주의이고 또 하나는 실용주의이다.

아베의 이념주의, 특히 그의 우익사상은 요시다 쇼인에 대한 사상적 동경에 바탕을 두고 있다. 한편 그의 실용주의 내지 현실주의는 그에게 막대한 영향을 끼친 기시 노부스케에게서 비롯된다. 이는 한국과 결부지어 본다면 매우 기묘한 대조를 이룬다. 요시다 쇼인은 막부시대 말기에 정한론(征韓論)을 주장한 사람이다. 그에 비하면 (비록 우익사상은 같다 하여도) 기시는 자민당 정권 초기에 한국과의 관계개선에 각별한 노력을 기울였다. 그는 반일로 똘똘 뭉쳐 있던 이승만과의 대화를 적극적으로 꾀하였다.

신조의 또 하나의 기둥은 부친 신타로이다. 신조는 신타로가 1991년

7 도쿠가와 막부 말기에 일어난 정치운동으로 천황을 받들자는 존황론과 이민족을 물리치자는 양이론 운동을 말한다.

에 세상을 떠날 때까지 가장 가까이서 지낸 사람이었다. 아버지의 비서이자 가장 자랑스러운 아들이었던 것이다. 신조는 부친이 큰 업적을 내고도 빛을 못 보고 세상을 뜬 것에 대하여 일종의 빚이 있다는 생각을 하는 듯하다. 신타로가 말년에 가장 힘을 들인 소련으로부터의 북방영토(홋카이도 위의 4개의 섬) 반환에서 커다란 돌파구를 마련하고 고르바초프의 일본 방문을 성사시킨 일을 '아버지가 수명을 깎으면서' 했다고 말한다.

신조는 29세에 신타로의 비서가 되어 8년간 귀중한 정치수업을 받았다. 특히 그 기간에 신타로는 차기 총리가 될 것이라는 세간의 예상 속에서 막강한 영향력을 가지고 정부에서는 외무대신, 그리고 당에서는 간사장을 역임하였다. 이는 신조에게 커다란 수업의 장이 되었다. 나중에 총리가 된 신조가 가장 역점을 두는 것이 외교였고, 당에서도 어린 나이에 관방 부장관과 관방장관을 맡을 수 있었던 것은 부친 신타로에게서 받은 8년간의 정치 개인수업 덕택이었다.[8]

8 이 책에서는 주요한 등장인물이 아니지만 기시 노부스케의 친동생인 사토 에이사쿠에 관하여 잠시 살펴보기로 한다. 사토 에이사쿠는 형 기시 노부스케보다 5년 후인 1901년에 태어나 형보다 12년 이른 1975년에 세상을 떴다. 여덟 개 부처의 장관과 총리대신을 역임한 그는 관운에 있어서는 형보다 더 나은 것은 물론 노벨평화상을 받은 인물이었다. 사토는 운수성 관료 중의 최고위직인 운수성 차관을 마지막으로 관료생활을 마치고 47세가 되던 1948년에 (형 기시와는 대립하는) 자유당에 입당함으로써 정치인의 길을 걷게 된다. 사토는 63세에 일본의 총리대신의 자리에 오른다. 총리가 된 사토가 첫 번째로 행한 가장 큰일이 한일국교정상화조약의 비준이었다. 독도 문제의 해결을 후세에 맡기기로 한 밀약이 이때 맺어져 지금 한일 간에 뜨거운 감자가 되고 있다. 그런데 흥미로운 것은 이때 또 하나의 중요한 밀약이 맺어졌다는 것이다. 바로 오키나와 문제를 둘러싼 밀약이다. 태평양전쟁 중에 미군에 점령당한 오키나와를 일본에 귀속시키는 일에 사토는 몰두하였다. 당시 미국의 존슨 대통령과의 협상에서 사토가 아시아 방위의 요충지인 오키나와에 미군이 주둔하며 '유사시에 필요하다면 핵무기를 반입하거나 통과'하는 것을 묵인하는 비밀의 약속, 즉 밀약을 맺었다는 것이 나중에 폭로되고 만다. 그러나 아이러니컬하게도 외형적으로 사토는 비핵을

요시다 쇼인의 후예

"손노조-이(尊皇攘夷)!"

서양 오랑캐를 물리치고 천황제를 보호하자고 외치는 젊은이는 말에 높이 올라 기병대를 이끌고 있었다. 그의 이름 다카쓰기 신사쿠(高杉晋作). 1839년에 태어나 27년의 짧은 생을 불태우고 세상을 떠난 초슈의 사무라이다. 아베 신조는 다카쓰기를 흠모한 그의 부친이 자신(晋太郎)은 물론 아들 이름(晋三)의 '신'(晋) 자를 다카쓰기의 이름에서 따서 지었다고 한다. 다카쓰기는 아베의 선조와 고향이 같을 뿐 아니라 아베 가문의 정치가들이 대대로 떠받드는 보수적 정치관의 한 뿌리가 되는 사람이다. 더 정확히 말한다면 그들은 모두 초슈가 낳은 사상가이자 교육가였던 사무라이 요시다 쇼인(吉田松陰)의 후예들이라고 할 수 있다.

한국의 학자들도 아베의 '극우사상'의 근저에 요시다 쇼인에 대한 외경심이 자리 잡고 있음을 주목한다. 한 예로, 2014년 1월 27일에 서울에서 한국역사연구원 주최로 열린 학술회의에서 이태진 서울대 명예교수는 '근대 일본 한국 침략의 사상적 기저'를 주제로 한 발표에서 "지난해 8월 아베 총리가 요시다 쇼인의 묘소 참배를 시작으로 일본 제국주의의 옛 영광을 되찾겠다는 신호를 보냈다"며 "그러나 우리는 요시다

주장하는 평화일본의 상징적인 정치가가 된다. 1967년 12월에 국회에서 비핵 3원칙을 표명하게 된다. 핵무기를 가지지도, 만들지도, 해외에서 들여오지도 않는 이 원칙은 그 후 군대를 가지지 않는 '평화일본'을 상징하게 되었다. 그런데 이 원칙을 그의 형의 외손자인 아베 신조가 지금 바꾸려고 하는 것이다.

쇼인이 누구인지도 모르고 있다"고 개탄했다.[9]

그렇다면 정말로 아베는 요시다 쇼인을 존경하는가? 그 대답은 총리 관저가 공개하는 홈페이지에 수상이 된 그가 2006년 10월 27일에 쓴 다음의 글을 보면 알 수 있다.

> 안녕하세요. 아베 신조입니다. 총리대신에 취임한 지 1개월. 숨을 쉴 틈도 없이 국회에, 외교에 그리고 내정에 분주한 나날이 지속되고 있습니다. … 그런데 내일은 저의 고향이 낳은 위인, 존경하는 요시다 쇼인 선생님이 돌아가신 날입니다. 사형되기 전날인 1859년의 오늘, 26일, 요시다 선생님은 밤을 새워서 유서가 되는 유혼록(留魂錄)을 쓰셨습니다.
>
> "내 몸이 무사시의 들판에 묻히더라도
> 마음은 야마토의 혼이 되어 이 세상에 남으리."
>
> 그 책의 서두에 쓰신 이 구절에 담겨진 기개에 압도당합니다. 요시다 선생님은 쇼카손(松下村)학교의 젊은이들에게 뜻을 품게 하는 교육을 행하셨습니다. 이 학교에서 자란 생도들이 메이지유신의 원동력이 된 것은 여러분이 잘 아시리라 생각합니다.
> 그중의 한 사람인 다카쓰기 신사쿠는 신분을 묻지 않고 조직한 기병대를 일으켜 새로운 일본을 위한 개혁의 움직임을 가속시켰습니다. 사농

9 2014년 1월 27일, 동북아역사재단에서 열린 '2010 한일지식인 공동성명 기념 3차 학술회의'에서의 '요시다 쇼인과 도쿠토미 소호-근대 일본 한국 침략의 사상적 기저'란 주제의 발제문.

공상(士農工商)의 신분이 분명히 나누어져 있던 150년 전의 일본에서 출신을 묻지 않고 누구든지 개혁에 참가할 수 있는 기회를 주었다는 것은 획기적이라고 생각합니다. 그리고 제 이름 신조(晋三)는 다카쓰기 신사쿠에서 유래한 것입니다.

일국의 수상이 수상관저 홈페이지에서 시민을 상대로 쓴 글이라면 진심이라고 믿어야 할 것이다. 그렇다면 도대체 요시다 쇼인이라는 인물은 누구인가? 어려운 역사책을 들출 것도 없이 아베의 말을 풀어 찾아보기로 한다.

1830년에 태어나 1859년에 사망함으로써 불과 29년간 세상에 머문 요시다 쇼인은 일본에서는 무사이자 사상가이자 교육자로 추앙된다. 특히 그가 만든 사설학교였던 쇼카손학교에서 교육받은 사람들이 나중에 메이지유신의 주역이었다는 사실을 주목할 만하다. 이와 관련하여 중요한 것은 그가 활동을 편 지역이다. 즉 그는 초슈 번의 무사(長州藩士)였다.

초슈 번이란 일본열도가 봉건국들로 나누어져 있던 에도시대의 지명으로 스호 국(周防國)과 나가토 국(長門國)으로 구성되어 있었다. 스호 국은 지금의 야마구치 현의 동남부를 차지하고 있었고, 나가토 국은 지금의 야마구치 현의 서부였다. 결국 초슈 번이란 지금의 야마구치 현에 있던 영국(領國)으로서 모리(毛利) 가문이 번주를 하고 있었다.

현재 일본의 43개 현 중에서 그리 큰 편이 아닌 야마구치 현에서 메이지유신의 지도자들이 나왔다는 것은 주목할 만한 일이다. 지금의 관점에서 보아도 이 현에서 8명의 일본 수상이 나왔다는 사실은 역사적 배경과 연결되어 있음을 시사해준다.[10]

지금까지 태평양전쟁 종전 이전에 42대, 전후에 54대 총 96대의 수상 자리가 있었다. 그런데 그중에서 18대를 야마구치라는 한 개의 현에서 나온 사람들이 차지했던 것이다. 무려 19%이다. 게다가 2차대전 이전의 초슈 번 출신 수상들이 초대 한국통감을 지낸 이토 히로부미와 초대 조선총독을 지낸 데라우치 마사타케, 그리고 우리의 귀에 익은 태프트-가쓰라 밀약의 주인공이자 대만총독을 지낸 가쓰라 다로가 있음을 볼 수 있다. 요컨대 조선병탄의 주역들이 아베가 나온 초슈 번 출신인 것이다. 아베가 정한론(征韓論)적인 사고를 가지고 있다는 해석은 이러한 역사적 배경에서 나오는 것이라고 볼 수 있다.

요시다는 어려서부터 총명하여 밭농사를 하는 부모를 도우며 사서삼경을 공부했다고 전해진다. 스무 살이 되던 해에 규슈를 거쳐 에도에 들어가 당대의 병학자이자 사상가 사쿠마 쇼잔(佐久間象山) 문하에서 공부를 한다. 1853년에 미해군의 페리 제독이 이끄는 흑선함대가 우라가(浦賀) 항에 정박하자 스승 사쿠마와 함께 이를 보고 서양문물에 충격

10 8명의 수상은 다음과 같다.
- 이토 히로부미(伊藤博文): 1, 5, 7, 10대, 한국통감
- 야마가타 아리토모(山縣有朋): 3, 9대
- 가쓰라 다로(桂太郞): 11, 13, 15대, 대만총독
- 데라우치 마사타케(寺內正毅): 18대, 한국통감, 조선총독
- 다나카 기이치(田中義一): 26대
- 기시 노부스케(岸信介): 56, 57대
- 사토 에이사쿠(佐藤榮作): 61, 62, 63대
- 아베 신조(安倍晋三): 90, 96대

을 받는다. 그는 서양에 가기 위하여 몇 번이고 밀항을 시도하는데 결국 실패하고 그 여파로 투옥되기도 한다. 감옥생활을 마친 요시다는 27세 되던 1857년에 숙부가 운영하던 사설학교 쇼카손학교를 인수받아 교육에 힘쓰게 된다. 여기서 공부한 문하생들이 나중에 일본 근대화와 아시아 침략에 선구자가 된다.[11]

1858년 막부가 천황의 칙허 없이 미국과의 통상조약을 체결한 것에 격분한 요시다는 그 사안을 추진한 막부의 중심인물 마나베 아키카쓰(間部詮勝)를 암살하려 한다. 이때 제자들이 반대하자 막부를 비판하며 본격적으로 막부 타도를 노리게 된다. 결국 그는 검거되어 막부 타도의 거사에 참여하지 못하고 옥중에서 죽고 만다. 만 29세 되던 1859년 10월 27일에 참수형을 당한 것이다. 그때까지 그는 독신이었다고 한다.

기시 노부스케

한국의 근대정치를 논함에 있어 박정희나 김대중을 빼놓고 이야기를 할 수 없다면 일본 근대정치를 논하면서 기시 노부스케(岸信介)를 빼놓을 수 없다. 1896년에 태어나 1987년에 죽은 기시는 '쇼와시대의 요괴'라고 불리며 일본의 정치와 외교, 특히 한일관계에 커다란 영향을 끼쳤다.

11 다음과 같은 이들이 대표적이다.
- 구사카 겐즈이(久坂玄瑞): 존왕양이 운동의 선구자
- 다카쓰기 신사쿠(高杉晋作): 막부 타도의 리더, 기병대 창설자
- 이토 히로부미(伊藤博文): 초대 한국통감, 수상
- 야마가타 아리토모(山縣有朋): 3, 9대 총리, 육군 원수

기시는 지금의 야마구치 시에서 현청의 관리였던 사토 슈스케(佐藤秀助)의 차남으로 태어났다. 원래 성이 기시였던 그의 부친은 처가의 데릴사위가 되면서 사토 가문의 성을 쓰게 된 것이었다. 그런데 노부스케의 경우 중학교 3학년 때 원래의 기시 가문에 다시 입적되어 이름이 기시 노부스케로 바뀌게 된다.

야마구치에서 중학교를 졸업하고 도쿄로 올라가 고등학교에 들어간 기시는 1917년에 도쿄제국대학 법학부에 진학하게 된다. 독서광으로 불리었던 그는 1920년에 대학을 졸업하고 농상무성에 공무원으로 발을 디디게 된다. 당시 엘리트들이 들어가던 내무성을 마다하고 '2류 관청'으로 여겨지던 농상무성에 들어가는 그를 주위 사람들은 의아하게 생각했다고 한다. 그런데 기시의 행운과 불행은 이 농상무성에서 싹 트게 된다.

1905년에 러일전쟁에 승리하고 1910년에 조선을 병탄한 일본제국은 대륙침략 준비를 착착 진행하고 있었다. 그런 과정에서 농상무성은 농림성과 상공성으로 분리되는데, 노부스케는 상공성에 배속되면서 경제 테크노크라트의 길을 걷게 된다. 여기서 특히 중요한 것이 정부가 전략산업을 통제하는 '중요산업통제법'의 제정이었다. 1931년에 제정된 이 법은 산업을 24개로 분류하여 각 산업별로 통제단체를 만들도록 하였다. 전시동원체제의 일환이었다. 그가 '혁신관료'의 한 주요인물로 인식되는 것은 이러한 배경에서이다. 혁신관료란 군부의 아시아침략을 지원하기 위하여 경제와 산업을 군수동원체제로 몰고 가던 경제관료를 가리키던 말이다.

전시동원을 위하여 육군과 혁신관료의 협조 분위기가 충만한 가운데 기시는 1935년에 상공성 공무국장에 취임하게 된다. 그런데 이 단계에서 기시의 경력에 커다란 전환점이 생기게 된다. 1932년에 일본이 만든 괴뢰정권 만주국의 행정부였던 국무원에 1936년에 부임하여 산업부차장을 거쳐 총무처차장을 맡게 된다. 이로써 그는 만주의 산업개발을 책임지는 요직에 앉게 되는 것이었다. 특히 만주개발을 위한 '산업개발 5개년 계획'을 추진하게 된다.

이런 과정에서 기시는 만주를 지배하는 '니키 산스케'[12]의 한 명이 되는데, 이는 나중에 그가 미군에 의하여 전범으로 처벌받는 죄목의 하나가 된다.

만주에서 경험과 인맥을 쌓은 기시는 1939년 10월에 본국으로 돌아와 상공차관으로 화려하게 컴백한다. 이미 독일이 폴란드를 침공하여 제2차 세계대전이 발발한 지 한 달이 되던 때였다. 그리고 일본이 미국에 대하여 전쟁을 벌이게 되는 1941년 10월에 발족한 도조내각에 상공대신으로 입각한다. 이로써 태평양전쟁의 초기에 물자동원을 책임지던 기시는 이듬해인 1942년에 중의원선거에 당선되고 정치가로 변신한다. 정치가로 변신한 기시는 자신을 각료로 등용한 도조와 대립하는

12 '니(2)키 산(3)스케'란, 이름에 '키'나 '스케'가 들어가는 다음의 다섯 사람을 가리키는 말이다.
- 도조 히데키(東條英機): 관동군 참모장
- 호시노 나오키(星野直樹): 만주 국무원 총무장관
- 아유카와 요시스케(鮎川義介): 만주중공업, 홍남질소비료 사장
- 기시 노부스케(岸信介): 만주국 국무원 총무청 차장
- 마쓰오카 요스케(松岡洋右): 만주철도 총재

길을 걷게 되는데, 결과적으로 이것이 그의 목숨을 구하게 된다.[13]

1945년 8월에 전쟁이 끝났을 때 고향 야마구치 시에 내려와 있던 기시는 일본을 점령한 연합군에 의하여 A급 전쟁범죄의 피의자로 체포되어 도쿄의 스가모(巢鴨) 구치소에 갇히게 된다. 그러나 그에게 행운이 따른다. 도조 히데키를 포함한 A급 전범에 대한 사형집행이 이루어진 다음 날인 1948년 12월 24일, 기시에게는 불기소처분이 떨어져 석방되는 것이다. 그 이유는 기시가 미국에 대한 개전을 결정한 대본영회의에 참가하지 않았다는 것, 도조내각에 반대하여 결국 총사직을 이끌어냈다는 것, 그리고 당시 주일미대사의 인간적 신임을 받고 있다는 것 등을 연합국 측이 참작한 결과였다.

기시에게는 또 다른 행운이 있었다. 정치가의 지위를 박탈당하고 감옥에 있다가 나와 생활이 난감하던 그를 돕는 지인들이 있었다. 그중에 한 사람이 한국에서 화신재벌을 경영하던 박흥식이었다. 박흥식은 모든 것을 잃은 기시에게 경제적 도움을 제공하였다.[14] 또 한 사람은 식민지시대에 조선 북부에서 사업을 하다가 일본에 돌아와 닛토화학(日東化學)이라는 회사에 근무하던 후지야마 아이치로(藤山愛一郎)이다. 후지야마는 기시를 닛토화학의 감사역으로 앉혀 그가 정치활동을 재개할 수

13 태평양전쟁의 패색이 짙어지는 가운데 화평주의자 정치가들과 육군에 대립하는 해군이 손을 잡고 도조내각의 타도를 꾀하게 된다. 강경파 도조와 화평파 정치가들이 타협을 이루고자 할 때 기시는 도조내각의 총사직을 요구한다. 기시를 위협하던 도조는 결국 1944년에 재집권을 단념하고 총사직하게 된다. 그리고 1945년 3월에 기시는 도조와 반대노선을 가는 새로운 정치집단인 '호국동지회'를 결성함으로써 중앙정치에서 중심축의 하나로 성장하게 되는 것이다.

14 박흥식과 기시의 인연은 기시가 만주국의 산업개발을 책임질 때로 거슬러 올라간다. 박흥식은 이때 기시의 조언과 도움으로 조선에서 많은 사업을 벌이며 비행기 회사를 만들기도 한다.

있도록 도움을 주었다.[15]

정치가 기시가 완전하게 재기하게 되는 바탕은 미국이 적국이었던 일본을 전후 세계질서 형성의 파트너로 삼은 것이었다. 세계의 새로운 패권국으로 등장한 미국은 전 세계적으로 형성된 냉전구조 속에서 일본을 태평양 건너에 있는 '반공의 보루'로 삼기로 하였다. 전쟁을 다시 하지 않겠다는 일본의 1947년의 헌법은 이러한 상호약속의 산물이었던 것이다. 게다가 1950년에 발발한 한국전쟁은 소련과 중공을 막으려는 미국에게 일본과의 협력을 필수적인 것으로 만들었다. 결국 이러한 전략적인 환경 속에서 마련된 1952년의 샌프란시스코 강화조약을 계기로 기시를 포함한 다수의 일본정치가들이 복권하게 된다.

정치적으로 복권된 기시는 발 빠르게 움직였다. 이미 1952년 4월에 자주헌법 제정, 자주군비 확립, 그리고 자주외교의 전개라는 세 개의 슬로건을 내건 '일본재건연맹'을 설립하여 회장에 취임하였다. 이때 기시는 커다란 정적을 만나게 된다. 바로 요시다 시게루(吉田茂)였다. 기시가 만든 일본재건연맹은 1953년에 있었던 선거에 대패하고, 이어서 기시 자신이 당시 최대 보수정당이었던 자유당 입당에 실패한다. 요시다 시게루의 반대 때문이었다.

기시가 독자정당을 만드는 데는 실패했지만, 그가 주도한 일본재건연맹이 내건 목표에 주목할 필요가 있다.

15 후지야마는 나중에 한일국교정상화 협정에 깊숙이 관여하며, 또한 재일교포의 '북송'을 실행시키는 데 자민당 내의 주역이었다.

① 공산주의 침략을 배제하고 자주외교를 견지하여 평화국가를 건설한다.
② 일본과 미국의 경제제휴를 심화시키고 아시아 여러 나라와 통상을 긴밀히 하여 산업국가의 융성을 꾀한다.
③ 헌법을 개정하여 독립국가로서의 체제를 정비한다.

여기서 주목하고자 하는 것은 지금 아베 신조가 추진하는 헌법의 개정이 이미 1952년에 그의 외할아버지 기시에 의하여 논의되었다는 것이다.

기시는 다음 해인 1954년 11월 하토야마 이치로(鳩山一郎) 등과 손을 잡고 일본민주당을 결성한다. 그리고 요시다 등이 주도하는 자유당과 합쳐 지금도 일본을 지배하는 자유민주당, 즉 자민당을 만드는 '보수대합동'을 1955년에 이룬다. 지금까지도 일본정계를 주도하는 이 '1955년 체제'의 중심인 자민당의 초대 간사장에 취임한 인물이 바로 기시인 것이다.

1956년 12월 기시는 자민당 총재선거에 도전하나 7표 차로 이시바시 단잔(石橋湛山)에게 패배하고 이시바시 내각의 외무대신으로 입각한다. 그런데 여기서 기시에게 또 한 번의 행운이 찾아온다. 수상 이시바시가 뇌경색으로 쓰러지자 그 자리를 기시가 이어받게 된 것이었다. 이어 1958년 4월에는 중의원을 해산하고 총선거를 실시하게 되는데, 여기서 기시가 이끄는 자민당은 절대안정다수 의석을 차지하는 쾌승을 거두게 된다. 그리하여 그는 57대 내각총리로 다시 취임하게 된다.

자력으로 수상이 된 기시 앞에 놓인 최대 과제는 미일안보조약의 재체결이었다.[16] 1960년 1월에 기시를 비롯한 일본 대표단이 워싱턴을 방문하여 당시 미국 대통령 아이젠하워와 회담하여 '신안보조약'의 조인과 아이젠하워의 일본 방문 합의를 이끌어낸다. 이 새로운 안보조약은

① 미군의 활동과 관련하여 내란에 관한 조항의 삭제
② 유사시 상호방어를 명문화
③ 주일미군의 배치, 장비에 관하여 양국 정부의 사전협의제도 설치

등을 주요 내용을 하는 것이었다.

그런데 이 신안보조약은 나중에 '안보투쟁'이라고 불리는 거대한 사회적 저항에 부딪히게 된다. 당시의 거대 야당이던 사회당을 비롯하여 널리 퍼진 좌경화에 영향받은 학생, 시민들이 국회에서의 강행통과에 반대하여 대규모 시위를 벌이게 된 것이었다. 이에 대처하여 기시 정권이 약 3만 명의 우익인사들을 동원하여 막는 과정에서 오히려 사태가 악화된다. 결국 시위진압에 폭력단이 동원되고 그들이 학생들과 충돌하는 과정에서 도쿄대에 재학 중인 여학생이 사망하는 사태마저 벌어졌다. 결국 신안보조약은 성립하지만, 기시 정권은 혼란의 책임을 지고 총사퇴하는 결말을 맞는다.

16 한국전쟁의 와중에 열린 1951년 9월 8일의 샌프란시스코 강화조약에 일본 대표로 참가한 요시다 시게루는 '일본과 미합중국 사이의 안전보장조약'에 서명하게 된다. '주일미군'의 지위를 인정한 이 조약에 대하여 '가상적국'에 해당하는 당시 소련 등은 강하게 반발하였다.

그런데 기시가 한일관계의 형성에 큰 영향을 끼치게 되는 것은 수상 자리를 그만두고서이다. 한국에서 박정희 장군이 최고지도자가 되었을 때, 그가 일본을 방문하여 한일국교정상화를 추진하도록 도운 사람들이 기시를 비롯하여 시이나 에쓰 사부로(椎名悅三郎), 세지마 류조(瀨島龍三), 고마다 요시오(兒玉譽士夫), 사사카와 료이치(笹川良一) 등 만주인맥이었다.[17] 한일국교정상화가 이루어진 후, 기시는 시이나, 세지마 등의 도움을 받아 한일협력위원회를 만든다. 한편 그는 반공정책을 추진하는 과정에서 '통일협회'와 함께 '국제승공연합'이라는 조직을 만들어 통일교와 친분을 유지한다.[18]

일본정계에서 기시와 인연을 맺은 정치가는 수없이 많다. 그중에서 손자 아베 신조와 관련하여 특기할 만한 정치가를 한 사람 꼽는다면 나중에 총리대신을 역임하는 모리 요시로(森喜朗)이다. 1969년에 있었던 중의원선거에 이시카와 현에서 출마한 모리는 무명의 정치인이었다. 이때 그는 기시의 비서 한 사람에게 부탁하여 기시 세력의 지원을 요청하였고, 그 덕분에 국회의원이 될 수 있었다. 이를 모리는 평생 잊을 수

17 시이나는 나중에 외무대신으로서 1965년의 한일국교정상화를 최종적으로 타결시킨다. 세지마는 태평양전쟁에서 다이혼에이(大本營)의 작전장교로 활약하다가 소련에 장기간 억류된다. 전후에 일본으로 돌아온 그는 이토추상사에 들어가 이 종합상사를 크게 키우고 회장까지 올라간다. 한국에도 번역되어 소개된 소설『불모지대』는 그를 모델로 한 것으로 전해지기도 한다. 고마다는 태평양전쟁 중에 중국에서 '고다마기관'이라는 일종의 사설정보기관을 운영한다. 전후 일본의 정계에서 막후의 '픽서'로 지대한 영향력을 끼친다. 사업가출신의 사사카와는 전후 일본에서 스피드보트 경연장 등을 경영하며 막대한 재산을 구축하고, 그 돈으로 사사카와재단을 만들어 우익적인 지식인들을 지지한다. 사사카와재단이 이름을 바꾼 것이 현재 일본정치에 큰 영향력을 가진 일본재단이다.

18 문선명이 미국에서 탈세의혹으로 구속되었을 때 당시 레이건 대통령에게 석방을 구하는 의견서를 보낸 이가 기시였다.

없는 은혜로 삼았다고 한다. 모리는 나중에 세이와카이 파벌의 영수가 되는데, 고이즈미 준이치로, 아베 신조 등이 모두 이 파벌에서 나온 총리대신이다.

요컨대 기시 노부스케는 1987년에 90세의 나이로 세상을 뜨게 될 때까지, 일본·한국·대만을 연결하는 친미, 보수세력의 정점에 서 있던 사람이었다.

아베 신타로

신조의 부친 신타로는 2차대전 전에 중의원을 지낸 정치가 아베 간(安倍寬)의 장남으로 1924년에 태어나 1991년에 67세의 나이로 세상을 떴다. 그는 도쿄대학 법학부를 졸업한 후 1946년에 마이니치(毎日) 신문의 기자로 있다가 1951년에 기시 노부스케의 장녀와 결혼한다. 1956년에 장인 기시 노부스케가 이시바시 내각에서 외무대신으로 입각하자 그의 비서가 됨으로써 정치가 생활을 시작하게 된다. 장인 기시가 총리가 되자 그대로 총리 비서관이 된다.

1956년에 있었던 중의원선거에 출마의사를 표명하였을 때 장인 기시, 그리고 장인의 동생 사토가 모두 반대하자 장인과 '인연을 끊을 각오로' 작고한 부친의 선거구에서 중의원으로 당선된다. 그때 같이 정계에 입문한 인물이 다케시다 노보루(竹下登)로서 그와는 소위 '안치쿠동맹'(安竹同盟)이라 불리는 긴밀한 유대관계를 유지하게 된다. 첫 당선 후 신타로는 총 11선을 기록함으로써 매우 순탄한 정치역정을 걷게 된다. 이 선거기반이 결국 아베 신조에게 정치적 자산으로서 넘어가게 되는 것이다.

정부에서는 농림, 관방, 통산, 외무대신을 역임하고 자민당에서 국회대책위원장, 정조회장, 총무회장, 간사장 등 요직을 모두 거쳐 '정계의 프린스'로 불릴 정도로 장래가 촉망되었다. 특히 그는 장인 기시의 인맥을 활용하여 한국을 비롯한 아시아 외교에 힘을 쏟아 '외교의 아베'라는 평을 듣게 된다.

그러나 정치생활에서는 나카소네와의 경쟁에서 밀려 힘을 발휘하지 못한다. 총재직을 놓고 다케시다와 경쟁하게 되었을 때 나카소네가 다케시다를 밀자 결국 뜻을 이루지 못하고, 다케시다의 후임 자리를 노린다. 그러나 그는 총리 취임이 거의 확실시되는 시점에 병으로 쓰러지는 비운을 맞게 된다. 1988년에 일본정계를 휩쓴 리쿠르트사의 부정스캔들에 자신의 비서가 연루되어 고생하는 가운데 췌장암이 발견되고 결국은 1991년에 세상을 뜬다.

아버지의 비서관

아버지의 명령

1982년 11월, 자민당의 새로운 총재를 뽑는 선거가 있었다. 유력한 후보는 나카소네 야스히로와 아베 신타로였다. 태평양전쟁에서 해군장교로 참전하고 정치에 입문한 후 많은 경험을 한 나카소네는 다나카 파벌과 재계의 지원을 등에 업고 있었다. 여기에 대항하는 아베 신타로는 신문기자 출신으로 장인 기시 노부스케가 만든 파벌이 그를 지지하고 있었다. 결과는 나카소네의 압승이었다. 바야흐로 '대통령형 수상'을 지향하는 야심찬 지도자의 탄생이었다.

다수당 총재로서 총리가 된 나카소네는 내각의 자리를 각 파벌에 분배하면서 경쟁자 아베 신타로를 외무대신에 기용하였다. 신타로는 그때까지 각료로서는 농림, 통산 분야에 몸을 담았을 뿐이었다. 외교에 경험이 전혀 없고 영어가 통하지 않는 그가 미국에서 언어연수와 주재원 경험을 한 29세의 아들 신조를 비서로 삼기로 한 것은 자연스러운 선택이었는지 모른다.

1982년 11월에 아베 신조는 다니던 고베제강을 그만두고 외무대신의 비서로 전직을 하게 된다. 이로써 그는 '나가타초'(永田町, 일본의 정당들이 모여 있는 도쿄의 중심가)에 첫 발을 디디게 된다. 그때 신조는 결혼한 지 4개월이 지난 신혼 시절이었다. 당시의 상황을 신조는 다음과 같이 그리고 있다.

회사에 출근하려는데 아버지가 나를 불러 세웠다.

"내 비서가 돼라."

"언제부터요?"

"내일부터야."

나는 충실히 했던 샐러리맨 생활을 좀 더 계속하고 싶었던 터라, 아닌 밤중에 홍두깨 같은 말이었다.

"저한테는 회사가 있어요. 이래 봐도 연간 수십억 단위의 일을 하고 있는데요."

그러자 아버지가 계속한다.

"내가 (장인의) 비서관이 될 때에는 그날로 신문사를 그만두었어."

갑작스러웠지만 평소에 생각하고 있던 일이어서 이것도 운명이라고 받아들이기로 결단을 내렸다.[19]

비서가 되기 전까지는 일본의 보통 가정이 그렇듯이 부친과 대화도 별로 없었지만, 부친의 비서가 되면서 '정치가와 비서'로서 그리고 '아버지와 아들'로서 '농밀한 시간'을 가질 수 있었다고 한다. 이로부터 1991년 5월에 부친이 사망할 때까지 4년간 신조는 비서를 하며 부친으로부터 정치수업을 받게 된다.

그 4년의 시간은 일본사회가 급변하는 시기였다. 특히 두 개의 큰 분수령이 있었다. 하나는 쇼와시대의 종언이었다.[20] 그리고 그의 아들 아키히토가 헤이세이(平成)이라는 연호를 가지고 즉위함으로써 지금의 헤이세이시대를 열게 된다. 또 하나의 분수령은 버블경제의 붕괴였다. 1986년부터 50개월 이상 지속되던 주가 및 부동산버블은 1989년 12월 29일에 니케이평균주가지수가 38,915엔이라는 최고점을 찍은 후 급격히 떨어지기 시작하여 10개월 후인 1990년 10월에는 반값인 20,000엔을 통과하여 계속 하강하게 된다. 나중에 일본인이 탄식 속에

19 安倍晋三, 『美しい国へ』, 36쪽.

20 1989년 1월, 쇼와 천황이 십이지장암으로 사망한다. 1926년의 즉위 이래 60년 이상 지속되어 오던 쇼와시대가 끝난 것이었다. 그사이 일본은 군국주의를 거쳐 태평양전쟁을 치르고 패전 이후 경제대국을 건설하는 등 파란만장한 역사를 경험하였다.

말하는 '잃어버린 20년'이라는 길고 어두운 터널로 들어가게 되는 것이다.

부친의 사망

1991년, 장차 자민당의 총재가 될 것을 의심하는 사람이 없었던 아베 신타로가 사망하였다. 1987년에 다케시다 정권이 들어서고 집권 자민당의 간사장이 된 신타로는 소비세 도입 등 굵은 현안들을 성사시키며 차기 수상이 될 것으로 예상되었다. 그런데 1988년에 들어서 일본 정국을 뒤흔든 리쿠르트 뇌물사건에 그의 비서가 결부되어 고생하던 중 신타로에게 췌장암이 있는 것으로 판명된다. 그럼에도 세상에 이를 공개하지 않고 당시 소련과의 외교에 주력하여 고르바초프의 일본방문 약속을 끌어낸다. 그런데 정작 고르바초프가 일본에 오는 1990년 4월에 그는 병석에 누워 있었다.

비밀리에 고르바초프를 만나 북방영토를 반환하겠다는 언질을 받아낸 신타로는 이미 병색이 깊어 있었다. 1990년 9월에 신타로가 다시 입원하게 되자 그의 병을 세상에 공개한 사람은 차남이자 비서인 신조였다. 그리고 그는 1991년 5월에 눈을 감았다. 이 마지막 시기의 부친을 회고하며 신조는 '수명을 깎으며' 일했다고 말했다.

세이와카이(清和會) 파벌의 중의원 의원

1993년 7월에 있었던 제40회 중의원선거에서 아베는 부친의 지역구였던 야마구치1구 선거구에서 출마하여 당선된다. 아베에게는 경사였으나, 그가 소속한 정당 자민당은 선거에서 대패하여 과반수를 넘지 못하였고 1955년의 창당 이래 처음으로 야당이 된다.[21] 중의원 의원이 된 아베는 부친 신타로가 회장을 맡았던 파벌인 세이와카이에 들어간다. 이것이 정치가 아베의 성장에 큰 영향을 미치며, 그 결과는 최근에 그가 일으키고 있는 국내 및 아시아에서의 갈등의 핵심적 요소가 된다.

1955년 자유당과 민주당이 '보수합동'(保守合同)을 통하여 자유민주당, 즉 흔히 자민당이라고 약칭되는 보수정당을 결성했을 때 그 안에는 대체로 8개의 파벌이 있었으며, 이것이 이합집산하며 자민당의 내부역학을 결정하게 된다. 초기의 8대 파벌은 마치 강들이 흐르다가 갈라지고 다시 합류하듯이 변해 온다. 그러나 기본적으로는 두 개의 흐름으로 정리할 수 있다. 하나는 자유당계의 '보수본류'(保守本流)이고, 또 하나는 민주당계의 '보수방류'(保守傍流)이다.

한자가 의미하듯이 일본보수정치의 본가를 자처해 온 것은 흔히 '요시다 스쿨'로 불리는 보수본류이다. 이 파벌의 창시자라고 할 수 있는 요시다 시게루(1878-1967)는 외교관 출신으로서 전후에 45, 48, 49,

21 바로 이 선거에서 자민당은 참패하여 과거에는 상상도 할 수 없었던 사회당과의 연립정권을 구성하게 된다. 나중에 한일 간에 커다란 갈등요인이 되는 고노 담화가 발표된 것이 1993년 8월 4일로서, 자민당이 단독정권을 유지하던 마지막 순간에 이루어졌던 것이다. 이를 아베는 나중에 '검토'라는 구실로 문제시하게 된다.

50, 51대의 다섯 번 수상을 역임한 사람이다.[22] 이 요시다 스쿨은 시간이 가면서 고치카이(宏池會)와 게이세이카이(經世會)로 대별된다고 볼 수 있다.[23]

다나카 가쿠에이(田中角榮)와 '가쿠후쿠전쟁'(角福戰爭)이라고 불리던 권력투쟁을 벌인 후쿠다 다케오(福田赳夫)가 보수본류에서 나와 기시 노부스케와 손을 잡고 만든 것이 세이와카이이다. 자민당의 '명문파벌'이라고 불리는 세이와카이는 민주당의 전통을 이어받는다. 따라서 자유당의 요시다 시게루의 노선과 대립하는 입장을 유지한다. 이 파벌이 보수'방류'라고 불리는 것은 본류와 이념이나 정책에서 크게 다를 바가 없기 때문에 보수파이지만, 권력기반에서 있어 주류를 형성하지 못했기 때문이다. 보수방류의 이념적 입장은 일본의 독립, 군비확장, 헌법개정 등을 주장하는 매파로 성격지어진다.

일본에서 전국적인 정치가가 되는 조건이라고 할 수 있는 중의원 의원이 된 후에 아베가 들어간 파벌이 세이와카이이다. 국회의원이 된 아베 신조가 그의 정신적 기둥이었던 외할아버지 기시 노부스케가 원조라고

22 그는 뛰어난 정치감각과 국제정치에 대한 이해를 바탕으로 전후에 혼란기에 있던 일본의 부흥을 이끌어낸 정치가로 평가된다. 정치가로서 자유당에 입당한 그는 정치를 업으로 삼는 정치가들 속에서 기능을 가진 관료출신의 정치가를 양성하여 소위 '요시다 스쿨'을 형성한다. 여기서 배출한 정치가들이 사토 에이사쿠, 이케다 하야토, 다나카 가쿠에이 등이다. 이들의 공통점은 미국과의 친선을 최우선으로 하여 방위를 미국에 맡기고 일본은 경제부흥에 힘쓴다는 것이다. 이는 일본의 행정을 실질적으로 책임지는 관료집단과 파트너십을 만들어 일본이 전쟁의 폐허에서 '세계 2대' 경제대국으로 바뀌는 원동력이 되었다.

23 고치카이는 이케다 하야토(池田勇人)를 영수로 하는 파벌이고, 게이세이카이는 사토 에이사쿠(佐藤榮作)로 시작하여 다나카 가쿠에이(田中角榮)를 거쳐 다케시다 노부로(竹下昇)로 이어지는 파벌이다. 이 두 파벌이 경쟁하는 보수본류에서 태어난 수상들은 오히라, 스즈키, 미야자와, 하시모토, 오부치, 미키, 나카소네, 가이후 등으로 그야말로 일본정계의 스타 퍼레이드였다.

할 수 있는 세이와카이에 가입한 것은 자연스러운 일이었다. 그리고 때는 그에게 행운을 가져다주었다.

표1에 나와 있듯이, 이 파벌을 리드하던 후쿠다 다케오(아베 신조의 중매인)가 다나카 가쿠에이와의 정쟁에서 패퇴한 후 오랫동안 자민당 내에서 비주류의 길을 걸었다. 그런데 모리 요시로, 고이즈미 준이치로의 승리를 계기로 다시 주류로서 권력을 잡고 있는 것이다. 세이와카이 파벌에서 아베 신조가 성장하는 데 결정적인 역할을 한 사람들은 나중에 수상을 역임하는 모리 요시로와 고이즈미 준이치로 두 사람이었다. 결국 세이와카이는 그 원조인 기시 노부스케와 후쿠다 다케오의 집권 이후 내내 권력을 잡고 있지 못하다가 모리 요시로 시대에 정권을 잡고 그 기세로 지금 아베까지 이어지고 있다.

정치가 아베의 성장

모리 요시로와의 인연

초선 국회의원 아베 신조가 중진으로 성장하는 데에는 앞에서 지적한 대로 세이와카이 파벌에서 정치를 시작했다는 것이 큰 요인이었다. 특히 모리 요시로는 젊은 정치가 아베 신조에게 큰 도움이 되었다. 모리는 아베의 외할아버지 기시 노부스케의 힘으로 정치가가 되었기 때문이었다. 그런 점에서 모리의 지원은 일종의 은혜갚기였다고 할 수 있다. 일본정치문화에서나 가능한 일이다.

[표 1] 전후 일본총리와 파벌

내각 대수	이 름	재임기간	보수본류 (구 자유당계)	보수방류 (구 민주당계)	자민당 이외
48-51	요시다 시게루	1948.10.-1954.12.	보수본류 창시자		
52-54	하토야마 이치로	1954.12.-1956.12.		보수방류 창시자	
55	이시바시 단잔	1956.12.-1957.2.			
56, 57	기시 노부스케	1957.2.-1960.7.		세이와카이 (清和会)	
58-60	이케다 하야토	1960.7.-1964.11.	고치카이 (宏池会)		
61-63	사토 에이사쿠	1964.11.-1972.7.	게이세이카이 (経世会)		
64-65	다나카 가쿠에이	1972.7.-1974.12.	게이세이카이		
66	미키 다케오	1974.12.-1976.12.		미키 파벌 (소수)	
67	후쿠다 다케오	1976.12.-1978.12.		세이와카이	
68-69	오히라 마사시	1978.12.-1980.7.	고치카이		
70	스즈키 젠코	1980.7.-1982.11.	고치카이		
71-73	나카소네 야스히로	1982.11.-1987.11.		시스이카이 (志師会)	
74	다케시다 노보루	1987.11.-1989.6.	게이세이카이		
75	우노 소스케	1989.6.-1989.8.		시스이카이	
76-77	가이후 도시키	1989.8.-1991.11.		미키 파벌 (소수)	

내각 대수	이 름	재임기간	보수본류 (구 자유당계)	보수방류 (구 민주당계)	자민당 이외
78	미야자와 기이치	1991.11.-1993.8.	고치카이		
79	호소카와 모리히로	1993.8.-1994.4.			자민당 탈당
80	하타 쓰토무	1994.4.-1994.6.	×	×	자민당 이외
81	무라야마 도미이치	1994.6.-1996.1.	×	×	자민당 이외
82-83	하시모토 류타로	1996.1.-1998.7.	게이세이카이		
84	오부치 게이조	1998.7.-2000.4.	게이세이카이		
85-86	모리 요시로	2000.4.-2001.4.		세이와카이	
87-89	고이즈미 준이치로	2001.4.-2006.9.		세이와카이	
90	아베 신조	2006.9.-2007.9.		세이와카이	
91	후쿠다 야스오	2007.9.-2008.9.		세이와카이	
92	아소 다로	2008.9.-2009.9.	고치카이		
93	하토야마 유키오	2009.9.-2010.6.	×	×	자민당 이외
94	간 나오토	2010.6.-2011.9.	×	×	자민당 이외
95	노다 요시히코	2011.9.-2012.12.	×	×	자민당 이외
96	아베 신조	2012.12.-현재		세이와카이	

1937년에 태어난 모리는 신문기자를 하다가 국회의원이 되어 수상까지 오른 사람이다. 1960년에 대학을 졸업한 모리는 〈산케이신문〉에 입사하였다가 나중에 산케이그룹의 자회사인 〈니혼코교신문〉으로 옮기게 된다. 공업 분야를 취재하던 그는 어느 농기계회사의 사장을 알게 되는데 그의 소개로 당시 이미 유명한 정치가였던 기시 노부스케의 측근이던 이마마쓰 지로(今松治郎)를 알게 된다. 이것이 인연이 되어 이마마쓰의 비서로 들어간 모리는 1969년에 자신의 출신지역인 이시카와에서 중의원선거에 도전하기로 한다. 그러나 이때 자민당 입후보자가 난립하여 공천을 받지 못하고 무소속으로 출마한다. 이런 불리한 상황에서 그에게 큰 행운이 생기게 된다. 대정치가 기시가 머나먼 이시카와현까지 손수 와서 모리를 응원하는 연설을 해 주었다. 이 은혜를 모리는 나중에 기시의 외손자 아베 신조에게 갚게 되는 것이다.

2000년 4월, 수상 오부치 게이조(小渕恵三)가 뇌경색으로 쓰러지고 모리가 그 뒤를 이어 수상에 취임하게 된다. 세이와카이 파벌에서 수상을 내는 것은 후쿠다 다케오 이후 22년 만의 일이었다. 취임 후 한 달이 지난 시점에서 그는 "일본은 천황을 중심으로 하는 신의 나라"라는 발언을 하여 물의를 일으킨다. 세이와카이 파벌의 생각을 잘 드러내는 발언이었다. 그로부터 얼마 안 되어 7월에 모리는 아베 신조를 내각관방 부장관이라는 자리에 등용한다.

관방 부장관은 관방장관을 보좌하는 직책으로 세 사람을 둔다. 정무가 두 사람으로서 한 사람은 중의원, 또 한 사람이 참의원에서 나온다. 그리고 사무담당이 한 사람으로서, 그는 각 부처의 실질적인 최고공무

원인 사무차관들을 통괄하는 막강한 위치에 놓이게 된다. 이 세 사람 중에서 가장 선임이 중의원 담당 정무 부장관이라고 할 수 있는데, 이 자리에 아베를 앉힌 사람이 모리였다.

고이즈미의 지원

2000년 7월, 그 당시에 아베가 고작 3선의 정치경력이 일천한 젊은이였다는 것을 상기한다면 매우 파격적인 인사였다. 그리고 이 파격적인 인사를 추천한 사람이 나중에 수상이 되는 고이즈미 준이치로였다. 모리 정권에서 아베는 3차례의 개각에서도 정무담당 관방 부장관이라는 중요한 자리를 지키며 중견 정치인으로 성장하게 된다.

모리가 수상을 그만둔 후에도 세이와카이는 정권을 놓치지 않는다. 모리에 이어 고이즈미가 2001년에 정권을 잡았을 때에는 세이와카이가 보수본류의 게이세이카이(經世會)를 제치고 당내 최대의 파벌이 된다. 이는 아베가 중견 정치가로 성장하는 데 중요한 계기가 된다. 고이즈미가 아베를 파격적으로 중용하게 되기 때문이다. 고이즈미가 집권한 뒤에도 당에서는 모리 요시로가 세이와카이의 영수로서 영향력을 행사하고 있었고, 그는 고이즈미에게 아베를 적극 밀었다. 한 예로서, 모리는 2001년 4월에 있었던 고이즈미 내각구성에서 아베를 관방 부장관에 재임명하도록 힘을 쓴다.

그러나 이 모리의 지원 이외에도 고이즈미가 아베를 중용하는 배경이 있었다. 1995년에 아베는 나중에 총리가 되는 고이즈미와 각별한 인연을 맺게 된다. 고이즈미가 자민당 총재선거에 나서자 그의 선거대책위원회의 중심멤버가 된 것이다. 이러한 인연을 바탕으로 2003년 9월 내각 조직에서 고이즈미는 아베를 집권 자민당 간사장에 임명한다. 당시 아베는 부간사장 중에서 선임격인 필두 부간사장 정도에 임명될 것으로 예상되었다. 이 예상을 깨고 고이즈미는 그의 특유한 '서프라이즈 인사'를 단행한 것이었다.

고이즈미가 아베를 간사장에 임명한 것이 '서프라이즈'였던 이유는 또 하나가 있다. 태생적으로 파벌이 각축하는 구조를 가진 자민당에서는 내부의 권력분담의 원칙으로 당총재와 간사장이라는 두 요직을 하나의 파벌이 독점하지 않는 소위 '총간분리'(總幹分離)의 원칙을 오랫동안 지켜왔다. 그런데 세이와카이의 고이즈미 총재가 자기 파벌의 아베를 간사장에 임명한 것이었다. 더구나 당시 아베는 대신을 역임한 경험이 없는 아직 입증되지 않은 인물이었다.

이 입증되지 않은 젊은 간사장은 당총재의 신임을 바탕으로 자민당의 오랜 문화를 바꾸는 데 상당한 공헌을 한다. 소위 '떡값'이라거나 '얼음값'이라고 하여 파벌의 영수가 소속 정치가들에게 정치자금을 나누어 줌으로써 결속을 유지하던 관행을 혁파하였다. 또한 밀실에서 결정하던 지역구 공천에 공모제를 도입하기도 하였다. 그러나 아베의 간사장 자리는 오래가지 않았다. 2004년에 있었던 참의원선거에서 목표 의석의 달성에 실패하자 아베는 스스로 자리를 내놓았다.

2005년 10월에 발족하는 제3차 고이즈미 내각에서 아베는 관방장관에 임명됨으로써 처음으로 내각에 발을 들여놓는다. 그의 나이 51세 때의 일이었다. 이때부터 보수층에서는 '아베 총리'라는 말을 입에 올리는 사람들이 증가한다.

관저 정치의 경험

자민당의 정치를 '노인정치'라고 부를 정도로 그 정당 안에는 정치판에서 수십 년을 투쟁해 온 정치가가 많다. 이들 중에는 아베가 51세의 나이로 관방장관에 오를 때에 그보다 여러 면에서 월등한 사람이 많았다. 한 예로, 후쿠다 야스오(福田康夫)를 든다면 그는 객관적인 조건에서 아베 신조보다 월등한 프로필과 배경을 가지고 있었다.[24] 이런 후쿠다를 능가하여 아베가 전후에 태어난 사람으로서 최초로, 그것도 52세라는 젊은 나이에 총리가 되고, 다시 2012년에 그 자리에 오르게 된 힘은 그가 모리, 고이즈미 두 정치가 밑에서 '관저 정치'를 배운 것에서 해답을 찾을 수 있다.

아베는 고이즈미 정권에서 관방 부장관에 이어 장관직을 수행했다. 이 시기에 고이즈미 정권의 이례적인 인기는 아베에게도 간접적인 정치자산이 된다. 더구나 고이즈미의 인기의 한 원동력이었던 북한에 피랍된 일본인 문제 해결에서 아베는 상당한 활약을 한다. 그리고 이 활약을 통해서 아베는 정치의 권모술수와 사람부리기를 학습하게 된다.

24 1936년생으로 아베보다 18살이나 위인 그는 수상을 두 임기나 역임한 후쿠다 다케오의 아들이다. 후쿠다 다케오는 아베의 외할아버지 기시와 함께 바로 세이와카이의 기초를 닦은 대정치가이다. 와세다대학 출신의 후쿠다 야스오는 고이즈미 내각 이전에 이미 관방장관, 자민당 정조회장을 비롯하여 수차례의 각료 경험을 가진 사람이다.

피랍일본인을 둘러싼 사안에서 관저 안의 대립구조가 2002년의 고이즈미 방북을 계기로 표면화된다. 당시 관방장관은 (아베의 잠재적인 정적이었던) 후쿠다 야스오였고, 아베는 그 밑에서 부장관으로 있었다. 이때 후쿠다 밑에서 북한 문제를 담당한 사람은 외무성의 아시아대양국장 다나카 히토시(田中均)였다. 다나카는 고이즈미의 지시를 받아 '미스터 X'라는 호칭을 쓰는 북한의 최고위 인사와 접촉을 거듭한 끝에 고이즈미가 평양을 역사적으로 방문하게 된다. 2002년 9월의 일이었다.

이때 관방 부장관이던 아베는 공식적인 직무와는 달리 수상을 수행하게 된다. 그때 아베의 휘하에는 '납치피해자 가족지원실'이라는 조직이 있었는데 그 책임자로 나카야마 교코(中山恭子)라는 여성이 임명되어 있었다. 나카야마는 1963년에 도쿄대학 불문과를 졸업하고 1966년에는 당시 일본관계의 최고엘리트가 모이는 대장성에 들어간 수재이다. 1975년에 국제통화기금에 파견근무를 거쳐 남성 위주의 대장성 안에서 국제통으로서 자리를 굳힌다. 대장성의 고위 관직인 관방심의관을 맡는 등 정통 대장성관료인 그녀는 1999년에는 우즈베키스탄 대사를 맡는 파격적인 커리어 변신을 한다.

우즈베키스탄 대사로 있으면서 그녀는 영화의 한 장면과도 같은 상황을 연출한다. 옆 나라인 키르기스에서 일본인을 포함한 일곱 명의 기술자들이 우즈베키스탄의 반정부 무장 그룹에 의하여 납치되는 사건이 발생한다. 이때 일본 외무성이 석방교섭을 키르기스 정부에 맡기라는 훈령을 내리는데, 그녀는 이에 응하지 않고 스스로 교섭에 나서서 인질을 석방시키는 쾌거를 이룬다. 대장성 관료 출신의 여성이라는 면과는 전혀 동떨어진 이런 업적이 고이즈미 수상의 눈에 들어, 대사를 그만둔 2002년에 납치피해가족 문제를 담당하는 내각관방참여로 임명된다. 이때 아베 신조와 보조를 맞추게 된 것이다.

결국 내각관방 안에서 후쿠다-다나카 라인과 아베-나카야마 라인의 갈등과 대립이 시작되었다. 쇼는 평양에 가는 비행기에서부터 시작되었다. 비행기 안에서 평양에서 발표하게 될 '평양선언'의 초안을 아베가 보게 되었다. 다나카가 초안한 것이었다. 아베는 그 선언문에 '납치'라는 어휘가 없는 것을 알고 '이상하다'고 이의를 제기하였으나 그 자리에서 어쩔 수는 없는 것이었다.

그리고 평양에서 김정일을 만나서 납치된 일본인은 '5명 생존, 8명 사망, 1명 미입국'이라는 말을 듣고 고이즈미를 비롯한 일본인들은 크게 놀란다. 이때 북한 측에 강력하게 항의하도록 건의한 사람이 아베였다. 그런데 그 상황에서 재미있는 일이 벌어졌다. 일국의 수상이 방문하는 자리였지만 평양에서의 식사를 믿을 수 없어서 고이즈미를 비롯한 일본 지도자들이 방에 같이 모여 도쿄에서 가져온 도시락을 먹게 되었다. 이때 아베는 그 방의 대화가 도청된다는 생각에 "납치에 대한 자세한 경위와 사과가 없다면 평양선언의 조인은 다시 하기로 하고 바로 돌아갑시다"라고 큰 소리로 말했다는 것이다. 결국 점심 후의 오후 회담에서 김정일이 '사과'라는 말을 하게 된 것은 아베의 발언에서 비롯되었다는 것이다.[25]

25 실제로 북한에서 탈출한 공작원 장철현은 이때 아베의 발언을 북한당국이 들었다고 진술하였다.

고이즈미 방문으로부터 한 달 후인 10월 15일에 김정일이 '생존'하고 있다고 한 일본인 5명이 일본으로 돌아오게 된다. 고이즈미에게는 일단 큰 정치적 승리였다. 그런데 이 5명의 처리가 또 다른 정치적 현안이 된다. 그들이 일단 '일시귀국'으로 돌아왔는데 다시 북한으로 보내야 되느냐는 것이었다.

이때 북한과의 계속적인 협상을 통해 북한과의 국교정상화를 끌어내야겠다는 야심을 가진 외무성의 다나카는 5명을 일단 약속대로 북한에 돌려보내야 한다는 입장이었다. 그러나 아베와 그의 파트너 나카야마는 반대의 입장을 취했다. 일본인 5명을 북한에 돌려보낸다면 다시는 일본에 오지 못할 것이었다. 이러한 상황에서 5명의 일본인들은 북한에 가지 않겠다는 입장을 밝혔다. 결국 납북자 5명을 놓고 일본정부가 둘로 갈려 양쪽으로 팔을 잡아당기는 격이었다. 한쪽에 있는 강경노선이 아베와 나카야마였고, 반대쪽에 있는 협상노선이 다나카 그리고 아베의 상관이면서 다나카를 지원하는 후쿠다 관방장관이었다.

이러한 갈등을 놓고 일본의 여론도 들끓고 있었다. 결국 수상 고이즈미가 최종적인 결론을 내렸다. 본인들의 입장을 존중하겠다는 것이었다. 이로써 그들의 일시귀국은 영구귀국이 된다. 이 싸움에서 아베는 커다란 정치적 승리를 거두게 된다. 그리고 그 승리를 계기로 아베는 국민적 인기를 얻으며 북한 문제에 관하여 강경파를 주도하게 된다. 이때 아베의 진영에 들어온 사람은 나카야마 이외에 야치 쇼타로(외무차관을 거쳐 현재 신설된 일본판 NSC인 국가안전보장국장), 사이키 아키타카(현재의 외무차관) 등이다.

제3장
수상 아베 신조

국제정치를 보면 어느 나라에나 폭넓은 지지를 받는 지도자들이 있다. 과거 미국의 대통령 케네디는 전 세계적인 인기를 끌었다. 중국의 저우언라이(周恩來)나 덩샤오핑(鄧小平)도 이념과 체제를 떠나 높게 평가하는 사람들이 중국 밖에도 많이 있었다. 독일의 메르켈 수상도 세계적으로 많은 지지자를 가지고 있다고 볼 수 있다.

일본의 수상 아베를 이런 부류에 넣고 논할 수 없다. 더구나 일본에 대하여 많은 감정을 가진 한국인이 그를 높이 평가한다는 건 기대하기 힘들다. 오히려 그를 야스쿠니신사 뒤뜰에서 튀어나온 괴물처럼 인식하는 한국인도 상당하다. 그런데 한 가지 간과해서는 안 될 것은 선진국인 일본의 시민이 그를 지도자로서 지지하고 있다는 점이다.

더구나 아베 정권의 장기집권을 점치는 이들이 일본에서 상당히 많다. 여기서 '장기'란 2018년 8월까지의 기간을 말한다. 자민당의 내규에 의하면 총재는 중의원 해산의 사유가 없는 한 임기 3년을 채울 수 있으며, 한 번 더 중임할 수 있다. 지금으로 보면 2015년 9월로 예정되어 있는 아베의 총재 임기가 중단될 만한 요소는 집단적 자위권의 행사를 위한 헌법의 해석변경 내지 개헌, 그리고 아베노믹스의 성공 여부 정도이다. 아베가 이 장애물들을 잘 넘는다면 그에 필적할 만한 대항마가 자민당 내부에 없는 실정이다. 그리고 자민당을 꺾고 정권을 잡을 만한 야당이 없다. 따라서 2015년 9월부터 임기 3년의 중임에 들어갈 가능성을 아베와 그를 둘러싼 정치가들이 염두에 두고 있다. 이것이 현실화된다면 2018년에 2월에 임기를 마치는 한국 대통령보다 더 오래 수상 자리에 남아 있게 됨을 의미한다.

그렇다면 아베는 어떻게 수상의 자리에 올랐는가? 그리고 그 자리를 왜 일 년 만에 내놓을 수밖에 없었는가? 나아가 스스로 박차 버린 수상 자리를 5년 만에 다시 꿰찬 기막힌 사연의 내막은 무엇인가?

전후 최연소 총리

2006년 8월 15일. 수상 고이즈미는 야스쿠니신사 참배를 강행하였다. 수상을 그만두기 직전에 감행한 일이었다. 2001년에 수상이 되고 나서 8월 13일에 갔던 야스쿠니에 꼭 5년 만에 간 것이다. 그로부터 한 달 후인 9월 19일에는 북한에 대한 일본정부의 경제제재가 시작되었다.

모리의 고민

그리고 다음 날인 9월 20일. 일본 최대의 정당 자민당의 총재선거. 처음에 이름을 올린 후보는 네 명이었다. 1936생의 후쿠다 야스오(福田

康夫). 1940년생 아소 다로(麻生太郎). 1945년생 다니가키 사다카즈(谷垣禎一). 그리고 이들보다 한참 어린 1954년생 아베 신조(安倍晋三). 아베 신조는 연령이 어릴 뿐 아니라 정치 경험도 일천하였다. 당시 자민당의 최대 파벌로 부상한 세이와카이의 보스격이던 모리 요시로는 이 네 명의 각축을 놓고 각 후보의 이름을 따서 '마환강삼'(麻垣康三)의 전쟁이라고 했다. 그리고 그는 이 싸움을 용납할 수 없었다. '마환강삼'의 뒤에 나오는 두 사람, 즉 강삼(康三)의 후쿠다와 아베는 자신의 파벌에 속하는 자들이었다. 둘 중 하나는 이 싸움에 나서서는 안 되는 것이었다.

후쿠다와 아베, 둘 중에 누구를 밀 것인가? 후쿠다 야스오로 말하자면 세이와카이 파벌의 창시자에 가까운 후쿠다 다케오(福田 赳夫)의 아들로서 오랜 정치 경륜을 자랑하는 중견 정치인이었다. 그러나 모리는 결국 아베를 지지했다. 당시의 분위기는 이미 아시아를 중시하는 후쿠다보다 강경노선을 유지하는 아베 쪽이 더 득세하고 있었다. 그 좋은 예는 그해 정월에 있었던 세이와카이 파벌의 총회였다.

1월 19일 파벌의 총회가 열렸을 때 아베를 공식적으로 지지하는 발언을 하는 야마모토 이치타에게 모리는 발언에 대하여 경고하며 계속 그런 발언을 할 경우에 파벌에서 축출하겠다고까지 했다. 그러나 야마모토는 거물 정치인의 경고에도 조심할 의사가 없다고 하면서 자신의 주장을 계속 고집했다. 결국 야마모토는 아무런 제재를 받지 않았고 아베는 총리가 되었다. 그 후 아베의 두 번의 집권 기간 중에 야마모토 이치타가 중용된 것은 정치 논리로 보아 이상할 것이 없다.

‘아름다운 나라에’

52세라는 젊은 나이에 인구 1억 2천만의 선진국 일본의 최고지도자가 된 아베가 내놓은 국가 비전은 ‘아름다운 나라에’라는 것이었다. 지구상의 대부분 국민은 자기 나라가 아름답다고 여기거나 주장한다. 한국인은 한반도를 ‘삼천리금수강산’이라고 노래한다. 그런데 ‘일본의 아베내각이 국민과 함께 지향하는’ 것으로 공포한 이 아름다운 나라라는 비전은 ‘활력과 기회와 배려가 넘치는, 자율의 정신을 중시하는, 세계에 열린 아름다운 나라, 일본’이라는 것이었다. 그것이 아베의 마음속에 있는 아름다운 나라이다.

이 테마는 그가 고이즈미 내각에서 관방장관으로 있던 2006년 7월에 이미 『아름다운 나라에』라는 타이틀로 문예춘추사에서 낸 책에서 써먹은 것이었다. 50만 부가 팔린 것으로 전해지는 이 책은 그해 9월에 있었던 자민당 총재선거에서 그가 선거용으로 적극 활용했고, 결국 수상 자리에 오르는 데 기여했다고 볼 수 있다. 이 추상적인 비전을 구성하는 정책의 중심이 바로 ‘전후 레짐으로부터의 탈각’이었다.

그 당시 아베가 추구했던 것은 헌법개정, 집단적 자위권의 행사, 교육재생 등 전후, 즉 1945년에 전쟁에서 패한 후 미국을 중심으로 하는 연합국이 일본에 부과한 국가운영체제의 골간을 바꾸겠다는 것이다. 그중에서 실현시켰던 것이 헌법개정을 위한 국민투표법의 제정, 교육기본법의 개정, 그리고 방위청을 방위성으로 승격시키는 것이었다. 그러나 가장 중요한 헌법 개정과 집단적 자위권의 행사는 아베의 재집권 이후인 2014년 현재에 와서도 논란이 지속되고 있다.

아베가 고이즈미 정권의 관방장관으로 있으면서『아름다운 나라에』를 출판하던 2006년 7월에 이웃에 있는 '불량한 나라' 북한이 미사일을 발사하는 사건이 발생한다. 이는 평양방문부터 아베의 머릿속에 자리 잡은 북한에 대한 부정적인 이미지를 행동으로 나타나게 하는 계기가 된다. 이로써 일본은 북한에 대하여 최초로 '단독'의 경제제재조치를 취하게 된다. 우선 니이가타 항에 취항하던 북한의 여객화물선 만경봉 92호의 입항금지가 첫 번째 조치였다.

불길한 징조들

그해 가을, 아베는 고이즈미의 수상시절의 야스쿠니 참배로 냉각되어 있던 한국 및 중국과의 관계를 개선하기 위하여 베이징을 방문하여 후진타오 주석을 만나고, 이어 서울에서 노무현 대통령을 방문하게 된다. 그러나 이때 아베에게 아시아 외교에 대한 확고한 뜻이나 입장이 있었던 것은 아니다. 아직 미숙한 국가지도자로서 의례적인 외교행동을 한 것으로 보아야 할 것이다. 한 가지 예는 종군위안부 문제에 대한 '한 입으로 두말하기' 소동이었다. 2007년 3월에 들어 미국 하원이 위안부 문제에 대한 일본의 공식사과를 구하는 결의안을 낸 것에 대하여 아베는 일본군이 여성의 납치에 관여했다는 것을 '증명하는 기록'이 없다고 말하여 국제적으로 파문을 일으켰다.

5월 말에 접어들어, 아베내각의 농림수산대신을 맡고 있던 마쓰오카 도시카쓰(松岡利勝)라는 현역의원이 도쿄 한복판의 의원 숙사에서 목을 매어 자살한 채로 발견된다. 이어 7월 3일에는 방위청에서 '성'으로 승격한 방위성의 대신 규마 아키오(久間章生)가 태평양전쟁 말기에 미군이 일본에 원자폭탄을 투하한 것은 "할 수 없는 일이었다"고 한 실언이 원폭에 대한 공포와 분노를 가진 일본인의 맹렬한 반발을 불러일으킨다.

그런데 그때 이미 아베는 엄청난 문제에 짓눌려 있었다. 그해 2월, 국민연금과 후생연금에 돈을 낸 기록 중에 납부자가 누구인지 알 수 없는 기록이 5천만 건이 넘는다는 사실이 공개된다. 기록에 충실한 선진국이라는 자부를 가진 일본인에게는 도저히 납득이 안 되는 불가사의한 일이었다. 한국과 같이 모든 시민에게 동일한 방식으로 부여되는 주민등록번호가 없는 일본에서, 더구나 여성이 결혼을 하면 성이 바뀌고 입양으로 이름이 바뀌는 풍토에서 발생한 일이었다.

자신이 낸 연금기록이 없어져서 다시 내야 하거나 연금을 받지 못할 가능성을 앞에 놓고 일본인들은 놀라움과 분노로 사태를 매일 주목하고 있었다. 그런데 아베에게는 참의원선거가 다가오고 있었다. 참의원선거에서 패배한다면 정권을 내놓아야 할 판국이었다. 결국 7월 29일에 이르러 아베는 선거운동을 하면서 '사라진 연금 문제는 일 년 안에 해결하겠다'고 외치고 다녔다.

이때 행운의 여신은 이미 아베를 떠나고 있었다. 아베가 연금 문제를 일 년 안에 해결하겠다고 스스로도 대책이 없는 선언을 선거구를 돌며 외치고 있던 그날, 또 하나의 사건이 벌어진다. 자살한 마쓰오카의 후임으로 임명한 농림수산대신 아카기 노리히코(赤城德彦)의 사무실 회계에서 부정이 발각되어 매스컴을 진동시키는 사건이 터지고 만다. 결국, 7월 29일 실시된 참의원선거 결과는 자민당과 공명당 연립정권의 의

석이 과반수에 못 미치는 역사적 대패로 끝났다.

잔인한 여름

선거결과가 대패로 판명되는 순간에 아베가 한 말은 그의 지지자들마저 분노케 했다. 아베는 '내가 이끄는 자민당과 오자와 이치로가 이끄는 민주당 중에서 유권자가 선택하게 해야 한다'는 취지로 이참에 국민에게 '정권의 선택'을 물어야 한다는 말을 했던 것이다. 이때 자신이 속하는 당의 총재에 대하여 자민당 정치가들은 강한 분노를 터트렸다. 한 예로, 정치학자 출신의 마쓰조에 요이치(舛添要一, 2014년 2월에 도쿄도지사 취임)는 다음과 같이 말한 것으로 전해진다.

> 프로야구 페넌트레이스를 하면서 아직 경기가 끝나지 않았는데 감독이 그 자리에서 물러나겠다고 하니 우습군요. 감독한테 책임의식이 없는 거예요. 수상이 자신이 임명하고 나서 '각료가 나빠'라고 하는데, 야구에서는 어설픈 선수를 피처로 내세우면 바로 감독의 책임이에요. 아베 수상은 야구를 한번 해볼 필요가 있어요.[26]

'결단을 내리는 게 좋겠다'는 말이 자민당 안에서 들려오는 가운데 미국 하원은 위안부를 비난하는 결의안을 의결했다. 8월 1일에는 아카기 농림수산대신을 경질했지만 이미 자민당 총재의 권위를 실은 버스

26 〈週刊文春〉, 2009년 8월 9일.

는 떠난 후였다.

'역사의 달'인 8월, 아베는 원자폭탄이 떨어졌던 히로시마에서 5일에 열리는 평화기념식에 갈 예정이었다. 그런데 그 전날부터 위와 장에 통증을 느끼고 식욕을 잃어버리고 있었다. 아픔을 참고 8월 19일에서 25일까지 인도네시아, 인도, 말레이시아 세 나라를 방문한 후에는 설사가 멈추지 않는 상태였다. 주치의의 판단은 '기능성 위장장애'라는 것이었다. 결국 9월 10일에 있었던 국회에서의 소신표명 연설에서 아베는 "모든 책임을 지겠다"고 했다. 그리고 아내에게도 더 이상 버티지 못하겠다는 의중을 말한 것으로 전해진다.

전후에 태어난 총재로 '아름다운 나라' 일본을 건설하겠다던 아베가 정식으로 수상에서 물러나겠다고 선언한 날은 9월 12일이었다. 그리고 그다음 날에는 바로 게이오대학 병원에 입원하였다. 의료진의 의견에 따라 퇴원하지 못한 아베는 9월 21일 병원에서 53번째 생일을 맞게 된다. 이로써 아베 총리대신의 '366일 천하'는 끝나게 된다.

와신상담

재기의 뜻

정치가 아베 신조에게 가장 든든한 우군이 있다면 어느 누구보다 월간지 〈문예춘추〉라고 해야 할 것이다. 아베가 총리직을 사임한 지 3개월 후인 2007년 1월에 발간된 〈문예춘추〉 2월호에는 '나의 사임의 진상'이라는 장문의 수기가 실린다. 글을 쓴 이는 바로 아베 신조였다. 이 '수기'에서 아베는 자신이 왜 수상 자리를 물러났는가에 관해서 다양한 설명 내지 변명을 제시한다. 그리고 다시 도전하겠다는 뜻을 분명히 한다. 그는 사임의 직접적인 원인이었던 '기능성 위장장애'라는 질병에 관하여 "증상이 극적으로 개선될 수 있는 새로운 약의 개발"이 진행되고 있어 "장래에 완치될 희망을 갖게 되었다"고 하였다.

여기서 그는 자신의 실패에 대한 변명도 빼놓지 않았다. 그는 다양한 사안에 대하여 "정면돌파, 전면전개를 꾀하는 대신 전략적 우선순위에 따라 행하는 노회함이 필요했었는지 모르겠다"고 하면서 자신의 정치 실패가 일종의 전략 실패였던 것처럼 말한다.

이러한 설명 내지 변명을 제시하며 그는 정권에 대한 욕심을 분명히 드러낸다. 즉 "국제사회에서 50대의 리더란 이제 상식이 되고 있다"고 하였다.[27] 그리고 최종적으로 새로운 도전의 모습을 그리면서 자신이 "보수세력의 기반으로서 다양한 연구모임을 만들고 있는 것이 의미 있는 것"이라고 하였다. 따라서 "앞으로 한 사람의 의원으로서 일본에 본격적인 보수정치를 뿌리내리게 하기 위해서 버려진 돌처럼 분골쇄신하겠다"는 결의를 밝혔다.

양질의 보수기반

그리고 그해가 다 가는 2007년 12월 아베는 〈산케이신문〉과의 인터뷰

27 이는 자민당의 주류를 이루고 있는 70대의 정치가들, 특히 자신과 같은 파벌에 속하면서 최대의 정적이라고 할 수 있는 후쿠다 야스오를 폄훼하는 발언으로 들릴 수 있는 것이었다.

에서 본격적인 활동의 의지를 밝혔다. "아름다운 나라 만들기는 이제 시작했을 뿐"이라며 "점점 더 강해지고 있는 양질의 보수기반을 넓히겠다"고 했다. 그렇다면 그가 누누이 강조하는 '보수정치의 뿌리'며 '양질의 보수기반'이란 무엇을 말하는가? 그는 무슨 근거로 그런 말을 했는가?

그 해답은 정치가 아베 신조가 깊숙이 관여한 보수단체를 살펴봄으로써 힌트를 찾을 수 있다. 아베가 관여한 보수정치 관련 단체들은 수없이 많다. 그중에서 중요한 것만 추린다면 다음을 들 수 있다(괄호는 설립연도).

- 자민당 역사검토위원회(1993)
- 일본의 앞날과 역사교육을 생각하는 젊은 의원 모임(1997)
- 북한에 납치된 일본인을 조기에 구출하기 위해 행동하는 의원 모임(2002)
- 신도정치연맹 국회의원간담회(1969)
- 진정한 보수정책연구회(2007)
- 창생일본(創生「日本」)(2010)

이 중 2008년의 시점에 아베가 언론에서 자신 있게 '양질의 보수기반'을 논할 수 있었던 배경은 〈진정한 보수정책연구회〉를 염두에 두고 있기 때문이라고 본다.

아베가 권력을 놓치고 보수세력이 위기감을 가지고 있던 중 2007년 12월에 자민당의 보수파 정치인들을 중심으로 '초당파' 정치단체를 표방하는 '진정한 보수정책연구회'가 결성된다. 이를 주도한 사람은 나카가와 쇼이치(中川昭一)였다. 당시 나카가와는 중의원 당선 8선에 대신을 네 번, 그리고 자민당 정조회장을 지낸 중진이었다. 이 의원임의단체는 다음과 같은 세 개의 활동목적을 내세웠다.

- 전통과 문화를 지킨다.
- 피폐한 전후시스템을 수정한다.
- 국익을 지키고 국제사회에서 존경받은 나라를 만든다.

59명의 의원을 멤버로 가지고 다양한 활동을 벌이던 이 단체는 2009년의 중의원선거를 계기로 위기를 맞게 된다. 이 선거에서 자민당이 참패하여 민주당에 정권을 내주는 역사적 경험을 하게 된 것이다. 그뿐만 아니라 회장을 맡고 있던 나카가와도 부친으로부터 물려받은 기득권을 가지고 있던 홋카이도의 지역구에서 떨어지는 이변을 기록하게 된다. 그로부터 3개월 후, 그는 도쿄의 자택에서 변사체로 발견된다. 외형적인 사인은 급성 심근경색이었지만 그가 평소에 술을 많이 마신다는 것은 잘 알려진 사실이었다.[28] 장래에 수상 자리를 넘볼 수 있었던 나카가와 쇼이치의 죽음은 일본의 보수정치가들에게는 큰 충격이었다.

특히 아베 신조는 평소의 우정을 강조하며 긴 조사를 남겼다. 그 일부를 보면 다음과 같다.

28 도쿄대를 나와 일본흥업은행에 근무하다가 서른 살이라는 어린 나이에 아버지의 지역구를 물려받아 국회의원이 되고 56세라는 이른 나이에 세상을 뜬 것이었다. 더구나 그의 부친 나카가와 이치로(中川一郎)도 현역의원으로 있던 중 수면제 과다복용으로 57세에 죽음을 맞이하고 아들 쇼이치에게 정치기반을 물려준 터였다.

지금도 잊을 수가 없어요. 우리 자유민주당의 강령에서 헌법개정이라는 기둥이 잘려 나갔을 때 당시는 쇼이치 상이 당의 중진들을 상대로 당당히 싸우던 모습을. 그때는 사회당 출신의 무라야마 정권이어서 '이 상태로는 일본이 위험하다'는 위기감 속에서 교과서 문제에 힘을 쏟았지요. 중학교 역사교과서에 종군위안부, 강제연행이 실리게 되자, '이런 자학적인 역사관은 어떻게든 수정해서 아이들이 우리 일본에 자긍심을 갖는 교육으로 바꿔야 한다'는 일념이었습니다.

그런 중에 '일본의 앞날과 역사교육을 생각하는 젊은 의원 모임'을 만들어 모든 이의 뜻을 받들어 쇼이치 상에게 회장을 부탁했습니다. … 나는 쇼이치 상에게서 어려운 문제에 맞서서 세상을 바꾸어 가는 싸우는 정치가의 모습을 배웠습니다. … 그래서 우리는 당신이 지향하던 자랑스러운 일본을 만들기 위하여, 보수의 재생을 위하여 전력을 다할 것을 약속하면서 이 조사를 마치고자 합니다.

쇼이치 상, 사요나라.

벗들의 대표, 중의원 의원 아베 신조

이 긴 인용은 비록 조사이기는 하지만 그야말로 아베가 지향하는 보수정치, 싸우는 정치가의 선언문에 진배없다. 나카가와가 사망한 날은 10월 3일이었는데 그 조사를 읽은 아베 신조가 10월 27일에 회장 자리를 맡게 된다. 멤버들이 나카가와의 유지를 이어받을 수 있는 사람은 아베라고 생각했던 것이다.

진정한 보수정책연구회 / 창생일본

그러면 아베가 자신 있게 '양질의 보수기반'이라고 말했던 이 〈진정한 보수정책연구회〉의 구성은 어떻게 되어 있었는가? 그 답은 지금 아베의 권력 기반이 되고 있는 〈창생일본〉이라는 조직에서 찾을 수 있다. 〈진정한 보수정책연구회〉가 발전적으로 해체되어 재조직된 것이 〈창생일본〉이기 때문이다.

2010년 2월. 민주당이 집권해서 하토야마 유키오가 수상으로 있을 때였다. 아베가 정권에서 내려온 후 자민당에서 후쿠다 야스오, 아소 다로가 각각 1년 정도씩 수상을 하고 결국 민주당에게 정권을 빼앗기고 만 것이다. 그달 5일, 진정한 보수정책연구회 회원 36명이 모여 새로운 결정을 내렸다. 간판을 '창생일본'으로 바꾸고 아베 신조를 대표로 추대하기로 한 것이었다.

명목은 소극적인 '연구회'에서 벗어나 적극적으로 행동하는 집단으로 바꾼다는 것이었다. 그 행동의 지향점은 이른바 아베가 주장하는 '전후 레짐에서의 탈각'이다. 이를 위하여 우선 '사회주의적, 전체주의적 체질을 가진 민주당 정권'에서 하루 속히 정권을 탈환하는 것이 목표였다. 그들은 민주당에서 정권을 탈환하기 위해 아베를 내세우는 것이 가장 낫겠다는 판단을 한 것이었다.

〈진정한 보수정책연구회·창생일본〉은 2년 후의 자민당 총재선거에서 아베를 후원하여 총재로 당선시키는 성과를 이룬다. 아베가 말하는 '양질의 보수기반'이 바로 이 그룹이다. 그리고 아베 개인에게는 자신을 기사회생시킨 개국공신들인 것이다. 여기서 반드시 주목해야 할 사실은 이 단체가 정당도 아니고 정당 안의 파벌도 아니라는 점이다. 같은 정당에 소속하는 정치가들의 '임의단체'에 불과하다. 그런 성격의 정치가 모임에서 수많은 요직을 점하고 있다(이 책의 부록2 참조)는 것은 세계 어디에서도 보기 드문 현상이다. 이들이 앞으로 아베 정치에서 막강한 힘을 휘두를 것은 불을 보듯 뻔하다.

두 번째 집권

이즈음 아베는 정치활동을 본격적으로 펼치고 있었다. 〈진정한 보수정책연구회〉의 멤버들이 지지함으로써 가능한 일이었다. 2008년 3월에 그는 소속 파벌 세이와카이의 총회에 출석하여 자신의 사임에 대하여 사과하고 양해를 구한다. 이때 파벌의 의원들은 아베의 파벌 복귀를 승인하였다. 이로써 그는 나가타초의 정치판에 본격적으로 귀환하게 된다. 그리고 8월 15일에는 총재 재임 중에 하지 못했던 야스쿠니신사 참배를 강행한다.

또 다시 온 기회

보수정치가들의 중심축으로 자리 잡으며 암중모색을 하는 그에게 2012년 9월, 다시 기회가 찾아온다. 자민당의 총재 다니가키가 임기를 다하고 새로운 총재를 뽑게 된 것이다. 아베는 이때 출마의사를 표명한다.[29] 9월 12일 벌어진 자민당의 총재선거에 나선 사람은 다섯 명이었다.

일차투표에서 상위 두 사람은 이시바 시게루가 199표, 아베가 141표였다. 대의원을 포함한 총투표자의 과반수인 250표를 얻은 후보가 없어 결국은 상위 2명의 결선투표로 총재를 뽑게 되었다. 그런데 여기서 큰 변수가 생긴다. 결선투표에는 지방대의원은 빠지고 소속 국회의원만 투표를 하게 되는 것이다. 자민당 소속의원 198명만이 표를 던진 결선투표의 결과는 아베 신조 108표, 이시바 시게루 89표였다(무효표 1).

힘을 보인 양질의 보수기반

일차투표에서 50표가 뒤졌던 아베가 결선투표에서 이시바를 누르고 총재로 당선된 것은 여러 가지를 의미했다. 첫 번째, 개인적으로 아베를 싫어하더라도 그가 대표하는 보수노선을 추구하는 의원이 많다는 점이다. 두 번째, 아베의 경쟁자 이시바의 모나고 외톨이 같은 행동이 조화를 중시하는 일본의 정치문화에 잘 맞지 않았다는 점이다. 그러나 세 번째로 가장 중요한 요인은 아베를 미는 보수파 의원들의 적극적인 공세라고 할 수 있다.

29 자기의 파벌의 영수를 맡고 있던 마치무라는 이미 출마포기를 밝힌 터여서 장애가 되지 않았다. 다만 한 가지 문제가 있었다. 파벌의 실질적인 보스였던 모리 요시로가 아베의 출마를 반대했던 것이다. 아베가 스스로 수상직을 내던진 것이 얼마 안 되어 반발이 남아 있고, 연령적으로도 아베에게는 아직 기회가 있다는 것이 모리의 생각이었다. 그러나 이때 아베는 모리의 뜻을 거부하기로 작심한다. 자신보다 17세 위의 전직 수상이자 자신에게 내각관방 부장관을 맡김으로써 정치인으로 성공하게 기반을 닦아준 사람이 모리였다. 그러나 권력을 위해서는 때로는 은혜를 저버릴 수도 있고 보스에게서 등을 돌릴 수도 있다는 판단에 아베는 마음을 굳혔다고 할 수 있다.

아베가 공을 들여 가꾼 텃밭이었던 '양질의 보수기반'이 힘을 발휘한 것이었다. 참고로 당시 총재선거에서 아베를 공식적으로 후원한 '추천인' 20인을 보면 전원이 〈창생일본〉의 회원이었다. 결국 이 집단은 정권을 탈환하는 데 성공했다. 따라서 현재의 두 번째 아베 정권을 파악하고 예측하는 열쇠는 이 집단에게 있다고 할 수 있다.

돌아온 강성 정치가

보수주의

지금까지 소개한 정치가 아베 신조를 압축하는 키워드가 있다면 무엇일까? 한국인이라면 '우경화'라는 말을 떠올리는 이가 많을지 모른다. 그러나 일본정치의 맥락 속에서 본다면 '보수'라고 집약할 수 있다. 진보 또는 혁신의 반대개념인 보수는 접근하는 시각이나 정의하는 방법에 따라 다양할 수 있다. 그러면 아베가 말하는 보수란 무엇인가? 그는 '리버럴'(liberal)이라는 개념을 공격하고 대립각을 세움으로써 자신의 보수주의를 설명한다. 미국에서 쓰는 리버럴이라는 개념을 들면서 다음과 같이 말한다.

> 뉴딜정책을 주창하는 이들이 스스로를 리버럴이라고 부르기 시작함으로써 사회주의 내지는 그에 가까운 생각을 가진 사람을 리버럴리스트라고 부르게 되었다. … 나는 이런 미국에서 말하는 리버럴이 아니다. '보

수주의' 또는 '열린 보수주의'가 나의 입장이다.[30]

아베의 보수주의가 가장 선명하게 구현된 것이 바로 〈창생일본〉이라고 해야 한다. 〈창생일본〉을 아베가 정치를 펴나가는 데 있어 이념이나 인맥의 홈그라운드라고 비유해도 무방할 것이다. 그러면 여기서 이 홈그라운드의 내용을 살펴보기로 한다.

> 미래를 향하여 일본이 '자랑스러운 나라'로서 발전해 가기 위해서는 전후 레짐에서 벗어나는 것이 꼭 필요합니다. 〈창생일본〉에 결의와 각오를 가진 보수정치가들이 집결했습니다. 우리들은 아직 숫자가 적을지 모릅니다. 그러나 풀뿌리 보수 인사들이 전국에서 일어서기 시작했습니다.

회장 아베 신조의 인사말의 시작이다. '전후 레짐에서 벗어나는 것'을 목표로 하는 이 '보수정치가'들의 집결체는 바로 '진정보수'의 결정체라고 볼 수 있다.

이러한 보수주의를 일본의 보수층 전반에서는 '진정보수'(眞正保守)라고 한다. '진실하고 바른 보수'라는 의미이다. 그렇다면 어떤 것이 진정한 보수인가? 매우 추상적인 듯한 이 표현에 관하여 일본의 (한국에서는 우익이라고 하는) 보수주의자들이 들이대는 척도가 있다. 진정한 보수

30 安倍晋三, 『美しい国へ』, 21-22쪽.

주의자인가를 가리기 위하여 '밟고 지나서 통과해야 하는 후미에'[31]가 있다는 것이다. 그렇다면 일본의 진정한 보수주의자들이 감히 밟지 못하고 존중하는 그림은 무엇인가? 바로 야스쿠니 참배이다. 야스쿠니 참배를 주저하는 사람이라면 일본정치에서 진정한 보수가 아닌 것이다.

보수라는 개념과 관련하여 아베를 이해하는 데 또 하나의 중요한 요인은 아베가 일본 정계의 보수의 두 흐름, 즉 '친미보수'와 '반미보수' 중 반미보수에 속한다는 것이다. 여기서 반미보수라는 표현은 미국에 반대한다는 것이 아니라, 미국에 대한 종속에서 벗어남을 가리킨다. 대표적으로 아베가 여기에 속한다. 이들이 추구하는 것이 바로 미국이 강요한 전후 레짐에서의 탈각이다. 이러한 사상적 조류를 서구, 특히 미국의 미디어에서는 역사수정주의라고 한다. 즉, 미국에 패배함으로써 미국이 부과한 사회질서를 '수정'하고자 하는 사람들(revisionist)이라는 것이다.

내셔널리즘

아베는 자신을 '열린 보수주의자'라고 규정하면서 이와 유사한 논조로 스스로를 '건전한 내셔널리스트'라고 내세운다. 그가 학자가 아닌 만큼 정교한 이론적 설명의 제시를 기대할 필요는 없다. 다만 흥미로운 것은 그가 리버럴리즘을 비판하면서 보수주의를 옹호하였듯이, '지구시민'이라는 개념을 비판하면서 내셔널리즘을 옹호한다는 것이다. 그

31 후미에(踏繪)란 에도시대에 기독교도인가를 알아내기 위하여 예수의 그림을 놓고 밟고 지나가게 한 것에서 유래한 낱말이다.

의 말을 일부 빌려 보자.

> 처음으로 만난 외국인이 '당신은 어디에서 왔습니까'라고 물었을 때, '나는 지구시민이에요'라고 대답한다면 대화가 시작될 수 있을까? 그 말을 묻는 사람은 상대방이 가지고 있는 역사와 전통과 문화에 대하여 묻고 있는 것이다. … 귀속한다는 것은 결단을 내릴 때 (선택의) 기준을 가지는 것을 의미한다. 이는 스스로의 삶의 방식에 자신감과 책임을 가진다는 것을 표출하는 것이다.[32]

국가에 대한 귀속과 향토애를 강조하는 아베는 자신을 국내외에서 '편협한 민족주의'라고 부르는 것에 대하여 맹렬히 반발한다. 여기에는 한 가지 숨은 일화가 있다. 고등학교에서 그를 가르친 스승이 아베를 '편협한 민족주의자'라고 공개적으로 비판한 것이다.

아베 신조가 졸업한 세이케이 고등학교에서 교편을 잡았던 아오야나기 도모요시(青柳知義)라는 사람은 〈월간 신조45〉 2013년 9월호에 기고한 '아베 군, 조심해'라는 타이틀에서 아베를 공개적으로 비판한다. 일부분을 추려보면 다음과 같다.

> 나는 아베 군이 세이케이 고등학교에서 1학년 때 이수한 '윤리사회'를 담당했던 교사이다. 그가 정치가로서 길을 걷기 시작한 때부터 그의 언

32 安倍晋三, 『美しい国へ』, 96-97쪽.

동을 주시해 왔다. … 어느 날 수업에서 다루던 그리스철학과 관계가 없어 보이는 '안보 문제'를 말하게 되었다. … 나는 그때 다음과 같이 말했다. "1960년 5월 19일, 중의원 본회의장에 경관들이 투입되고 야당의원을 배제하는 혼란 속에서 강행 체결되었다. … 6월 16일에는 국회 안에서 항의 집회하는 대학생들을 경찰이 습격하여 혼란이 벌어진 가운데 도쿄대학생 간바 미치코(樺美智子)가 죽었다. 그로부터 3일 후 안보조약을 중의원의 승인도 없이 자연성립되었다."

이때 아베 신조 군이 갑자기 일어나 큰 목소리에 빠른 어조로 주장을 폈다. 그의 요지는 다음과 같다. "안보조약은 일본을 방위하는 데 필요하다. 이 조약을 생각해 볼 때, 일본과 미국의 군사협력협정만을 주목하는 건 이상하다. 그 외에도 경제협력협정이 있지 않은가? 이 점에 관해서 선생님은 어떻게 생각하는지?"[33]

아오야나기 씨의 회고가 정확하다면 아베는 고교 1학년으로서는 상당히 성숙하고 확고한 의견을 가지고 있었던 것으로 보인다. 이런 아베를 비판하며, 아오야나기는 아베 일족의 '차별의식에 바탕을 둔 내셔널리즘'을 비판하며 "아베 군, 편협한 내셔널리즘은 언제나 에고이즘과 표리 관계에 있어서, 그것이 바로 '내셔널 에고이즘'인 것이다"라고 썼다.

2013년 1월에 출판된 『새로운 나라에』라는 책에서 아베는 이미 퍼

33 〈新潮45〉, 2013년 9월, 86-82쪽.

져 있던 자신의 편협한 내셔널리즘에 대한 비판에 대하여 다음과 같이 반박한다.

> 그들이 말하는 '편협'이란 '배타적'이라는 뜻인 것 같은데, 원래는 그들이 내셔널리즘을 부정하고 있는 것이 아닌가? … 일본인이 일본의 국기인 히노마루를 게양하는 것이 결코 편협한 내셔널리즘이 아니다. 편협이란, 혹은 배타적 내셔널리즘이란 말은 다른 나라의 국기를 불태운다거나 하는 행위에 어울리는 말이 아닐까?[34]

34 安倍晋三,『新しい国へ』, 103쪽.

제4장

아베의 사람들

노인이 우글거리는 자민당에서 전후에 태어난 '젊은이'로서 수상이 되는 영광을 누렸지만, 임기를 1년도 못 채우고 그 자리를 물러나야 했던 아베에게는 많은 회한이 있었을 것이다. 국가지도자로서 외국을 방문했는데 설사가 멈추지 않아 일에 집중할 수 없다면 이는 분명히 문제이다. 하지만 일국의 지도자 자리를 내놓아야 할 정도로 심각하게 들리지 않는 '대장염'이라는 병 때문에 영광을 버린 아베의 회한과 반성은 컸을 것이다. 그런 그는 53세부터 58세까지 5년간 절치부심하며 노력하여 2012년에 다시 일본의 수상이 되는 쾌거를 이룬다.

나와의 인터뷰에서 그는 50대 중반의 남자로서 깨달은 것이 많았다고 했다. 동갑인 나도 공감할 수 있었다. 흔히 인용되는 공자의 가르침 중에 사람이 오십 세에 이르면 천명을 안다(知天命)는 말이 있다. 특별한 하늘의 계시가 아니더라도 50년 이상 살아온 인생을 회고하면서 후회하고 깨닫고 결심하는 시기가 50대일 것이다. 앞으로 남은 것은 '노후'밖에 없기 때문이다. 이러한 깨달음은 전에 없던 용기를 주고 인생과 세상에 대한 두려움을 없애 준다.

아베가 '투쟁하는 정치가'를 표방하게 된 데에는 이러한 심리적 변화가 있었을 것이다. 그러나 정치판에서 홀로 투쟁할 수는 없다. 아베는 그 5년 사이에 얻은 것으로 건강을 되찾은 것, 그리고 무엇보다도 권력을 잃었을 때 자신을 버리는 사람들과 자신 곁에 남는 사람을 구별할 수 있었던 것이라고 했다. 그럼 아베의 곁에 남은 사람들은 누구인가? 그와 이념이나 정책에 공감하든지, 아니면 우정이 있어서인지, 아니면 앞으로도 이용가능성이 있어서인지 알 수는 없다. 다만 우리에게 중요한 것은 아베의 사람들이 누구인가이다. 그들은 앞으로 적어도 수년간은 일본의 정치를 주도하고, 나아가서 한국을 포함한 아시아와의 관계에 영향을 미칠 것이기 때문이다.

정권의 주요 플레이어

2014년 9월 3일, 아베는 개각을 단행하였다. 그가 두 번째로 집권하며 구성한 내각은 전후 일본정치사에서도 드물 정도로 장수하였다. 그는 사실 "이대로 갔으면 제일 좋겠다"고 측근에게 토로한 것으로 전해진다.

아무튼 결과적으로 그는 내각과 자민당 집행부를 바꾸는 결단을 내렸다. 내각과 자민당의 새로운 구성은 표2와 같다.

아베의 '개편내각'의 내용을 잘 살펴보면 아베가 추구하는 정치의 앞으로의 모습과 방향을 짐작할 수 있다. 이는 한일관계와 관련해서도 많은 함의를 가진다고 할 수 있다.

[표 2] 아베내각

	2차집권 초기내각(2012.12.26)		개편내각(2014.9.3)	
직 책	이름(한자이름)	생 년	이름(한자이름)	생 년
부총리/재무대신	아소 다로(麻生太郞)	1940	유 임	
총무대신	신도 요시타카(新藤義孝)	1958	다카이치 사나에(高市早苗)	1961
법무대신	다니가키 사다카즈(谷垣禎一)	1945	가미카와 요코(上川陽子)	1953
외무대신	기시다 후미오(岸田文雄)	1957	유 임	
문부과학대신	시모무라 하쿠분(下村博文)	1954	유 임	
후생노동대신	다무라 노리히사(田村憲久)	1964	시오자키 야스히사(塩崎恭久)	1950
농림수산대신	하야시 요시마사(林芳正)	1961	니시카와 고야(西川公也)	1942
경제산업대신	모테기 도시미츠(茂木敏充)	1955	미야자와 요이치(宮澤洋一)	1950
국토교통대신	오타 아키히로(太田昭宏)	1945	유 임	
환경대신	이시하라 노부테루(石原伸晃)	1957	모치즈키 요시오(望月義夫)	1947
방위대신	오노데라 이쓰노리(小野寺伍典)	1960	에토 아키노리(江渡聡德)	1955
내각관방장관	스가 요시히데(菅義偉)	1948	유 임	
부흥대신	네모토 다쿠미(根本匠)	1951	다케시다 와타루(竹下亘)	1946
국가공안위원장	후루야 게이지(古屋圭司)	1952	야마타니 에리코(山谷えり子)	1950
영토, 과학기술	야마모토 이치타(山本一太)	1958	야마구치 순이치(山口俊一)	1950
여성, 행정개혁	모리 마사코(森まさこ)	1964	아리무라 하루코(有村治子)	1970
경제재생, 재정	아마리 아키라(甘利明)	1949	유 임	
지방창생	이나다 도모미(稲田朋美)	1959	이시바 시게루(石破茂)	1957

_ 법무대신과 경제산업대신은 2014년 10월 20일에 현직에 있던 마쓰시마, 오부치 두 사람이 각각 정치자금회계 및 선거 때 배포한 부채 등의 문제로 사임함으로써 새로이 등용된 사람들을 표시하였음.

자민당

	2차집권 초기내각(2012.12.26)		개편내각(2014.9.3)	
직 책	이름(한자이름)	생 년	이름(한자이름)	생 년
부총재	고무라 마사히코(高村正彥)	1942	유임	
간사장	이시바 시게루(石破茂)	1957	다니가키 사다카즈(谷垣禎一)	1945
총무회장	노다 세이코(野田聖子)	1960	니카이 도시히로(二階俊博)	1939
정조회장	다카이치 사나에(高市早苗)	1961	이나다 도모미(稲田朋美)	1959
선거대책위원장	가와무라 다테오(河村建夫)	1942	모테기 도시미츠(茂木敏充)	1955

첫째, 개각에서 읽을 수 있는 가장 큰 흐름은 3년짜리 자민당 총재임기를 두 번 중임하여 2018년까지의 '장기집권'을 확실히 하겠다는 것이다. 이를 위하여 자민당 총재를 역임한 다니가키에게 부탁하여 '격하'한 자리인 간사장에 앉히고, 외교 문제에서 대립하는 입장에 있는 중진의원 니카이를 총무회장에 임명하는 등 '자민당 거당체제'를 갖춘 것이다.

그러면 아베의 장기집권은 가능한 것인가? 이 질문에 대한 대답은 '아베의 장기집권을 막는 요인이 있는가'로 바꾸어 생각하면 쉽게 찾아진다. 2014년 9월, 내각개편의 시점에서 아베 정권에 부정적인 요인은 별로 없었다. 오히려 개편 이전의 내각이 장기적인 안정성을 보였다는 점에서 일본국민의 평가는 높았다. 그러나 정치는 역시 '살아 있는 생물'이다. 10월 하순에 들어서, 여성으로서 차기 수상의 후보로도 평가받던 오부치 유코가 부친으로부터 물려받은 후원회에서의 석연치 않은 회계처리가 말썽이 되어 사임으로 표명하였다. 그런데 더 공교로운 것은, 바로 그날 법무대신으로 있던 마쓰시마 미도리도 선거 때 부채를 돌렸다는 논란이 불거져 사임을 표명하는 사태가 발생하였다. 내각에 다섯 명의 여성을 임명하여 높은 점수를 얻던 아베에게 하루에 두 명의 여성대신이 물러나는 전대미문의 사태가 벌어진 것이다.

아베 정권의 장기화를 노리는 자민당 수뇌부는 정권의 안정을 위하여 긴급히 후임대신을 임명하였다. 아베에게는 1차집권 때에 대신이 차례로 사퇴하며 정권을 잃었던 기억과 트라우마가 있는 터이다. 두 명의 대신이 같은 날에 사퇴한 사태는 아베에게 예상치 않던 먹구름을 몰고 올 것이다. 이 10월 하순의 시점에서 이 사태가 아베 정권의 추동력에 타격을 가하겠지만, 정권의 상실에까지 이르지는 않는다는 것이 정치평론가들의 대체적인 시각이다.

아베가 이 사태를 잘 수습할 경우, 한일관계에는 긍정적인 측면이 있다. 외무대신 자리를 연임하고 있는 기시다가 이끄는 파벌에서 네 사람의 대신을 내는 결과가 된 것이다. 기시다 파는 제2장에서 설명한 고치카이(宏池會)의 현재의 이름이다. 이 파벌은 전통적으로 아시아와의 관계를 중시한다는 점에서 아베가 속하던 세이와카이와 상당한 대조를 이룬다. 기시다 파벌이 내각에서 선두가 되었다는 점은 우연이 아니라 아시아와의 관계를 더 중시하겠다는 자민당 수뇌부의 의향이 반영된 것으로 보아야 할 것이다.

아베 정권의 향방을 가늠하는 데에는 다음과 같은 정치일정을 주목해야 할 것이다.

〈아베의 장기집권을 염두에 둔 주요일정〉

- 2014년 11월 호주 G20회의 (중국과 정상회담설)
- 2014년 12월 특정비밀보호법 시행
- 2014년 연말 미일방위협력 가이드라인 개정
- 2015년 4월 통일지방선거
- 2015년 6월 한일국교정상화 50주년
- 2015년 9월 자민당 총재선거
- 2015년 10월 소비세 10% 인상 (추정)
- 2016년 7월 참의원 일부 임기만료
- 2016년 12월 중의원 임기만료

우선 2015년 9월에 있을 자민당 총재선거에서 아베의 강력한 경쟁자로 나설 정치가가 없다. 2012년 총재선거의 경쟁자였던 이시바 시게루는 이번 개각에서 '스스로 원하던' 간사장 유임을 이루지 못하고 '지방창생'(地方創生) 담당대신이라는 내각의 '말석'에 앉게 되었다. 이 과정에서 그는 정치력의 부족을 스스로 드러내는 아픈 경험을 하게 된 것이다.[35]

35 아베가 자신을 간사장 자리에서 끌어내리려는 의도를 파악한 이시바는 언론과의 인터뷰에서 "간사장 자리를 지키겠다"는 발언을 한다. 이 발언은 자신을 간사장에 임명한 수상을 비판하고 나서 돌아가는 상황이 불리하니까 언론에 대고 "간사장 자리를 지키겠다"고 한 것이어서 자민당의 많은 정치가들이 그의 처신을 놓고 비판하게 된다. 일본식으로 말하자면 '사무라이답지 않다'는 것이었다. 친아베그룹에서는 아예 이시바와 그의 지지자들을 내몰자는 의견마저 나오게 하였다. 이러한 맹렬한 반발 속에서 이시바는 결국 아베와 타협하여 간사장 자리를 내놓고 지방경제창조를 담당하는 신설의 특임대신 자리를 받아들이는 결말을 맞았다.

따라서 2015년 9월의 총재 재선에서 아베가 뜻을 이루지 못할 유일한 요인은 자민당을 벗어난 외부적인 요인, 즉 중의원을 해산하여 총재직에서 중도하차하는 것이다. 그러나 현재의 일본정치에서 수상의 지지도가 마지노선이라 할 수 있는 20%대로 떨어지는 사태를 유발할 수 있는 폭발적인 사안은 없다. 집단자위권 용인을 위한 입법에서 공은 국회로 넘어갔고, 소비세 인상도 총재선거 후에 이루어질 것이다.

아베 정권에 대한 중요한 비판요인이었던 한국, 중국과의 관계도 '화해'의 방향으로 전략적인 전환을 하고 있다. 아시아에서 마찰을 피하고 원만한 조정을 중시하는 원로들인 다니가키, 니카이의 중용이 그 증거라고 볼 수 있다. 벌써 2014년 11월 중순에 호주에서 개최될 G20 정상회의에서 시진핑 중국주석과의 정상회담설이 나돌고 있다. 한국과의 관계도 최악의 상태를 벗어나 역사이슈와 전략이슈를 분리하여 분위기를 바꾸려는 의도도 보이고 있다.

두 번째는 경제활성화에 중점을 두고 있다는 것이다. 이는 소위 '아베노믹스'가 대성공은 아니더라도 최소한 경제계의 공감 속에서 '성장노선'의 계속적 추진에 대하여 국민적 지지를 얻고 있다는 판단에 근거한다. 이는 다음과 같은 인사에서 확인할 수 있다.

- 아베의 '맹우'라고 불리는 아소 다로의 재무대신 유임
- 아베노믹스를 위하여 꼭 필요한 환태평양연대협정(TPP)협상을 주도하는 아마리 아키라의 유임
- 농업개혁을 위하여 전문가 니시카와 고야 등용

- 금융통으로 아베와 가까운 시오자키 야스히사의 후생노동대신 등용 (공적 연금의 공격적 투자를 노림)
- 부흥대신에 게이세이카이 파벌의 사무총장이던 5선의 다케시타 와타루 등용

세 번째로, 위의 두가지 정치적 목표를 달성하기 위하여 결과적으로 '파벌의 안배'가 어느 정도 이루어졌다는 것이다. 개각으로 입각한 자민당 의원들의 소속 파벌을 보면 다음과 같다.

- 기시다 파벌 4 (기시다, 모치즈키, 가미카와, 미야자와)
- 마치무라 파벌 2 (시모무라, 야마타니)
- 아소 파벌 2 (아소, 야마구치)
- 오시마 파벌 2 (에토, 아리무라)
- 누카가 파벌 1 (다케시다)
- 니카이 파벌 1 (니시카와)
- 무파벌 5 (스가, 아마리, 이시바, 다카이치, 시오자키)

이로써 입각을 전혀 하지 못한 파벌은 이시하라 노부테루의 파벌 하나이다. 이는 이시하라의 적절치 못한 발언에 대한 일종의 징계로 간주되고 있다.[36]

36 아베내각에서 환경대신을 맡고 있던 그는 지난 6월에 지진피해를 당한 후쿠시마를 방문하여 원자력 폐기물 시설을 논하던 자리에서 "결국 돈이 많이 든다"라는 발언으로 지역주민의 분노를 샀고,

한편 두드러진 현상은 여성의 진출이다. 경제에 활력을 불어넣는다는 공식적인 이유와 여성표를 확보한다는 정치적인 계산이 맞아 떨어져 무려 5명이 내각에 들어오고 자민당에서는 여성이 정조회장을 맡게 되었다. 개편내각에서 입각한 여성은 다카이치, 마쓰시마, 오부치, 야마타니, 그리고 아리무라 다섯 명이었는데 10월 20일에 마쓰시마와 오부치가 물러나고 가미카와가 들어섬으로써 4명이 되었다.

〈창생일본〉의 동지들

여기서 한 가지 주목할 가치가 있는 것은 앞에서 자세히 설명한 〈창생일본〉의 존재감이다. 수상을 포함하여 총 19명으로 구성되는 내각에 아베 자신을 포함하여 7명이 〈창생일본〉의 회원이라는 것이다. 다시 한 번 정리하면 다음과 같은 사람들이다.

- 아베 신조(총리)
- 아소 다로(부총리 겸 재무대신)
- 스가 요시히데(관방장관)
- 다카이치 사나에(총무대신)
- 시오자키 야스히사(후생노동대신)

아베는 그 여파를 차단하기 위하여 그를 개각에서 제외한 것으로 해석되고 있다.

- 야마타니 에리코(국가공안위원장)
- 야마구치 순이치(영토, 과학기술 담당대신)

여기에다 자민당 5역 중에서는 이나다 도모미가 정조회장으로 발탁되었다.

이와 관련하여 눈길을 끄는 또 다른 사항은 일본정계에서 우익의 '여성 3총사'라고 해도 좋을 세 사람이 다음과 같이 나란히 내각과 자민당에 중용되었다는 것이다.

- 다카이치 사나에(정조회장 → 총무대신)
- 이나다 도모미(행정개혁담당대신 → 정조회장)
- 야마타니 에리코(국가공안위원장)

과거에 자민당의 막후협상정치에 있어 중요한 역할을 수행했던 정조회장의 자리를 나이 든 남성정치인들이 차지했던 사실에 비교해 볼 때, 53세의 다카이치와 55세의 이나다 두 여성이 내각과 자민당을 오가며 중용되는 것에서 이들에 대한 아베의 신임이 매우 두텁다는 것을 알 수 있다.

아베를 보필하는 측근

일본의 매스컴에서도 크게 다루지 못한 포인트로서 중요한 것은 아베를 보필하는 측근 세력이 그대로 유지되고 있으며, 이는 사실상 강화를 의미한다는 점이다.

나는 아베 정권을 매일 매일의 정치에서 지켜내는 핵심 측근 세력으로 다섯 사람을 주목한다. 한일관계를 포함한 아베정치의 일상적 운항에 직접 가담하는 이 다섯 사람은 자세히 소개할 필요가 있다.

스가 요시히데(菅義偉, 1948년생)

현재 아베에게 가장 중요한 인물은 관방장관 스가일 것이다. 야구에 비유하자면 아베가 투수이고 스가는 포수이다. 출범 후 지지율이 40% 이하로 내려간 적이 없는 아베 정권의 안정성의 가장 중요한 요인으로 관방장관 스가의 조정력을 꼽는 정치평론가들이 많다. 도쿄대학의 정치학자 마키하라(牧原出)는 한 평론기사에서 "내각의 인적인 결속이 강하고 정책적으로도 커다란 파탄이 없으며 대체적으로 정합성이 유지되고 있는 현상을 한 몸으로 구현하고 있는 이가 스가"라고 분석하였다.[37]

아베보다 6살 위인 스가는 요코하마 시의원을 거쳐 1996년에 중의원에 당선된 이래 6선을 기록하고 있다. 화려하거나 뛰어나게 보이지 않지만 그는 아베내각을 처음부터 뒷받침해왔다. 2006년의 제1차 아베내각에서 총무대신을 맡았고 2012년의 제2차 내각에서는 관방장관을 맡았다.

37 http://www.nippon.com/ja/currents/d00135

가토 가쓰노부(加藤勝信, 1955년생)

아베 2차내각에서 중의원 담당 관방 부장관으로 발탁된 가토는 개편내각에서도 자리를 그대로 지켰다.[38] 도쿄대 경제학과를 졸업하고 대장성에서 기획관까지 역임한 그는 나중에 정치가로 변신한다. 2003년 중의원에 당선된 그는 아베 1차내각에서 내각 부대신 정무관으로 인연을 맺는다. 그 후 아베가 정권을 놓친 후 아베를 측면에서 열심히 도운 것으로 전해진다. 거기에는 장인 가토 무쓰키가 아베의 부친 신타로와 매우 가까운 사이였다는 인연이 있다. 〈창생일본〉의 사무국장인 그는 아베를 이념적, 기능적으로 받들 수 있는 입장에 있다고 할 수 있다.

세코 히로시게(世耕弘成, 1962년생)

2006년의 아베 1차내각에서 홍보담당 총리보좌관에 이어 2차내각에서 관방 부장관(참의원담당)에 중용된 세코는 개편내각에서도 유임되었다. 그는 아베에게 절대적 충성을 보이는 젊은 정치가의 한 사람이다. 할아버지가 경제기획청장관, 큰아버지가 자치대신이라는 정치가 가문에서 태어나 와세다대학을 나온 후 국영통신회사 NTT에서 홍보업무를 하던 그는 1998년에 큰아버지의 지역구에서 참의원에 당선된 이후 4선을 기록하고 있다. 아베와 같은 세이와카이 파벌에 들어온 그는 모든 해외출장에 동행하는 등 아베를 밀착하여 보좌한다. 아베를 일본을 재건시킬 인물이라고 존경하여 2012년 총재선거에 "나온다면 분

38 원래 성이 무로사키(室崎)인 그는 결혼과 더불어 정치가 가토 무쓰키(加藤六月)의 데릴사위로 들어가 성이 바뀌게 된다.

골쇄신하겠다"는 충성심을 공공연히 말하기도 하였다.

이마이 다카야(今井尚哉, 1958년생)

정치가도 아니고 대신도 아닌 사람으로서, 아베 정권에서 이마이만큼 관심을 끄는 사람은 없을 것이다. 1차 아베내각에서 사무담당 비서관을 한 이마이는 그동안 아베를 가까운 거리에서 보좌하다가 2차내각에서는 정무담당 수석비서관으로 관저에 들어왔다. 그가 많은 관심을 끄는 이유 중 하나는 전통적으로 행정부의 톱으로 알려져 있던 재무성(구 대장성)이 아니라 경제산업성 출신으로, 아베가 앞으로 하고자 하는 '성장노선'의 경제정책을 구현하는 데 중요한 영향력을 행사하고 있다는 것이다.

하기우다 고이치(萩生田光一, 1963년생)

중의원 당선 3선이라는 비교적 짧은 정치경력을 가진 이 사람을 주목해야 하는 이유는 그가 한일관계의 껄끄러운 사안들에 관하여 일본 매스컴에서 거리낌 없이 발언하고 있기 때문이다. 2014년 3월에 그가 한 텔레비전 방송에서 제기한 '고도 담화 폐기 및 새로운 담화 필요' 주장은 일본우익정치가들이 주장하는 새로운 '아베 담화론'을 처음으로 공론의 장으로 꺼내는 역할을 하였다. 당총재 특별보좌라는 직함을 가진 하기우다의 발언은 한국의 매스컴에도 보도되고 있다. 〈창생일본〉의 위원인 그는 일본우익의 싱크탱크라고 할 수 있는 〈국가기본문제연구소〉의 정책위원을 맡고 있다.

2

전후 레짐으로부터의 탈각

2

安倍晋三

일본은 태평양전쟁에서 패망하고, 그 대가로 사회운용의 규칙, 제도, 행동규범이 외부에 의하여 정해지고 부과된다. 이것으로부터 '벗어나' 진정한 독립을 성취하고, 다른 '보통의 국가'와 마찬가지로 자신의 운명과 방위를 스스로 결정하는 나라가 되는 것이 아베내각의 지향점이다. 얼핏 들으면 지극히 당연히 들리는 이 말에는 전후 일본의 현상(status quo)을 바꾸어 변혁(status quo ante)을 꾀하겠다는 중대한 의미가 들어 있다.

국민의 자존심마저 꺾이게 한 장기 디플레이션에서의 탈각, 헌법을 개정하고 정규군을 가지는 나라로의 탈각, '자기학대적 역사관'(自虐史觀)에서의 탈각, 제2차 세계대전을 종결하는 과정에서 잃어버리거나 위협받고 있는 해양국가로서의 입지 회복 등이 그 주요 내용이다.

제5장

아베노믹스

한국에서 아베 신조와 그 정권을 보는 시각은 역사인식, 독도, 종군 위안부 등 정치적인 담론에 집중되어 있다. 그러나 한국인의 일상생활에 미치는 영향은 아베노믹스가 더 직접적이고 중대할 수 있다. 제조업과 수출을 국부창출의 주요 분야로 삼는 한국과 일본은 세계시장에서 경쟁하고 있으며, 실제로 전자나 자동차 등의 산업에서는 일본의 이득이 한국의 손해로 직결되는 '제로섬'(zero sum)적인 성향이 강하기 때문이다. 아베노믹스는 아베가 지향하는 '전후 레짐에서의 탈각'의 직접적인 의미에서는 벗어난다. 그러나 실제로는, 일본인에게서 자신감을 박탈했던 '잃어버린 20년'의 주된 원인이었던 장기 디플레이션에서 '탈각'하겠다는 것이 아베노믹스이고, 이는 '전후 레짐으로부터의 탈각'과 함께 아베 정권이라는 수레의 두 바퀴를 구성하고 있다고 할 수 있다.

아베노믹스란?

아베노믹스의 실체와 내용은 무엇인가? 아베가 이에 정권의 운명을 걸고 집착하는 까닭은 무엇인가? 이는 일본의 안과 밖에서 어떤 평가를 받고 있으며 앞으로 어떻게 전개될 것인가?

'잃어버린 20년'

1989년 3월에 일본에서 연구를 하게 된 내가 처음으로 받은 충격 중 하나는 일본인들이 마치 무언가에 홀린 듯이 해외여행을 나간다는 것이었다. 영어가 안 되어 해외의 도시 이름도 제대로 발음하지 못하는 사람들이 대형 트렁크를 하나씩 밀고 공항로비를 가득 메운 장면이 텔레비전에 수시로 방영되었다. 일본은 바야흐로 버블경제의 정점에서 소비를 즐기고 있었다. 1986년에 버블경기가 시작될 때 연간 550만 명이던 해외여행객은 1990년에 이르러서는 천만 명을 돌파하게 된다. 일본기업들은 미국의 록펠러센터나 콜롬비아 영화사를 사들이고 대도시의 거리는 고급 유럽차의 전시장과도 같은 풍경이 연출되고 있었다.

그러나 하늘을 나는 모든 것이 언젠가는 내려앉듯이, 이 버블은 꺼졌다. 이는 니케이 주가평균에 다음과 같이 극적으로 반영되어 있다.

- 1985년 최종지수　13,113엔
- 1989년 최종지수　38,916엔(최고치)
- 2002년 최종지수　8,579엔(최저치)

- 2009년 최종지수　　10,638엔

1989년 버블의 정점에서 20년이 지난 2009년에 주식가격은 3분의 1이 안 되는 27% 수준으로 떨어졌던 것이다.

그러나 문제는 주식시장에 국한되는 것이 아니었다. 이 잃어버린 20년은 오직 경제에 집중하여 국운을 개척하고 전쟁의 폐허 위에서 세계가 주목하는 사회를 건설한 일본인이 자신감을 상실하고 국가의 방향성을 잃어버렸다는 데에 더 큰 의미가 있었다.

이를 상징하는 수치가 물가상승률이었다. 주식투자는 돈 가진 사람들이 한다고 해도 생필품 구입은 누구나 하는 일이다. IMF가 집계한 일본의 물가상승률을 연대별로 평균을 내보면 다음과 같다.

- 1990년대　+ 1.21%
- 2000년대　- 0.25%

결국 1989년의 버블 붕괴 후 20년간 일본의 물가상승률은 0.43%였다. 같은 기간 한국에서의 물가상승률[39]을 비교해 보면 일본에서의 상태가 얼마나 암담한지 알 수 있다.

처음의 '잃어버린 10년'에 해당하는 1990년대에 일본의 역대 정권은 9차례에 걸치는 경제대책을 세워서 무려 125조 엔을 쏟아붓는다.

39 1990~2009년 동안에 한국은 연평균 4.43%, 총 238%의 물가상승률을 보이고 있다(자료: 국가통계포털 www.kosis.kr).

그럼에도 아무런 효과를 보지 못했고 2000년대에 들어서 오히려 경기는 얼어붙게 된다. 2000년대에 들어 고이즈미 정권의 구조 개혁의 영향으로 경기는 바닥을 치고 완만한 회복세를 지속했다. 특히 은행의 불량채권처리가 대충 정리되고 대기업의 실적이 개선됐다. 그러나 제로금리정책이 유지되는 가운데에도 니케이 주가평균은 1990년대의 평균보다 낮은 20,000엔을 넘지 않았다.

엎친 데 덮친 격으로, 2008년 미국의 서브프라임론 사태가 원인이 되어 세계동시불황으로 경기가 급격히 악화하면서 일본의 GDP는 마이너스 성장을 기록했다. 이어 리먼쇼크와 그리스위기로 달러와 유로의 가치가 급락했기 때문에 엔화가치가 상대적으로 높은 소위 '엔고' 구조가 정착된다. 이를 일본정부와 중앙은행이 막지 못하면서 엔 환율은 달러당 80엔대 중반까지 상승하여 수출이 감소하고 기업이 해외로 빠져나가게 된다.

결국 일본경제는 마이너스 성장에 빠지고 스스로 중산층이라고 생각하던 일본의 가계가 빈곤층으로 전락하게 된다. 이런 가운데 2011년에는 동일본대지진, 후쿠시마 제1원자력발전소 사고, 미국국채 쇼크 등이 일어나 경제에 상당한 타격을 주고, 주가는 내려가고 엔 가치는 올라가는 상태가 되었다.

'Abenomics' or 'Abeのmix'?

아베노믹스(Abenomics)라는 어휘는 아베의 영문표기 Abe와 경제학의 economics를 합성한 말이다. 아베가 추진하고 있는 현재의 경제정책을 포괄해서 가리키는 별명이다. 이 용어를 아베 자신이나 그의 동료들이 만든 것은 아니다. 이는 〈아사히신문〉이 아베가 2012년 가을에 자민당 총재선거에 나서기로 결심한 후 발표한 경제부흥정책이 미국의 레이거노믹스(Reaganomics)를 모방한다는 다분히 비판적인 어조로 지어내어 하나의 용어로 정착시킨 데서 유래한다. 2013년 9월에 미국을 방문했던 아베는 뉴욕증권거래소에 들러 행한 강연에서 'Buy my Abenomics'라고 말하기도 하였다.

지금은 아베 자신을 포함하여 일본정부도 공공연히 사용하고 있는 이 용어가 함축하는 아베 정권의 경제정책은 흔히 '세 개의 화살'로 구성되는 것으로 설명된다. 이 세 개의 화살이란 다음을 가리킨다.

- 대담한 금융정책(금융양적완화)
- 기동적 재정정책(대규모공사, 세제개혁)
- 민간투자를 불러일으키는 성장전략(산업창출, 경제고도화)

그런데 순수하게 경제학적으로 따져 본다면 이 세 개의 정책들은 서로 다른 정책이념에 바탕을 둔 것이고 따라서 모순되는 점이 많다. 이를 두고 아베노믹스에 비판적인 사람들은 아베노믹스는 일관성이나 정합성을 가진 경제정책이 아니라 아베와 그의 측근이 정치적 편의상 만들어낸 혼합물, 즉 '아베의 믹스'(Abeのmix)라고 비꼬기도 한다. 그러면 이제 이 세 개의 화살의 내용을 살펴보기로 한다.

‘세 개의 화살’

첫 번째 화살 – 대담한 금융완화

위에서 설명한 배경에서 아베 정권은 기본적으로 디플레이션에서 인플레이션으로 일본경제 기조를 바꾸고자 한다. 지금 그가 노리는 것은 물가상승률 연 2% 정도의 과열경기이다. 집권이 확실시된 시점에서 아베는 디플레이션에서 벗어나고 엔고를 시정하는 것을 금융정책의 목표로 제시하며, 인플레이션은 “2-3%를 목표로 삼고 이를 위하여 무제한으로 금융을 완화시켜 시장에 강한 임팩트를 주겠다”고 공언하였다. 나아가서 금리에 관해서는 “제로로 하거나 심지어 마이너스가 되도록 하여 은행대출을 가속시키겠다”고 하였다. 결국 돈을 시장에 풀어 넣겠다는 것이다.

결국 중심축은 ‘항상적으로 2% 정도의 인플레이션’이 진행되는 경제 상태를 유지하는 것이다. 내각관방참여라는 직함을 가지고 이 정책의 구현에 직접 관여하고 있는 경제학자 혼다 에쓰로(本田悅郎)는 이 정책을 다음과 같이 간단히 정리한다.

> 아베노믹스의 금융완화란 민간금융기관이 보유하고 있는 국채 등을 일본은행이 사들여 대량으로 돈을 시장에 공급함으로써, 인플레이션에 대한 예측을 만들어내어 예상실질금리를 끌어내리는 것이다. 이렇게 하여 주식이나 외화 등의 금융자산상품시장을 자극시키고 소비와 투자를 증가시켜 디플레이션을 해소하겠다는 것이다.

이런 정책구상을 뒷받침하는 당국자들의 발언이 뒤따른다. 2014년 4월 초에 소비세가 인상된 다음 아소 다로 부총리 겸 재무대신은 약 130조 엔에 달하는 연금기금(GPIF)의 일부가 주식시장에 투자될 수 있도록 하겠다고 말했다. 이것이 실현된다면 외국인 투자를 촉진시키는 데 상당한 효과를 거둘 것이다. 여기서 기대되는 새로운 움직임의 가장 대표적인 것은 지금까지 안전자산인 일본국내채권에 집중하여 운용하던 것을 리스크가 높은 주식 및 대체투자상품으로 운용의 범위를 확대한다는 것이다. 이러한 결정은 아베노믹스를 지지하는 '유식자 간담회'의 개혁안을 바탕으로 하는 것이다.[40]

한국과 마찬가지로 일본은 수출로 먹고사는 나라이다. 따라서 환율이 수출에 직접적인 영향을 미쳐 국민경제를 좌우한다. 일본의 달러에 대한 환율이 지나치게 평가절상된 '엔고'(円高) 상태가 상당히 오래 지속되어 경기침체의 한 원인이 되고 있다고 생각하는 사람이 일본에는 많다. 도요타그룹 회장을 역임한 경단련(일본경제단체연합회) 명예회장 오쿠다 히로시(奥田碩)는 일본산업에 적정한 환율은 달러당 90엔에서 100엔 사이로, 그 정도라면 자동차나 기계의 수출이 증가해서 무역적자가 해소될 수 있다는 견해를 밝혔다.

아베 또한 그런 생각을 갖고 있다. 수상 취임 전에 그는 "디플레이션의 극복과 지나친 엔고의 시정이 일본경제재생의 열쇠"라고 했다. 엔을 평가절하시키고자 하는 아베 정권의 드라이브는 계속될

40 이 회의의 대표는 도쿄대 교수 이토 다카토미(伊藤隆敏)가 맡고 있다.

것이다.[41]

두 번째 화살 – 기동적 재정정책

기동적 재정정책이란 정부가 쓸 수 있는 돈을 방출할 수 있도록 공공사업을 일으켜 위축된 기업과 산업을 다시 깨우겠다는 정책으로 케인스적인 발상에 바탕을 두고 있다.

이를 위하여 2013년 1월에 아베 정부는 각의결정으로 긴급경제대책용으로 10.3조 엔의 정부지출을 집행하기로 결정하였다. 여기서 또 다시 이슈가 되는 것이 중앙은행의 역할이다. 시장에 흐르는 돈의 양을 일본의 중앙은행이 조절하는 정책수단은 세 가지가 있다. 첫 번째는 민간금융기관에게 대출할 때 적용하는 기준금리를 올리거나 내려서 조절하는 것이다. 두 번째로는 민간금융기관이 보유하고 있는 국공채를 중앙은행이 사들이거나 팔아서 화폐량을 조절하는 것이다. 그리고 세 번째로 민간금융기관의 지불준비율을 조정함으로써 그들의 대출한도를 통제하는 것이다. 이 중에서 아베노믹스에 집중적으로 활용되는 것은 두 번째의 국공채거래, 그중에서도 SOC사업 등에 자금을 공급하는 건설국채를 시중은행을 통하여 일본은행이 사들여 장기보유하는 소위 '사들이기 오퍼레이션'이다.

재정지출과 관련하여 한 가지 민감한 것이 소비세의 인상이다. 이를 비판하는 이들은 '아베는 한 발로 자동차의 (재정지출) 페달을 밟고 다

41 현재(2014년 10월 중순) 달러당 엔의 환율은 106엔 정도로 내려가 '엔저'가 진행되고 있다.

른 발로는 (소비세라는) 브레이크를 더 세게 밟는 격'이라고 비꼬기도 한다. 그러나 일본의 재계는 소비세 인상에 찬성하는 편이다. 일본재계를 대표하는 경단련의 회장 요네쿠라 히로아키(米倉弘昌)는 2014년 4월의 소비세 인상에 관해서 "대단한 영단이다. 높이 평가한다"라고 환영하면서 소비세 증가로 인한 부정적인 영향은 투자에 대한 감세 등 5조 엔 규모의 경제대책으로 흡수할 수 있다는 견해를 피력하였다.

또 한 가지 제시된 정책으로서 논란이 되고 있는 것이 '정책금리의 마이너스화'를 통한 민간투자 활성화이다. 정책금리란 중앙은행이 민간은행에 융자를 실시할 때 적용하는 금리이다. 경기가 침체되어 있을 때 이 금리를 낮추어 민간은행의 기업에 대한 대출을 용이하게 할 수 있는 것이다. 이 정책금리를 '마이너스'로 한다는 것은 매우 이례적인 조치라고 할 수 있다.

세 번째 화살 – 성장전략

아베가 추진하는 성장전략은 기업경쟁력을 상승시키고 규제완화를 통하여 외국기업 및 투자를 유치하겠다는 것이다. 우선 헬스, 에너지, 차세대 인프라, 그리고 농림수산업의 네 분야에 중점을 두고 기업의 경쟁력을 향상시킨다는 것이 장기비전으로서, 이를 위하여 기술혁신을 정책적으로 지원하고 민간투자의 촉진에 주안점을 두고 있다.

아베 정부는 이 새로운 전략산업의 획기적인 구조개혁을 추진하고 있다. 주요한 내용을 보면 다음과 같다.

- 농업개혁: 인구 감소추세로 인해 일본인의 주식인 쌀 생산량이 감소함에 따라 정부의 보조금을 지급하는 정책에서 탈피하고, 앞으로 실현될 TPP 등 환경변화에 대비하여 생산성 향상, 경쟁력 강화를 목표로 하는 농업정책으로 대전환한다.
- 의약산업: 의약산업을 활성화시키고 소비자의 편리성을 제고하기 위하여 일반의약품의 인터넷을 통한 판매를 허가한다.
- 전력개혁: 전력 관련 개정법에 따라 전기 소매시장의 전면 자유화를 위한 첫 단계로 지역 간의 전력융통을 확대 실시한다.

한편, 일본 국내기업을 활성화시키고 해외기업을 유치하기 위하여 법인세를 내리는 것은 아베 정권에서 지속되는 화두 중 하나이다. 그 첫 단계로 2015년 3월 말에 실시하기로 되어 있던 '부흥특별법인세'의 폐지를 일 년 앞당겨 2014년 3월 말에 실시하였다. 이로써 '법인실효세율'이 38%에서 35.6%로 2.4%가 내려가게 되었다.

이 세 번째 화살에 대해서는 일본의 많은 경제학자들이 '내용이 없다'는 취지로 비판과 조롱의 의견을 표명하였다. 아베 정권은 이에 대하여 효과적인 대응을 하지 못하고 추상적이고 원론적인 의견을 제시해 왔다. 그런데 최근의 추세를 보면 이 세 번째 화살에서 TPP협정의 체결에 초점이 모이는 것으로 보인다. 이 추세는 2014년 4월 말 오바마의 일본방문 이후에 점차 구체성을 보이고 있다. 이때 진척이 없던 미국과 일본의 협상에 모종의 정치적 타협이 있었던 것으로 보인다. 이를 놓고 담당대신 아마리는 "산꼭대기가 보이기 때문에 좀 더 올라가면 된다"는 표현을 하였다. 이러한 진전은 EU와 일본 사이의 EPA(경제연계협정)의 타결도 가속시키고 있다는 전망이다.

'지방경제의 창조'를 강조하고 있는 아베가 최근 들어 힘을 중시하고 있는 부분은 경제특구전략이다. 그는 농업, 의료, 고용창출 등의 과제가 모인 암벽을 다이너마이트로 깨는 것이 아니라 경제특구를 '드릴'로 활용하여 구멍을 뚫어 깬다는 발상을 강조하고 있다. 이는 2020년의 도쿄올림픽과 연계하여 수도권과 지방경제의 연계라는 또 다른 경제정책 구상으로 번지고 있다.

추진체제

정치와 행정을 관료에게 맡기지 않고 '수상관저가 주도'하겠다는 의지가 강한 아베는 자신이 제어할 수 있는 기구와 사람을 가지고 아베노믹스를 추진하고 있다.

주요 추진기구

아베노믹스를 추진하는 주요한 주체로는 재정경제정책담당 국무대신 산하에 설치된 일본 경제재생본부를 들 수 있다. 수상관저의 홈페이지는 이 조직을 다음과 같이 소개하고 있다.

우리나라 경제재생을 향하여 경제재정자문회의와 연계하여 엔고 및 디플레이션으로부터 벗어나 강한 경제를 회복하기 위하여 정부가 일체가 되어 필요한 경제대책을 강구하고 성장전략을 실현하는 것을 목적으로, 내각에 기획, 입안 및 종합조정을 담당하는 사령탑으로서 경제재생본부를 설치한다.

총리가 스스로 본부장을 맡는 이 사령탑이 실제로 지휘하는 프로젝트는 다음의 세 가지로 볼 수 있다.

- 경제재정자문회의 운용: 이 조직체는 총리의 자문에 응하여 경제재정정책에 관한 중요 사항에 대하여 조사 및 심의를 행한다.
- 산업경쟁력회의 운용: 총리관저와 재계의 협조하에 산업경쟁력의 강화 및 국제전개전략을 강구한다. 이 회의에는 일본재계의 대표들이 멤버로 가입해 있다.
- '국가전략특구'의 지정 및 운용: 이 전략특구 구상은 아베 정권이 추진하는 TPP의 실현에 대한 예비조치로 보는 시각이 많다.

또 하나의 중요 기구로 중앙은행인 일본은행을 언급해야 한다. 정부로부터 독립성을 유지해야 하는 중앙은행을 아베노믹스의 '추진체제'라고 공식적으로 말할 수는 없다. 그러나 중앙은행은 아베노믹스의 성패를 가르는 열쇠를 쥐고 있으며, 특히 신임총재 구로다의 역할에 관심이 집중되고 있다.

디플레이션에서의 탈각을 선언한 아베는 물가상승률 2%라는 목표를 달성하기 위하여 필요하다면 일본은행법의 개정도 마다하지 않겠다고 선언하였다. 이는 독립성을 유지하고자 하는 일본은행에 대한 도전이자 압력으로 인식되는 것이었다. 더구나 아베는 "일본은행에는 고용촉진의 책임이 있다"는 발언까지 하였다. 일본은행이 지금까지 이를 기능의 일부로 가지고 있지 않았음에도 불구하고, 아베는 미국의 연방준비제도위원회(FRB)를 염두에 두고 이렇게 발언한 것이었다. 금융완화에 누구보다 소극적이었던 전 총재 시라카와 마사아키(白川方明)는 평소에 '중앙은행이 금융완화를 행하는 것은 일시적인 시간벌기 정책'이라는 지론을 고수하는 사람이었다. 시라카와의 이런 경향은 미국 FRB 의장 버냉키와 상충하는 것이었고, 따라서 미국행정부도 시라카와를 달갑게 생각하지 않고 있었다. 결국 시라카와는 2013년 3월에 총재 자리에서 물러나고 그의 후임으로 아베가 적극적으로 미는 구로다가 등장하게 된다.

두 명의 키 퍼슨(Key person)

구로다 하루히코(黒田東彦) 일본은행 총재는 5년 임기를 채운다면 2018년 3월까지 중앙은행을 책임지면서 아베노믹스, 그리고 2020년의 도쿄올림픽에 대비한 금융을 담당하게 될 것이다. 1944년에 태어나 도쿄대학을 졸업하고 국가고시를 거쳐 1967년에 대장성(지금의 재무성)에 들어가 잔뼈가 굵은 그는 재무관을 마지막으로 관료 생활을 마치게 된다. 그 후 그는 2003년에 일본이 대주주라고 할 수 있는 아시아개발은행(ADB)의 총재로 취임한다.

그리고 10년 후인 2013년 3월에 새로이 발족한 아베 정권과 발을 맞추어 일본은행총재에 취임하게 된다. 그의 취임 찬부를 묻는 국회의 결은 중의원에서 과반수로 통과하고 참의원에서 85%라는 압도적 다수의 찬성으로 가결되었다. 따라서 그는 앞으로 비교적 안정된 정치적 분위기 속에서 아베노믹스를 시행할 것으로 평가된다.

우선 물가에 대하여 그는 "중장기적으로 금융정책이 큰 영향을 미칠 수 있다"고 하면서 금융정책으로 물가목표를 달성할 수 있다는 취지의 발언을 하였다. 특히 아베가 추구하는 2% 물가목표와 관련하여 "대담한 금융완화를 계속한다는 데 강한 커미트먼트가 필요"하다고 강조하면서 "할 수 있는 것은 무엇이든지 한다"는 자세를 보였다.

그리고 그는 말을 행동으로 옮겼다. 2013년 4월, 일본은행 총재로 취임한 구로다는 최초로 열린 금융정책결정회의에서 2% 물가목표를 2년 정도에 달성하기 위하여 일본은행의 자금공급량을 '2년간 2배'로 한다는 대담한 금융완화를 발표하였다. 이것이 현실로 이어진다면 일본의 머니터리 베이스, 즉 일본은행이 공급하는 총통화량이 아베가 집권한 2012년 말 시점의 138조 엔에서 2014년 말에 270조 엔으로 팽창하는 것을 의미한다.

아베의 정책을 지지하는 그는 소비세를 2014년 4월에 8%로 인상한 것에 대하여, "무엇보다 중요한 것은 나라 전체가 재정운영에 대하여 자신을 가지는 것이며, 이 조치는 매우 의의가 큰 결단"이라고 평가하였다. 이러한 그의 자세를 일본재계는 물론 미국도 환영하고 있다. 그의 취임을 놓고 월스트리트저널은 사설에서 구로다의 금융완화정책을

'미국 FRB가 금융위기 후에 채용한 금융정책과 같은 전환'이라고 하면서 구로다를 '일본의 버냉키'라고 평가하였다. 전통적으로 성장기조의 재무성에서 경력을 쌓은 구로다는 일본의 디플레이션에 일본은행의 책임이 크다는 입장을 감추지 않고 공공연히 표명해 왔다. 따라서 그의 임기 중에 어느 정도 경기활성화를 이룰 가능성을 정권과 재계는 기대하고 있다.

아베노믹스와 관련하여 또 한 사람의 중요한 인물은 경제학자 하마다 고이치(浜田宏一)이다. 아베가 자신의 경제학 가정교사처럼 선전하는 이 인물은 1936년생으로 예일대학 경제학 박사과정에서 노벨상 수상자 제임스 토빈의 지도를 받은 것으로 잘 알려져 있다. 국제금융에 게임이론을 적용하여 업적을 평가받은 그는 해외에 머물면서 금융긴축을 고집하는 일본은행을 비판해 왔다.

아베에게 있어 '해외석학'인 하마다의 주장은 자신의 생각을 권위적으로 대변해 주는 효과가 있다. 두 번째로 당총재에 도전하기 직전인 2012년 11월, 아베는 하마다가 '미국에서 보내온 팩스'를 인터넷에 공개하였다. 그 내용의 일부를 보면 다음과 같다.

> 일본은행법 개정 이후 일본경제가 세계 여러 나라의 뒤꽁무니를 좇고 있는 데서 보듯이 금융정책의 불완전성이 명백히 드러납니다. 일본경제의 바람직하지 못한 현상으로서 디플레이션, 엔고라는 화폐적 증상이 나타난 이상, 이에 대응한 금융확대는 당연한 것입니다.
>
> 정책수단으로서 인플레이션 목표를 세우는 것이 바람직하다고 봅니다.

… 아베 총재가 제시한 2-3%가 적당하다고 생각합니다. … 디플레이션에서 벗어나기 위해서 일본은행이 국채를 인수하는 것도 좋지만, 이것이 너무 많아지면 총재가 지적하듯이 일본은행이 국채를 대규모로 사들이면 됩니다.

일본경제가 고도성장을 유지할 때 5% 미만의 인플레이션이 통상이었습니다. … 이런 역사를 보면 디플레이션을 극복하면 하이퍼인플레이션이 된다는 것은 비현실적인 위협에 지나지 않는 것입니다. 골프에 비유하자면 지금의 일본은행은 고용개선이라거나 경기회복이라는 앞에 있는 홀의 공격에 도전하지 않고, 그 건너에 '있을지도 모르는' 낭떠러지를 말하며 당장 벙커에 빠진 볼을 빼내려고 하지 않고 클럽 대신에 퍼터로 볼을 치려는 것과 마찬가지입니다.[42]

이 문면을 보면 아베노믹스의 요약과 같은 느낌을 준다. 하마다의 주장은 이처럼 아베에게 큰 영향을 끼쳤다. 이 팩스를 보내는 시점에 그는 이미 아베내각에 참여하기로 결정한 것이 틀림없다. 하마다는 2012년 12월에 내각관방참여로 취임하게 된다.

42 이는 아베 신조의 페이스북에 공개되어 인터넷에 퍼지게 되었다.

평가

이 책에서 논의될 헌법개정, 역사인식, 영토 문제 등의 민감한 사안들에 관하여 나는 주관적인 평가나 해석을 하지 않고 이를 독자에게 맡기기로 하였다. 그러나 아베노믹스는 비정치적이고 기술적인 사안이어서 예외로 하기로 한다. 그래서 이 섹션에서는 아베노믹스의 중간평가의 의미로서 제기되고 있는 주요한 논점들을 정리해 보기로 한다. 아베노믹스에 관해서는, 현재 진행 중이기는 하지만 긍정과 부정의 평가와 예측이 혼재해 있다.

긍정적인 평가

2014년 1월 24일, 아베노믹스를 주로 맡는 담당대신 아마리 아키라는 국회 본회의에서 있었던 연설에서 "디플레이션은 이제 끝났다"고 선언하였다. 당연히 긍정적인 자기평가이다. 정부를 제외하고, 아베노믹스에 대한 긍정적 평가가 두드러지는 곳은 당연히 재계이다. 도요타자동차의 사장이자 일본자동차공업회의 회장 도요타 아키오(豊田章男)는 잃어버린 20년 사이에 일본기업은 시가총액 약 360조 엔을 잃었다고 진단하면서 2013년 5월에 "아베노믹스로 그 반 정도는 회복시켰다"고 평하기도 하였다.

부정적인 평가

그러나 일본정부나 재계 밖에서는 부정적인 평가가 더 눈에 뜨인다.

한 예로 IMF가 2013년 8월 1일 발표한 연례리스크 평가보고서는 아베노믹스가 실패하면 세계경제에 주요한 리스크의 하나가 될 것이라고 경고하였다.

아베노믹스의 가장 큰 리스크는 금리급등에 있다. 인플레이션 목표를 설정한 금융완화라는 메인엔진이 잘 작동할 경우 바로 그것이 위험을 초래할 수 있는 구조이다. 게다가 재정지출 또한 경제에 돈을 풀어넣는 정책이다. 화폐공급량이 증가한다면 이를 조절하기 위하여 일본은행은 금리를 올리게 될 것이다. 금리상승률이 GDP증가율보다 크게 된다면 시장의 금리조정기능이 순조롭게 작동하지 않을 위험이 있다. 만약에 금리가 급등한다면 일본의 국채가격이 폭락하여 정부의 자금조달이 어려워지고 국채디폴트, 즉 채무불이행이라는 사태를 초래할 수 있다.

이러한 시각에서 대장성에서 재무관을 지내고 국제통화연구소 이사장을 맡고 있는 교텐 토요오(行天豊雄)는 아베노믹스가 수표를 끊어 돈을 풀듯이 하는 거라며 결국은 정부의 재정을 악화시키고 일본은 악성인플레이션에 빠질 것이라고 경고한다. 대장성 출신의 또 다른 유명인사로 '미스터 엔'이라 불렸던 사카키바라 에이스케(榊原英資)는 "아베노믹스에는 '지속적인 금융완화'와 '인플레이션의 실현'을 이어서 설명해 주는 '스토리'가 없다. '구체적으로 어떤 순서로 인플레이션을 일으키는가'에 대하여 누구도 스토리를 얘기해 주는 게 아니다. 즉 이를 논할 사람이 없는 것이다. 그런 '해법'이 어떤 경제학에도 없기 때문이다"라고 비판한다.

아베 정권이 기대하고 노리는 국민의 '소비심리' 자극이 결국 이루어지지 않을 것이라는 지적도 많다. 인플레이션의 '기대치'가 형성될 때, 시민들이 '물건값이 오르기 전에 구매를 할 것'이라는 기대는 환상이라는 것이다. 물건값이 오를 것이라는 기대 하에서 일본인들이 보여 온 행동은 주머니를 더 옭매고 현금을 움켜쥐는 것이었다.

또한 외환시장에 대한 개입에도 비판이 있다. 엔고를 해소하기 위하여 외환시장에 정부가 개입하는 것은 쉽지 않고 설혹 개입하여도 그 효과를 보장할 수는 없다는 것이다. 국제통화기금의 라가르드 전무이사는 아베의 환율공세에 대하여 "IMF는 어떠한 형태이든지 통화가치를 내리는 경쟁에 찬동하지 않는다"고 못을 박았다.

두 번째 화살인 재정지출에 관해서는 소비세 인상으로 인한 상쇄효과가 자주 지적된다. 지금 아베 정부가 하고자 하는 재정지출은 정치가들의 선심성 사업들에 대한 지출, 즉 포크배럴(pork barrel)의 성향이 강한 것으로서, 지방의 토목사업 등과 같은 종래형의 재정지출을 해도 경제의 선순환으로 연결되지 않는다는 지적이다.

그러나 비판이 가장 강한 대상은 세 번째 화살, 즉 경제구조의 개혁과 생산성의 향상이다. 어찌 보면 경제 전체에 관한 추상적이고 원론적인 이 정책목표에 관하여는 구체적인 행동방안이 체계적으로 정립되어 있지 않다는 비판이 재계나 친정부적인 전문가들의 입에서도 흘러나오고 있다.

제6장

헌법과 안전보장

한국의 국방비는 정부예산의 10%, 국내총생산의 2.5%가 넘는다. 그에 비하여 일본의 방위비는 1% 이하로 제한되고 있다. 만약에 우리 국방비에 들어가는 국내총생산액의 1.5%를 다른 데에 쓸 수 있다면 얼마나 할 수 있는 일이 많을까? 이것이 우리에게는 상상이지만 일본에게는 현실이다. 국방을 미국에 맡긴 채 상비군을 유지하지 않고 '자위대'라는 이름의 최소한의 운용병력만을 가지고 경제에 매진할 수 있었던 것은 일본에게 일종의 '평화 프리미엄'이었다. 전쟁할 수 있는 권리를 포기하는 대신 얻은 선물이었다.

그 권리의 포기를 일본의 보수정치인들은 자주성의 상실이라고 생각한다. 1958년 10월 9일, 아베의 외할아버지 기시 노부스케는 일본수상으로서는 드물게 미국 NBC기자와 인터뷰를 했다. 이때 그는 "일본이 헌법 제9조를 버릴 때가 도래했다"고 선언했다. 그때부터 거의 2년간 이를 저지하기 위한 시위에 수백만 명의 일본인이 참가했다. 그리고 1960년 6월 19일, 33만 명의 시위대가 국회를 밤새워 둘러싼 가운데 미일 간의 '신안보조약'이 성립되었다. 이 조약으로써 미국과 일본은 집단적 자위를 약속하고, 두 나라 중 어느 쪽이 무력공격을 받을 때 미군과 일본의 자위군이 공동으로 군사행동을 한다고 정했다. 이 조약이 성립되고 수일 후에 기시는 스스로 수상직에서 물러난다.

그로부터 50년 이상이 지났지만 일본의 군사행동은 없었다. 현행의 헌법이 이를 금한다는 '해석'이 지배해 왔기 때문이다. 그럼에도 자주적인 국방군을 가지고 스스로를 지키는 '보통의 나라'가 되고자 하는 움직임은 그때부터 지금까지 일본의 자민당에 의하여 오랫동안 희구되어 왔고, 이제 아베 정권에 의하여 구체화에 한걸음 더 가까이 다가서고 있다.

헌법과 자위권의 문제

아시아 침략에 이어서 독일 등 군국주의 세력과 동맹을 맺고 1941년에 미국 공격을 감행함으로써 제2차 세계대전의 주범 중 하나가 되었던 일본은 패전과 함께 다시는 전쟁을 하지 않겠다는 결의를 헌법에 명시하였다. 바로 제9조에 명기된 다음의 조항들이다.

① 일본국민은 정의와 질서를 기조로 하여 국제평화를 성실하게 바라며, 국가권리의 발동으로서의 전쟁과 무력에 의한 위협 또는 무력의 행사를, 국제분쟁을 해결하는 수단으로서 영구히 이를 포기한다.
② 전항의 목적을 달성하기 위하여, 육해공군 및 기타 전력은 이를 보유

하지 않으며, 국가의 교전권은 이를 인정하지 않는다.

실제로 일본은 1945년 8월의 무조건 항복 이후 전쟁을 일으키지 않았으며, 평화유지군 등에 참여해서도 총 한 발 쏘지 않았다. 한편 우리는 일본의 자위대가 실제로는 막강한 군사력을 보유하고 있다고 듣는다. 그렇다면 과연 일본이 군사적 방위를 위하여 할 수 있는 것은 무엇인가?

이는 다음과 같이 다섯 가지로 분류하여 정리할 수 있다. 이를 이해함에 있어서 중요한 것은 헌법 제9조의 두 조항이 매우 추상적이며 원론적이라는 점이다. 따라서 '해석'의 여지가 발생하는 것이다.

(1) 보유할 수 있는 자위력

현재의 헌법해석상 일본이 보유할 수 있는 군사력은 스스로를 방위하기 위하여 필요한 최소한도이다. 여기서 '최소한도'는 그때그때의 국제정세, 군사기술의 수준 등 여러 가지 조건에 따라 해석할 수 있는 것이다. 다만 원칙으로서는 방어에 전념한다는 '전수방어'의 개념에 따라 대규모의 공격용 무기의 보유는 허용되지 않는 것으로 해석되고 있다.

(2) 자위권의 발동요건

스스로를 지키는 자위를 위하여 무력행사를 발동할 수 있는 요건을 정해놓고 있다. 이는 다음의 세 가지 요건이다.

① 일본에 대한 급박하고 부정한 침해가 있을 것.

② 이때 이를 배제하는 데 다른 적당한 수단이 없을 것.

③ 무력을 행사할 경우에는 필요한 최소한으로 할 것.

(3) 자위권 행사의 지리적 범위

일본은 자위권을 행사할 수 있는 지리적 범위를 구체적으로 정하지는 않고 있다. 그러나 해외파병과 관련하여 자위를 위한 최소한의 범위를 넘는 것은 헌법상 허용되지 않는다는 해석을 내리고 있다. 하지만 이것이 나중에 설명하는 집단적 자위권의 행사와 관련하여 논란이 되고 있다. 중동에서 수입되는 원유에 절대적으로 의존하고 있는 일본은 해상수송로(sea lane)의 안전성 확보를 최우선 과제로 삼고 있다. 이를 위하여 이 수송로 선상의 바다에 기뢰가 있을 경우, 이를 일본의 해상자위대가 폭파하는 작전을 행하는 것이 '영해 밖에서의 전투행위'가 될 것인가이다.

(4) 집단적 자위권

한 국가가 외부로부터 직접적 공격을 받지 않은 경우에도 이를 막기 위하여 실력을 행사하는 집단적 자위는 국제법에서 용인되는 행위이다. 국제연합헌장 제51조는 집단적 자위권(right of collective self-defense)을 다음과 같이 규정하고 있다.

이 헌장의 어떠한 규정도, 국제연합 가맹국에 대하여 무력공격이 발생했을 경우에, 안전보장이사회가 국제평화 및 안전의 유지를 위하여 필요한 조치를 취할 때까지, 개별적 또는 집단적 자위의 고유한 권리를 침해하는 것이 아니다.

나아가서 일본의 패전처리를 다룬 샌프란시스코 강화조약은 제5조 (c)에서 "연합국은 일본이 주권국으로서 국제연합헌장 51조가 말하는 개별적 또는 집단적 자위의 고유한 권리를 가지는 것과 일본이 집단적 안전보장조약을 자발적으로 체결하는 것이 가능하다고 승인한다"고 되어 있다.

미국과 방위동맹을 가지고 있는 일본이 논리적으로 이 권리를 행사할 수는 있지만, 동맹국을 공격한 국가에 대하여 직접적 무력행사를 하는 것은 금지되는 것으로 헌법 9조를 해석해 왔다. 아베 정권에서는 이를 바꾸겠다는 것이다.

(5) 교전권

앞에서 소개하였듯이 일본의 헌법 9조 2항은 교전권을 인정하지 않고 있다. 여기에서의 교전권이란 타국의 병력에 대하여 살상이나 파괴를 하는 행위 등을 할 수 있는 권능을 지칭하는 총론적이라는 해석이 일반적이다. 이는 앞에 나온 자위권의 행사와는 별도로 자위권을 제한하는 것이 아니라고 해석되고 있다.

집단적 자위권 소동

지금 일본 내에서는 물론이고 국제사회에서 가장 논란이 되고 있는 것은 위의 다섯 개 이슈 중에서 집단적 자위권이다. 요컨대 집단적 자위권 행사의 범위와 자유도를 넓히겠다는 것이다. 그 배경으로는 일본 국내에서의 '보통의 나라'로의 회귀라는 오랫동안 지속되어 온 목표와, 연방예산의 감축으로 동북아시아에서의 방위에 부담을 느끼는 미국의 요청이라는 두 개의 동인이 합류한 것으로 이해할 수 있다.

2014년 5월 15일, 아베는 '유식자 간담회'가 제출한 보고서를 바탕으로 일본이 집단적 자위권을 행사할 수 있도록 헌법의 해석을 바꾸는 것을 검토해 나가겠다는 의욕을 밝혔다. 최근에 말이 많은 이 사안에 대한 최초의 공식적 발언이었다.

집단적 자위권

여기서 집단적 자위권이란 것을 다시 한 번 보기로 하자. 이는 '개별적 자위권'이라는 상대개념과 비교해 보면 쉽게 이해할 수 있다. 예를 들면, 동중국해에서 일본의 함정이 외국의 공격을 받았을 때 스스로의 방위를 위하여 반격을 가한다면 이는 개별적 자위권의 행사로서, 자기의 피해에 대한 구제이다. 그런데 그 바다에서 동맹국인 미국의 함정이 공격을 받았는데 가장 가까이 있는 군함이 일본의 해상자위대일 때 동맹국 함정의 방어를 위하여 일본의 군함은 외국군함을 공격할 수 있는가? 현재로서는 불가능하다. 개별적 자위권은 지금도 행사할 수 있지만 타국을 위하거나 타국에서 물리력을 행사하는 것은 일본 헌법 9조에서 금지하고 있다는 '해석'이 규범으로 자리 잡아 왔기 때문이다.

그런데 이것이 현실적이지 않다는 것이 아베 정권의 생각이다. 1954년에 창설된 '군대가 아닌' 자위대는 실질적으로 세계 10위 안에 드는 전력을 가지고 있다. 그러한 상황에서 실질적인 군대가 동맹군을 위하여 교전을 할 수 없는 '비현실'을 바꾸어야 한다는 것이 일본보수층의 생각이다. 이러한 주장을 뒷받침하기 위하여 종종 거론되는 사례가 평화유지군의 자기보호 문제였다. 국제연합 평화유지군의 일부로 해외에 파견된 자위대가 공격을 받을 때 자위대 병사들은 군복을 입고 총을 들고 있음에도 발포하지 못하고 다른 나라 군대가 와서 막아 주기를 기다려야 하느냐는 것이었다.

동맹국 미국이 공격을 받았을 때 일본의 자위대가 공격을 받지 않았더라도 그 공격주체에 대하여 반격을 가할 수 있는 새로운 방위정책에 아베 정권이 집착하는 이유는 법률적이거나 기술적인 것이 아니라 국제정치상황의 변화에 있다. 즉, 미국의 패권력이 저하하는 반면 중국의 힘은 팽창하고 있는 데다 북한의 핵개발과 도발이 앞으로 더 거세질 것이라는 불안감이 일본의 정서를 지배하고 있다. 이 상황이야말로 '평화헌법'을 바꿀 수 있는 절호의 기회로 아베는 판단하고 있다. 이러한 상황에서 아베는 '적극적 평화주의'라는 정책이념을 내세워 자위대의 평화유지군 참가를 비롯해서 자위권 행사의 폭을 넓히는 작업을 추진해 왔다. 아베의 이 적극적 평화주의를 미국은 환영하고 있다. 이런 분위기를 느낄 수 있는 한 대목을 소개한다.

2013년 9월, 아베는 '허만 칸 상'을 수상했다. 이 상은 미국의 저명한 지리학자이자 지정학자로서 허드슨연구소를 창립한 허만 칸(Herman Kahn)을 기리는 상으로서, 아베가 외국인으로서는 처음으로 이 상을 받게 된 것이었다. 이 수상 연설에서 아베는 미국인이 가장 민감하게 반응하는 중국의 대두를 간접적으로 언급하며 다음과 같이 말했다.

> 일본의 바로 옆에 있는 나라는 군사비 지출이 적어도 일본의 두 배이고 미국에 이어 세계 두 번째입니다. 이 나라의 군사비 지출의 신장률을 보면, 우선 투명성이 매우 낮지만, 매년 10% 이상의 증가율을 1989년 이래 20년간 지속하고 있습니다. … 그런데 그 사이에 일본의 방위비 지출이 얼마나 증가했는가를 보면 0.8%입니다.
>
> 만약에 여러분이 나를 우익의 군국주의자라고 부르고자 한다면 그렇게 불러주세요. … 나에게 주어진 역사적 사명이란 우선 일본에 다시 활력을 불어넣는 것, 일본인에게 앞으로 전진하는 자세를 가지게 하는 겁니다. 그렇게 함으로써 적극적 평화주의의 깃발을 자부심을 가지고 높이 들도록 북돋는 것입니다.

결국 아베는 '중국위협론'을 적절하게 사용하여 미국의 동의와 지지를 이끌어내고 있다.

숨겨둔 생각

자주국방을 꿈꾸는 정치가 아베의 모습은 이미 10여 년 전에 분명하게 드러나 있었다. 다만 그때는 아직 세상이 그를 주목하지 않고 있었을 뿐이다. 2003년 9월, 총리 고이즈미는 아베 신조를 자민당 간사장으로 발탁하였다. 소위 '총간분리'(總幹分離), 즉 자민당 총재(수상)와 간사장이라는 양대 권력의 요직을 같은 파벌에서 기용하지 않는다는 자민당 내부의 전통을 어긴 것이다. 고이즈미는 정치경험이 많지 않은 49세의 아베에게 간사장을 맡기고, 그에게 강력한 권한을 주었다.

이 시기에 아베가 헌법개정을 추구하며 취한 적극적 자세에 대하여 전 총리 나카소네 야스히로는 다음과 같이 평가했다.

> 기시 노부스케의 DNA를 받은 아베 신조의 등뼈에 들어 있는 강철 같은 심은 헌법개정이다. 헌법개정의 준비행동으로서의 정권대연립이나 정계재편은 아베 신조에게는 가장 큰일을 할 수 있는 기반이 된다. (아베 신조의) 간사장 경험은 그것을 위한 연습 시기이자 준비라고 생각해도 좋다.

2004년 4월, 자민당 간사장 아베는 공명당 간사장 후유시바 데쓰조(冬柴 鐵三)와 함께 워싱턴을 방문하였다. 이라크, 북한 문제 등을 협의하기 위한 이 방문에서 그는 미국의 보수계 싱크탱크 미국기업연구소(AEI)에서 연설을 하게 되었다. 이때 그는 지금 그가 추진하는 집단적 자위권과 헌법개정에 관하여 미국의 여론지도자들 앞에서 다음과 같이 분명히 피력하였다.

나의 외할아버지 기시 노부스케는 미국과 일본 두 나라가 대등한 입장에 서서 안정적인 동맹관계를 구축하는 것이 전후 일본의 평화와 번영을 추구하는 데 없어서는 안 된다는 신념을 가지고 있었습니다. … 우리나라의 헌법에서는 이러한 권리를 행사할 수 없다는 해석을 해오고 있습니다. … 지금까지의 일본정부의 해석으로는 여러 가지 한계가 있는 것이 분명합니다.

이렇게 현행 헌법해석의 문제를 지적한 후 아베는 이어서 헌법개정에 대하여도 다음과 같이 분명히 잘라 말했다.

나는 일관되게 헌법개정론을 주장해 왔습니다. 그 이유는 세 가지로 나누어 말할 수 있습니다. 첫째, 현행 헌법의 제정과정에 문제가 있다고 생각합니다. 아시다시피 지금의 헌법은 점령하의 연합국사령부의 뉴딜주의자라고 불리는 사람들이 수일 만에 기초했다는 역사적 사실이 있습니다. … 둘째, 제정 후 반세기 이상이 지나 몇몇 조문은 시대에 맞지 않게 되었습니다. 그 전형이 제9조라고 생각합니다. 지금의 헌법으로는 국가의 안전을 담보할 수 없다는 것이 분명합니다. 셋째, 새로운 시대, 새로운 세기를 맞이하여 '우리 손으로 새로운 헌법을 만들자'는 정신이 국민 사이에 싹터 오고 있습니다.

이 연설이 당시 워싱턴에서 상당히 긍정적인 평가를 받음으로써 아베의 신념을 더 굳게 해주게 된다.

'해석개헌'이라는 방식

이렇듯이 아베는 당초 헌법 그 자체를 바꾸겠다는 야심을 가지고 있었다. 그런데 그것이 여의치 않자 그는 헌법의 해석을 바꾸는 쉬운 길을 우선 택했다. 이를 일본에서는 해석개헌(解釋改憲)이라고 부르고 있다. 해석개헌이란 헌법 그 자체를 바꾸는 것이 아니고, 해당 조문의 해석을 변경하여 사실상으로는 규정의 내용에 헌법개정에 상응하는 정도의 변경을 가하는 것이다.

일본은 집단적 자위권을 국제법상 보유하고 있지만, 헌법상 그 행사가 허용되지 않는다는 견해가 지배적이었다. 1981년 일본정부의 국회에 대한 답변서는 다음과 같이 지적하고 있다.

> 우리나라가 국제법상 집단적 자위권을 가지고 있는 것은 주권국가인 이상 당연한 것이지만, 헌법 제9조 아래에서 허용되는 자위권의 행사는, 우리나라를 방위하기 위하여 필요한 최소한도의 범위에 머물러야 한다는 해석이어서, 집단적 자위권 행사는 그 범위를 넘어서는 것으로서 헌법상 허용되지 않는다고 생각한다.

그러나 이 해석을 바꾸면 된다는 것이 아베와 그 지지자들의 생각이다.

유식자 간담회

해석개헌의 첫 걸음으로 아베는 자신의 정책자문기구인 '안전보장 법적 기반의 재구축에 관한 간담회'에 의견을 요구하였다.[43] 이 간담회의 좌장을 맡고 있는 사람은 직업외교관 출신의 야나이 순지(柳井俊二)이다. 국제법전문가인 야나이는 2005년에는 국제해양법재판소 판사로 선출되어 2011년에는 일본인으로는 최초로 소장으로 임명되었다.

총리자문 간담회는 집단적 자위권의 가능성의 근거로 헌법 9조의 해석변경 이외에 헌법 전문과 13조도 인용하고 있다. 즉, 전문이 선언하는 '평화적 생존권'과 13조의 조문 '생명, 자유 및 행복의 추구에 대한 국민의 권리'는 일본인으로 하여금 자위를 위하여 동맹체제에 근거한 집단적 안보를 허용한다는 것이다.

마지막 장애의 제거

헌법해석 변경이라는 작업은 순조롭게 진행되었다. 하지만 예상되던 장애물이 하나 있었다. 자민당과 연립정권을 구성하고 있는 공명당(公明黨)의 반대이다. 공명당은 종교법인 소카갓카이(創價學會)를 지지기반으로 하는 중도우파 정당이다. 공명당은 현재 중의원 480석 중에서 31석, 참의원 242석 중에서 20석을 가지고 있는 작은 정당이다. 그러나 그 지지기반이 되는 소카갓카이가 스스로 800만 세대 이상의 신자를

43 이 소위 '유식자 간담회'는 아베가 처음으로 집권한 후 2007년에 만든 수상에 대한 자문기관이다. 일본의 안전보장환경이 변화하는 것에 대응하여 '시대에 맞는 실효성이 있는 안전보장의 법적 기반'을 다시 만든다는 것이 취지이다. 말이 복잡하지만 요점은 현재의 '평화헌법'을 바꾸겠다는 것이다.

가지고 있다고 말할 정도로 크다는 점에서 무시할 수 없는 발언권을 가지고 있다. 현재 공명당은 아베 내각에서 한 개의 자리를 가지고 있지만, 실제로 상당한 캐스팅 보트를 쥐고 있는 현실이다.

'평화'를 창당 이념으로 하는 공명당은 아베의 개헌 드라이브에 대하여 공식적으로 반대를 표명하지 않으면서도 서두르는 것을 원치 않았다. 이에 조급해진 아베가 연립정권의 파트너를 바꿀 수도 있다는 일종의 위협을 가하자 결국 해석개헌에 동의하게 되었다. 6월 24일에 있었던 일이다. 이때 공명당은 하나의 조건을 달았다. 이 조건을 아베 정권은 협의를 통하여 수용하였다. 결국 해석개헌을 현실화하고 있는 것이다.

공명당이 내건 조건이란 앞에서 설명한 '자위권의 발동 3요건'을 수정하여 '새로운 3요건'을 정한다는 것이다. 즉, 자위권의 발동을 고려하는 상황에 대한 자민당의 표현인 '국민의 권리가 근본적으로 침해받을 우려가 있는 경우'에서 '우려'라는 어구를 '명백한 위험'으로 바꾸는 등 표현을 더 엄격하게 한다는 것이다. 이에 대하여 협상의 자민당 측 대표인 고무라 부총재가 이해를 표함으로써 두 정당은 합의에 이르게 된다.

각의결정

이러한 물밑 작업을 성공적으로 수행한 아베는 2014년 7월 1일에 해석개헌을 통하여 일본도 집단적 자위권의 행사를 할 수 있다는 각의 결정을 내리게 된다. 행사의 조건은 앞에서 설명한 '새로운 3요건'에 구속된다는 것이다.

그러나 앞으로도 논란은 지속될 것이다. 그 이유는 헌법의 해석을 바꾸어서 개헌에 상응하는 정도의 효과를 얻기 위해서는 바꾸어야 할 관련법 조항이 많기 때문이다. 나아가 언론과 야당의 의문과 비판이 끊임없이 제기될 것이다. 여기서 두드러지는 관심사는 중국과의 군사적 충돌 가능성이다. 이러한 상황에서 아베 정권은 앞으로 자위대가 군사력을 행사할 가능성이 있는 상황을 다음과 같이 15개를 상정하여 국민적 논의를 해나가겠다는 것이다.

① 일본본토에서 떨어진 섬에서 일어나는 불법행위에 대한 대처
② 공해상에서 훈련 등을 실시하던 중 자위대가 조우하게 되는 불법행위에 대한 대처
③ (북한 등의) 탄도미사일 발사 경계시 미함정의 방호(평시)
④ 일본영해 내에서 잠몰 항행하는 외국의 군용잠수함에 대한 대처
⑤ 침략행위에 대한 국제협력 지원
⑥ 국제연합 평화유지활동(PKO)에서의 임무수행을 위한 무기사용
⑦ 외국영역에서 해당국의 동의에 기한 일본국민 구출
⑧ 일본국민을 수송하는 미수송선 방호
⑨ 무력공격을 받고 있는 미함정 방호
⑩ 강제적인 정선 검사(북한의 무기수출선)
⑪ 미국을 향하여 일본상공으로 지나가는 탄도미사일의 요격
⑫ (북한 등의) 탄도미사일 발사 경계시의 미함정 방호
⑬ 미국 본토가 무력공격을 받아 일본 부근에서 작전을 수행할 때 미함정 방호

⑭ 국제적인 기뢰제거활동 참가

⑮ 민간선박의 국제적인 공동방위

헌법개정의 길

지금의 '해석개헌'은 장기적으로 보면 중간단계의 작업일 것이다. 자민당이 권력을 가지는 한 언젠가는 현행 헌법을 개정할 것이다. 그러한 의도는 아베의 다양한 발언에서 발견할 수 있다. 2014년 정월 초하루 〈산케이신문〉에 나온 2020년 도쿄올림픽 특집기사를 보면 2020에 대한 '미래예상도'에 관하여 아베는 그때는 "헌법개정이 되어 있지요. … 그 단계에서 일본은 완전한 지위를 회복하고 지역이나 세계의 평화에 크게 공헌하여 존경의 표본으로 보이는 나라"가 되어 있을 것이라고 했다.

현행의 '평화헌법'을 개정하는 일은 구체적으로 두 조항을 바꾸는 작업이 된다. 하나는 제9조 그 자체이고 또 하나는 그 목표에 도달하기 위한 절차를 다루는 96조이다. 우선 96조를 보기로 한다.

헌법 96조

현행 헌법의 별명은 '평화헌법'이다. 이는 제9조에 부전조항(不戰條項)이 들어 있기 때문이다. 헌법개정의 핵심포인트는 이 9조를 바꾸는 것이다. 그런데 그 목표로 가기 위해서는 헌법개정의 절차를 다루는 조항을 우선 바꾸어야 한다. 그 조항이 96조이다. 이 조항은 헌법개정의 요건으로서 다음과 같이 규정하고 있다.

(중의원과 참의원) 각 의회의 총의원의 3분의 2 이상의 찬성으로 국회가 이를 발의하여 국민에게 제안하여 승인을 받지 않으면 안 된다. 이 승인에는 특별의 국민투표 또는 국회가 정하는 선거에서 행해지는 투표에서 그 과반수의 찬성을 필요로 한다.

여기서 국민의 과반수라는 정의가 모호하다는 논란 끝에 유효투표 총수를 그 모수로 하기로 개정이 되었다. 국회의 2/3 이상의 찬성에 의한 발의와 국민투표에서 유효총수의 과반수란 비교적 엄격한 요건으로 간주된다.

이에 대하여 2012년 2월에 자민당이 발표한 헌법개정 초안을 보면 96조가 다음과 같이 완화된다.

이 헌법의 개정은 중의원 또는 참의원의 발의에 기초하여, 각 의원의 총의원 과반수의 찬성으로 국회에서 결의하고 국민에게 제안하여 그 승인을 거치지 않으면 안 된다. 그 승인에는 특별의 국민투표에서 그 과반수를 필요로 한다.

결국 '2/3 → 과반수'라는 체제에서 '과반수 → 과반수'로 장벽을 낮추자는 것이다.

여기서 또 한 가지 흥미로운 요인이 있다. 2014년 현재 일본의 국민투표 연령이 확정되어 있지 않다. 현행 일본법은 '투표권'을 18세 이상 국민에게 허용하고 있으나, 민법상의 성인과 선거권은 20세로 되어 있다. 개헌을 서두르는 아베 정권은 국민투표에서의 투표권을 18세로 낮추어 확정하려고 하였으나 자민당 안에서도 반대가 있어 그 결정을 2018년으로 미루어 놓은 상태이다.

이러한 상황들을 종합하면 2018년 말까지 아베가 집권한다는 시나리오 속에서는 2018년의 이른 시기에 국민투표연령을 18세로 확정하고, 개정된 헌법 96조에 의거하여 개헌을 밀어붙인다는 행동방안이 최선이 될 것이다. 따라서 그전에 할 수 있는 '적극적 평화주의'는 해석에 의한 부분적이고 실질적인 개헌이 될 수밖에 없다.

헌법 9조

이러한 아베의 희망적 시나리오 속에서 실현시키고자 하는 새로운 헌법 9조는 도대체 무슨 내용을 가지고 있는가? 여기서 가장 중요한 9조 2항을 비교해 보기로 한다.

우선 현재의 헌법은 다음과 같이 되어 있다.

> 전항의 목적을 달성하기 위해, 육해공군 및 기타 전력은 이를 보유하지 않으며, 국가의 교전권은 이를 인정하지 않는다.

이에 비해 자민당의 초안을 보면 다음과 같이 되어 있다.

① 우리나라의 평화와 독립 그리고 국가 및 국민의 안전을 확보하기 위하여, 내각총리대신을 최고지휘권자로 하는 자위군을 보유한다.

② 자위군은, 전항의 규정에 따른 임무를 수행하기 위한 활동을 행함에 있어 법률이 정하는 바에 따라 국회의 승인 및 기타 통제에 복종해야 한다.

③ 자위군은 제1항의 규정에 따른 임무를 수행하기 위한 활동과, 법률이 정하는 바에 따라 국제사회의 평화와 안전을 확보하기 위하여 국제적으로 협조를 행하는 활동, 그리고 긴급사태에 있어서 공공의 질서를 유지하거나 국민의 생명 또는 자유를 지키기 위한 활동을 행할 수 있다.

④ 상기 두 항에서 정하는 것 이외에 자위군의 조직 및 통제에 관한 사항은 법률로 정한다.

여기가 아베가 도달하고자 하는 목적지이다.

미국의 생각과 한국의 고뇌

미국의 찬동

지난 4월 25일 발표된 '아시아태평양 및 이를 넘은 지역의 미래를 만드는 일본과 미국'이라는 제목의 미일공동성명을 보면 다음과 같은 대목이 나온다.

> 미일 양국은 … 미일안전보장조약 하의 공약을 지키는 데 필요한 모든 능력을 제공한다. … 미국은 두 나라 사이의 정책 및 정보에 관한 조정을 강화함에 있어 일본의 국가안전보장회의의 설치 및 정보보전을 위한 법적인 틀의 책정을 평가한다. 미국은 집단적 자위권의 행사에 관한 사항에 있어서 일본이 검토하고 있는 것을 환영하고 지지한다.

요컨대 미국은 일본의 집단적 자위권의 행사를 환영하고 있다.

헌법개정에 관해서는 미국정부나 책임 있는 자리에 있는 인사가 공식적으로 의견개진을 하지는 않는다. 그러나 집단적 자위권 행사를 포함하여 일본의 적극적인 방위정책을 미국은 기본적으로 바라고 있다. 2013년 11월에 특정비밀보호법이 성립되었을 때, 미국은 이를 공식적으로 환영하였다. 이때 워싱턴은 이 법의 통과가 집단적 자위권 행사를 위한 터 닦기 작업이라고 이해하는 분위기였다.

고뇌하는 한국

2014년 5월 15일 아베가 헌법해석의 변경을 통한 집단적 자위권 확보를 위한 방침을 공식적으로 밝히자 국내 주요 일간지는 일제히 사설에서 우려 내지는 경고의 메시지를 발하였다. 가장 강력한 경고를 보낸 신문은 〈한겨레〉였다. 5월 17일자 사설을 보면 아베의 방침을 "2차대전 이후 형성된 동북아 안보질서를 변경하려는 매우 '위험한 행동'이다"라고 하며 "더욱 심각한 것은 우리에게 일본의 이러한 정책변화를 제어할 현실적 수단이 없을 뿐 아니라, 그 여파로 엄청난 외교·안보적 도전을 안을 수밖에 없다는 사실"이라고 하였다. 나아가서 미국의 찬성을 염두에 두고, "멀리 있는 많은 나라가 아무리 일본의 군사공헌을 환영한다고 해도 주변국이 반대하는 한 속 빈 강정에 불과하다는 걸 일본은 알아야 한다"고 했다.

〈조선일보〉 또한 5월 15일자에서 비교적 강력한 경고성 사설을 실었다. 즉, "일본 내에서조차 헌법해석 변경을 통한 집단 자위권 행사에 반대하는 여론이 높다. 아베 총리는 선거에서 심판받겠다고 말하고 있으나 정권에 대한 종합 심판 성격인 선거의 본질을 왜곡하는 처사라는 것을 본인도 모르지 않을 것이다. 아베 내각은 이런 선택이 일본의 역사에 중대한 오점(汚點)이 될 수 있음을 알아야 한다"는 것이다.

〈한겨레〉와 〈조선일보〉의 이러한 강력한 경고성 발언에 비하여 타 신문의 논조는 우려에 속하는 것이 대부분이다. 같은 15일 〈한국일보〉는 "중국과 북한을 겨냥한 미일 안보밀착에서 한국의 조정역할이 더 중요해졌다"고 했으며 〈중앙일보〉는 16일자 사설에서 "북한이 대납 위협을 가속화하는 상황에서 중국과 일본이 안보 팽창주의로 가면서 우리 외교·안보는 새로운 도전에 직면했다"고 했다.

가장 신중한 사설을 낸 것은 〈동아일보〉였다. 이 신문은 16일자 사설에서 "우리나라가 일본의 집단적 자위권 행사 자체를 반대한다면 국제사회에서 얻는 것보다 잃는 것이 더 많을 수 있다. 이 문제가 지닌 잠재적 위험성을 직시해야 한다. 그러나 일본의 군사적 위협을 실제 이상으로 과장하거나 '군국주의의 부활'식으로 몰아붙여 오히려 역효과를 내지 않도록 균형감을 갖출 필요가 있다"고 하였다.

제7장

역사를 둘러싼 논쟁

역사란 과거의 일을 조사하거나 반추하거나 해석하는 현상, 행위 또는 그와 관련되는 지적 작업을 가리킨다. 한국과 일본은 지나간 일들을 놓고 심한 갈등에서 벗어나지 못하고 있다. 역사에 대한 '인식'이 다르기 때문이다. 역사가 객관적 사실을 동원해서 증명이 가능한 과학이 아니므로, '역사인식'은 세계의 어느 국가들 사이에서도 일치하지 않을 것이다. 이 역사인식의 불일치가 한일 사이에 이토록 큰 문제로 남아 있는 이유는 역사 속에서 일본이 가해자, 한국이 피해자였으며, 그 가해자의 역사인식을 피해자가 동의하고 받아들일 수 없기 때문이다.

한일 간에 역사인식이 불일치하는 사안은 많다. 그러나 이 장에서는 이 책의 목적에 맞추어 아베 신조와 그의 지지자들이 공유하는 역사인식을 정리해 보기로 한다. 한 사람의 역사인식은 내부적으로 일관되어 있을 것이고, 따라서 아베의 역사인식이 사안에 따라 달라지지는 않을 것이다. 그러나 설명의 편의상 다음 세 개의 주요 이슈를 중심으로 살펴보고자 한다.

- 야스쿠니신사 참배(과거사의 정당화)
- 교과서 문제(역사교육의 정치화)
- 종군위안부 문제(인도적 범죄에 대한 정치적 해석)

다만, 이 책의 목적에 비추어, 이 장에서의 논의는 아베 신조의 역사인식을 파악하고 정리하는 것이 작업이지, 위의 사안들의 내용 그 자체를 자세히 논의하거나 저자의 의견을 제시하는 것이 아니다.

상론에 들어가기에 앞서 지적해 두어야 할 것은 '일본과 아시아의 역사'에 대한 아베의 '인식'이라는 화두이다. 인간의 인식은 무형이다. 눈에 보이지 않고 손으로 잡을 수 없다. 인식은 또한 상황에 따라 부분적으로 변한다. 유동적이고 상황 순응적이며 임기응변적이다. 인간은 사유하고 계산하는 동물이기 때문이다. 따라서 정치가 아베 신조가 아시아와의 과거 역사에 대하여 하는 발언이나 행동이 일관성 없게 보이는 것은 지극히 자연스러운 것인지 모른다. 그러나 다양한 사안에 대한 언행을 긴 시간을 두고 보면 그의 기본적인 입장이 보인다.

일본정부의 아시아에 대한 역사인식은 공식적으로 두 개의 '담화'를 주춧돌로 하고 있다. 하나는 '고노 담화'이고 또 다른 하나가 '무라야마 담화'이다. 일본의 지도자가 된 아베 신조는 이 두 개의 담화를 정면으로 부정하지 않고 '답습'하고 있다. 그럼에도 그의 '역사인식'에 의문을 가지는 아시아인이 많은 것은 무엇 때문인가? 그 이유는 그가 한 개인으로서 두 개의 담화를 진정으로 받아들이지 않기 때문이다. 일본의 표현을 쓴다면 그는 다테마에(建前), 즉 외형적으로는 이를 부정하지 않지만, 혼네(本音), 즉 본심에서는 이를 거부하고 있기 때문이다. 그의 본심을 잘 드러내는 기록이 있다. 아베가 두 번째로 권력을 잡기 전인 2012년 5월에 그는 〈산케이신문〉과의 인터뷰에서 다음과 같이 말했다.

> 정권에 복귀한다면 그런 속박들을 버리고 새롭게 출발할 수 있다. 무라야마 담화라거나 고노 담화라거나 하는 것에 더 이상 묶이는 일은 없다.

야스쿠니신사 참배 문제

야스쿠니라는 도쿄에 있는 신사는 이제 한국인의 귀에 익숙한 명칭이 되었다. 그 신사에 일본의 지도자들이 방문할 때마다 한국과 중국에서 반발이 일어나기 때문이다. 남의 나라에 있는 일개 신사에 그 나라 사람들이 찾아가는 데 왜 문제가 되는가? 이제는 매우 잘 알려진 일이지만 그 신사에는 태평양전쟁의 주모자들에 해당하는 'A급 전쟁범죄자'들의 위패가 모셔져 있기 때문이다. 따라서 그곳에 일본의 지도자가 가서 종교적 의식을 한다는 것은 과거의 침략전쟁을 인정하거나 미화하는 것으로 해석할 수 있다.

야스쿠니는 왜 문제인가

'혼을 부르는 신사'(招魂社)라는 의미의 도쿄초혼사(후에 야스쿠니신사로 개칭)가 만들어진 것은 메이지유신의 다음 해인 1869년이었다. 왕정

복고세력과 막부세력의 군사충돌이었던 무신전쟁 전사자들의 위패를 모시기 위하여 만들어진 것이었다. 이어서 일본의 마지막 내전이었던 1877년의 전사자 위패가 모셔진 이후에는 해외의 전쟁에서의 전사자 위패가 모셔지게 된다. 결국 일본의 전몰자를 추도하는 시설인데, 이 기능을 국립시설이 아닌 일개 국가신도의 신사가 담당하고 있는 것이 문제이다.

그럼 한국을 비롯한 아시아에서 문제시하고 있는 A급 전범이란 무엇이며 누구인가? A급 전범이란 태평양전쟁이 종결되면서 포츠담선언에 기초하여 극동국제군사재판소가 행한 소위 '도쿄재판'에서 가장 범죄가 중한 것으로 유죄판결을 받은 사람들이다. 야스쿠니에 '합사'[44]된 A급 전범자는 다음의 14명이다.

- 도조 히데키(東條英機): 내각총리대신, 사형
- 히로타 고키(廣田弘毅): 내각총리대신, 사형
- 도이하라 겐지(土肥原賢二): 육군대장, 사형
- 이타가키 세이시로(板垣征四郎): 육군대장, 사형
- 기무라 헤이타로(木村兵太郎): 육군대장, 사형
- 마쓰이 이와네(松井石根): 육군대장, 사형
- 무토 아키라(武藤章): 육군중장, 사형
- 히라누마 기이치로(平沼騏一郎): 내각총리대신, 종신형 중 병사

44 합사란 신도(神道)의 용어로 그 위패를 함께 모셔 추도한다는 의미이다.

- 시라토리 도시오(白鳥敏夫): 외교관, 종신형 중 병사
- 고이소 구니아키(小磯國昭): 내각총리대신, 종신형 중 병사
- 우메즈 요시지로(梅津美治郎): 육군대장, 종신형 중 병사
- 도고 시게노리(東鄕茂德): 외교관, 금고 20년 복역 중 병사
- 나가노 오사미(永野修身): 해군대장, 판결 전 병사
- 마쓰오카 요스케(松岡洋右): 외교관, 판결 전 병사

한국을 병탄하고 중국을 침략한 군국주의자들의 위패가 간직되어 있는 야스쿠니신사에 일본의 정치지도자들이 개인적으로 가끔 참배를 한다면 이토록 국제적인 문제가 되지는 않았을 것이다. 문제는 일본의 정치지도자들이 광범위하고 체계적으로 야스쿠니를 지키려고 하고 참배를 강행하는 데 있다.

그 면모를 가장 잘 보여주는 것이 〈모두가 야스쿠니에 참배하는 국회의원의 모임〉이라는 임의단체이다. 이 단체를 보면 야스쿠니가 일본의 정치에서 얼마나 중요한 존재인가를 알 수 있다.

모두가 야스쿠니에 참배하는 국회의원의 모임

이 모임은 1981년에 결성된 초당파 의원연맹으로서 현재 6개 정당에서 200명에 가까운 국회의원이 소속되어 있다. 가장 최근의 활동을 보면, 2014년 4월 23일의 춘계 예대제(禮大祭)에 중의원과 참의원 168명이 집단으로 참배하였다. 이들의 정당별 소속의원 수를 보면 다음과 같다.

- 자민당 132명
- 민주당 5명
- 일본유신의 회 25명
- 모두의 당 3명
- 생활의 당 1명
- 무소속 2명

원래 같은 뿌리를 가진 자민당, 유신의 회, 모두의 당에서 160명의 보수정치가들이 집단으로 참배를 한 것이다. 이 집단참배는 이때에만 있던 사건이 아니고 정기적인 활동이라 할 수 있다.

더구나 문제가 되는 것은 위의 132명의 자민당 국회의원 중에 현재 아베 정권의 내각, 당, 총리관저에서 중책을 맡고 있는 사람들이 상당수 있다는 것이다.

대체시설과 반대논리

그렇다면 이렇게 말 많고 탈 많은 야스쿠니라는 일개의 신사 대신에 정식으로 국립묘지를 건설하는 것은 어떤가? 우리는 이런 상식적인 의문을 가지게 된다. 실제로 일본을 방문하는 미국의 고위당국자들은 일본의 전몰장병에 대한 예의를 표하기 위하여 야스쿠니 대신에 '치도리가후카 전몰자묘원'(戰歿者墓苑)이라는 곳을 방문한다. 이는 국립공원시설로서 이곳에는 2차 대전에서 사망했으나 유족에게 인도되지 못한 유골이 안치되어 있다. 이 시설은 정치적 성격에 있어서는 야스쿠니보다 더 타당해 보이는데, 다만 분류상 국립묘지가 아니고 공원이라는 것이 결점이다. 결국 야스쿠니를 대체할 수 있는 국립묘지가 없어서 새로이 건설해야 된다는 의견이 대두되어 왔다.

이 안에 찬성하는 사람들의 생각은 특정 종교와 결부되지 않은 중립적인 국립묘지를 건설해야 일본 및 해외의 지도자들이 자유로이 방문하여 추도를 할 수 있고, 이로써 종교와 정치의 분리에 관한 헌법적 논란이나 아시아 여러 나라와의 갈등도 피할 수 있다는 것이다.

지극히 타당하게 들리는 이러한 생각은 일본에서 구현되지 못하고 있다. 대체국립시설의 건설에 반대하는 주장의 형식적 논리는 죽은 사람의 영혼에 대한 위령이라거나 추도라는 행위가 이미 종교적인 것인데, 실질적으로 국가시설로서 기능해 온 야스쿠니신사가 '종교시설'이어서 반대한다는 것은 말이 안 된다는 것이다. 즉, 종교적인 행위를 '비종교적' 시설에서 하도록 강요할 수 없다는 것이다.

그러나 이러한 형식논리보다 더 중요한 것이 있다. 제1장에서 보수주의를 설명하면서 언급하였듯이, 야스쿠니에 대한 참배는 일본에서 '보수로서 살기 위한 필수적인 행동'이라는 생각이다.

역사교과서 문제

한 나라의 청소년들이 학교에서 공부하는 역사교과서가 지속적으로 국가 간의 문제가 되는 예는 세계적으로 드문 현상이다. 오직 아시아에서 일본의 교과서 문제가 물의를 일으키는 이유는 일본이 한국과 중국을 침략한 역사적 사실이 있고, 이에 대한 일본 위정자들의 '역사인식'을 아시아 사람들이 받아들이지 못하기 때문이다.

교과서 문제의 역사

일본에서 교과서를 놓고 벌어지는 문제는 몇 차례의 파동이 있었다. 첫 번째 파동은 1962년에 이에나가 사부로(家永三郎) 등의 역사학자들이 집필한 『신일본사』라는 고교용 역사교과서가 검정에 불합격한 일이었다. 이에 저자들은 교과서검정이 검열에 해당하여 이는 헌법에 위반된다는 취지의 소송을 제기하였다. 이 소송은 결국 합헌이라는 판결이 나와 이에나가 등이 패배한다. 그러나 이로써 교과서가 첨예한 이념적 문제로 부각된다.

두 번째 파동은 1982년에 일어났다. 고교용 교과서가 검정되는 가운데에, 쇼와시대에 들어 '일본군이 중국(華北)을 침략'했다는 부분이 '진출'로 바뀌었다는 것이 보도되면서, 중국이 맹렬히 항의하고 외교 문제로 비화하였다. 이에 당시 스즈키 내각의 관방장관이던 미야자와 기이치가 담화문을 발표하면서 중국 측의 양해를 구했고, 문부성은 소위 '근린제국조항'(近隣諸國條項)이라는 것을 발표하게 된다. 이 조항의 취지는 '이웃하는 아시아 나라들과의 근현대사의 역사적 사상(歷史的事象)을 다룸에 있어 국제이해와 국제협조의 견지에서 필요한 배려를 한다'는 것이다.

세 번째 파동은 1986년에 전국적인 조직을 가지는 일본의 우파단체인 '일본을 지키는 국민회의'(지금의 일본회의)가 편찬한 고교용 교과서 『신현일본사』를 둘러싸고 벌어졌다. 우익적인 입장에서 쓰였다는 불만이 중국에서 쏟아지자 당시 수상 나카소네 야스히로가 문부성에 검토를 요청하여 수정이 이루어지게 된다. 이것이 일본 국내에서 물의를 일으켰다. 제도상으로 문부성이 검정에 합격시킨 후에도 수정을 지시할 수는 있으나, 현실적으로 전례가 없는 일이었기 때문이었다. 결국, 교과서는 이유가 무엇이든 정치적 판단에 의하여 좌우되고 사회를 분열시키는 소재가 될 수 있음이 부각되는 사건이었다.

이러한 파동을 거치는 가운데 아시아 정세에는 커다란 변화가 오게 된다. 일본이 침체되는 동안 중국이 대국으로 부상하고 한국도 선진사회로 발돋움한다. 이러한 국제정세의 변화는 일본인에게 위기감을 안기게 되고, 그 위기감은 점차 우경화의 경향을 부추기며, 그러한 사회적 조류가 교과서에 반영되는 것이다. 이러한 상황에서 교과서 문제가 일본과 아시아의 갈등의 주요 메뉴의 하나로 자리 잡게 된다.

새역모의 대두

이러한 배경 속에서 태어난 것이 한국에도 잘 알려진 '새로운 역사교과서를 만드는 모임'(약칭 새역모)이다. 1996년에 우파적 사상을 가진 지식인들이 만든 이 사회운동단체는 교과서 편찬에 그치지 않고 일본의 우경화에 큰 영향을 미치고 있다. 이 단체의 입장은 1997년에 발표한 설립취지문에 잘 나타나 있다.

일본의 전후 역사교육은 일본인이 계승하는 문화와 전통을 망각하고 일본인의 긍지를 잃게 하는 것이었다. 특히 근현대사에서는 일본인이 대대손손 사과해야 하는 운명을 지닌 죄인인 것처럼 취급하고 있다.
냉전이 종결된 후에는 자기학대적 경향이 강해져, 현행의 역사교과서는 종군위안부와 같은 과거 적국의 프로파간다를 사실처럼 기술하고 있다.
새역모는 세계적 시야 속에서 일본과 일본인의 자화상을 품격과 균형을 가지고 생생하게 서술함으로써, 가슴 뛰는 조상의 활약과 실패의 역사에 눈을 돌려 그 고통과 기쁨을 체험할 수 있는 일본인 이야기를 들려주는 교과서를 만든다.

이러한 취지로 후소샤 등을 통하여 만든 교과서는 한국을 비롯한 아시아에 대하여 다음과 같은 자세를 표방한다.

- 중국대륙과 조선반도의 피지배자가 선이고 일본과 같은 지배자는 악으로 묘사하는 경향이 강하다. 이것 또한 좌익이 주장하는 계급투쟁사관에 기인한 것이다. 제국주의시대의 역사를 단순히 선악이원론으로 설명할 수 있는가는 의문이다.
- '종군위안부'라는 용어는 제2차 세계대전 이전에는 사용된 일이 없다. 위안부를 만들기 위하여 일본이 국가정책으로서 강제연행했다는 것을 증명하는 공문서는 발견되지 않는다. '강제연행'이라는 말도 자학주의자가 만든 창작어에 지나지 않는다. 전쟁 중 위안부란 세계의 모든 군대에 존재했던 것으로, 일이 있을 때마다 일본을 비판하는 외

국의 소송단체만을 소개하는 교과서는 편향된 것이다.

- 이토 히로부미는 일본의 근대화를 발전시킨 초대 내각총리대신이 아니라 조선반도침략의 장본인이라고 강조되고, 암살은 피할 수 없는 일이었다는 식으로 테러리스트 안중근을 영웅시하는 한국에 영합하여, 한반도나 중국대륙의 관점에서 묘사하고 있는 일본의 지식인들이 많은 것은 우려해야 할 일이다.

이 새역모는 지금도 왕성하게 활동 중이다. 그런데 여기서 한 가지 주목해야 할 것이 있다. 새역모는 지식인의 사회단체로서 내부적인 의견충돌과 갈등에서 예외일 수 없었다. 그런 와중에서 일부가 떨어져 나와 2006년에 '일본교육재생기구'(日本教育再生機構)라는 단체를 만든다. 이 단체의 이사장을 맡은 사람은 야기 슈지(八木秀次)라는 대학교수로서 그는 새역모의 3대 회장을 맡고 있다가 내분으로 해임되었다. 또 주목할 것은 이 단체와 비슷한 명칭의 조직이 아베 신조 내각에 있으며, 이 야기 슈지라는 인물이 중요한 역할을 하고 있다는 것이다.

아베와 교육재생

앞의 재단법인 교육재생기구가 만들어진 2006년 10월에 일본에는 '교육재생'이라는 네 글자가 들어간 기구가 또 하나 탄생하였다. 바로 아베 신조가 9월에 총리가 된 후 한 달이 지나 총리관저에 만든 '교육재생회의'였다. 내각회의를 거쳐 설치된 이 기구는 내각관방 안에 담당실을 가지게 된다. 그러나 아베가 1년 만에 퇴진하자 간담회로 축소되었다가 재집권하게 되자 2012년 12월에 '교육재생실행회의'(教育再生實行會議)로 다시 태어난다.

결국 오늘날 일본에는 교육재생을 위해 노력하는 조직이 두 개 존재한다. 하나는 총리관저의 교육재생실행회의이고, 또 하나는 재단법인 일본교육재생기구이다. 그리고 이 두 조직의 연관성을 부인할 수 없다. 관저의 교육재생실행회의에는 15명의 '유식자'가 멤버로 추대되어 있는데 재단법인 일본교육재생기구 관계자가 이사장 야기 슈지를 포함하여 4명이나 들어 있다.

직간접으로 정부가 영향을 미치는 중고교 교육의 '역사적 타당성'에 관한 논란은 일본에서는 광범위하게 일어나고 있다. 특히 역사교과서에 대해서는 아베의 생각이 광범위한 보수층과 공통되고 있음을 인식할 필요가 있다. 〈문예춘추〉 2013년 10월호는 전 주한일본대사 오구라 가즈오(小倉和夫)를 좌장으로 하여 좌담회의 기사를 게재하였다. 이때 대두된 개념 중 하나가 '역사 빼고 이야기하기'이다. 즉 한국이나 중국과의 관계를 논함에 있어 역사인식이나 역사교과서는 더 이상 논할 필요가 없다는 것이다. 이때 나온 이야기를 간단히 추려서 소개해 보기로 한다.[45]

후루다 히로시(古田博司, 쓰쿠바대 교수)_ 앞으로 일본이 반복해서 중·한에 역사문제에 끌려들어가 사과를 강요당한다면 '역사를 빼고 이야기'하는 수

45 〈文藝春秋〉, 2013년 10월호, 95-112쪽.

밖에 없다고 생각해요.

하타 이쿠히코(秦郁彦, 역사학자)_ 찬성입니다. 공통의 역사인식 같은 거를 추구하니까 휘둘리는데, '중국과 한국에게 각자 멋대로 역사를 이야기하세요, 일본도 멋대로 이야기할게요'라고 하면 되는 겁니다.

가와무라 유스케(川村雄介, 다이와총연 이사)_ 나도 역사 빼고 이야기하는 데에는 찬성입니다. 중국과 한국의 심리상 역사 문제는 영원히 풀 수 없는 문제인 이상, 일본이 논의에 응해도 진전이 없어요. 중국과 한국이 아무리 싫어도 세 나라가 연결되어 있는 상태에서 벗어날 수는 없습니다. 역으로 말한다면, 중국과 한국이 아무리 도발을 해도 일본이 근본적으로 입을 손해는 없어요.

기타무라 미노루(北村稔, 리쓰메이칸대 교수)_ 나는 역사학자로서, 중국과 한국이 아무리 소리를 치거나 공갈로 사실을 왜곡해도 일본은 객관적 사실을 축적해 나가면 된다고 생각해요. 즉, 역사의 방파제를 강화해 나가는 수밖에 없어요. 역사적 사실을 무시한다면 사회의 왜곡과 정체가 발생할 뿐이라는 걸 중국과 한국의 역사가 증언해 주고 있습니다.

괴물도 아니고 정신이상자도 아닌, 일본에서 일정한 평가를 받고 있는 이런 지식인들의 발언은 역사인식에 대한 한국인의 생각과 얼마나 동떨어져 있는지를 보여준다. 이 기사에서 나온 주한일본대사를 역임한 외교관과 역사평론가의 다음의 대화는 역사 문제를 놓고 비판을 가하는 한국의 태도를 일본의 보수층이 어떻게 인식하고 있는지를 극명하게 보여준다.

오쿠라 가즈오(小倉和夫, 전 주한대사)_ 중국과 한국의 자기인식은 어떤가를 생각해 볼 필요가 있어요. 중국과 한국은 자국의 역사를 어떻게 인식하고 있는가? 이것이 제대도 정립되어 있지 않기 때문에, 일본의 역사인식을 파고들어 외교카드로 활용하는 것은 본말전도라고 할 수 있어요.

마쓰모토 켄이치(松本健一, 레이타쿠대 교수)_ 동감입니다. 중국과 한국이 역사 문제를 들고 나서는 것은 국가로서의 정체성에 깊이 관련되어 있어요. 한마디로 말해, 중국과 한국의 경우, 지금까지의 백 년은 굴욕의 역사였지요. 그런데 경제성장을 이루어 국제적 지위가 향상된 오늘에 이르자 '잃어버린 자존심'을 찾기 위해 신해혁명이나 한일합방을 포함하여 극적으로 백 년의 역사를 바꾸어 보려는 생각이 바닥에 깔려 있는 겁니다.

종군위안부 문제

한일관계의 갈등요인 중에서 비교적 큰 관심을 끌지 못하던 종군위안부 문제가 이제는 가장 큰 이슈로 부각되었다. 다른 문제와 달리 이 사안은 여성 인권에 관계될 뿐 아니라 한국인의 자긍심을 가장 예민하게 자극하는 내용이어서 어려움이 더 크고 아직 뾰족한 해결책이 보이지 않고 있는 실정이다.

그런 상황에서 이 사안의 핵심이 되는 '고노 담화'에 대한 '검증'을 해서 이를 6월 20일에 국회에 대한 보고라는 형식으로 그 내용을 공개하고, 나아가 영문으로 만든 문서를 해외에 보내는 6월 말의 일본정부의 행동은 한일관계의 장래에 먹구름을 몰고 올 수 있다는 우려를 금치 못하게 한다. 그렇다면 우선 '고노 담화'와 그 검증에 관한 내용을 살펴보기로 한다.

고노 담화 검증 논란

2012년에 정권을 다시 잡은 아베는 총선거에서부터 중의원선거에 이르기까지 다양한 연설에서 '고노 담화를 재검토'한다는 입장을 견지하였다. 그러나 정작 공식기록이 남는 장면에서는 고노 담화를 계승한다고 발언하였다. 총리로 취임한 직후에 아베는 이 문제에 대하여 '관방장관이 판단할 사안'이라고 하였고, 관방장관 스가는 고노 담화의 수정을 부정하였다. 한 예로 2013년 5월 14일에 민주당의 쓰지모토 기요미(辻本清美) 의원의 질문에 대한 답변서에서는 "아베내각의 각의결정은 고노 담화를 이어 나간다"는 것이라고 하였다.

한 국가의 수뇌부가 이토록 민감한 사안에 대한 과거 정권의 담화문을 놓고 우왕좌왕하는 까닭은 무엇인가? 이에 대한 대답을 찾기 위해서 1993년 8월 4일에 발표된 긴 이름의 담화문의 내용을 보기로 하자.

위안부관계 조사결과 발표에 관한 고노 내각관방장관 담화

소위 종군위안부 문제에 관하여 정부는 재작년(1991년) 12월부터 조사를 진행해왔는데 이번에 그 결과를 정리하여 발표하고자 한다.

이번 조사의 결과, 장기에 걸쳐 그리고 광범위한 지역에서 위안소가 설치되어, 수많은 위안부가 존재했다는 것이 인정된다. 위안소는, 당시 군 당국의 요청에 의하여 설치된 것으로서, 위안소의 설치, 관리 및 위안부의 이송에 관해서는 구 일본군이 직접 혹은 간접적으로 관여하였다. 위안부의 모집에 관해서는 군의 요청을 받은 업자가 주로 이에 종사했으나, 그 경우에도 감언, 강압 등 본인들의 의사에 반하여 모집된 경우가 다수 있으며, 나아가서 관헌 등이 직접 이 일에 관여한 적도 있다는 것이 밝혀졌다. 또한 위안소에서의 생활은 강제적인 상황 아래에서 아주 고통스러운 것이었다.

그리고 전쟁지역에 보내진 위안부의 출신지에 관해서는 일본은 별도로 하고도 조선반도가 큰 비중을 차지하였는데, 당시 조선반도는 우리나라의 통치하에 있어서 그 모집, 이송, 관리 등이 감언, 강압 등 전반적으로 본인들의 의사에 반하여 이루어졌다.

결국 이 건은 당시의 군의 관여 하에 다수 여성의 명예와 존엄에 깊은 상처를 입힌 문제이다. 정부는 이 기회에 다시 한 번 그 출신지 등을 따지지 않고 소위 종군위안부로서 많은 고통을 경험하고 심신 모두에 치유하기 어려운 상처를 입은 모든 분에게 진심으로 사과와 반성의 뜻을 말씀드린다. 또한 그런 뜻을 우리나라가 어떻게 표시해 나갈 것인가에 대해서는 유식자의 의견 등을 수렴하여 앞으로 진지하게 검토해야 한다고 생각한다.

우리는 이러한 역사의 진실을 회피할 것이 아니라 역사의 교훈으로서 직시해 나가고자 한다. 우리들이 역사연구, 역사교육을 통하여 이런 문제를 영구히 기억에 남겨 같은 과오를 다시는 반복하지 않는다는 굳은 결의를 다시 한 번 표명한다.

나아가서 본 문제에 관하여 우리나라에서 소송이 제기되고 국제적으로는 관심이 쏠리고 있어 정부로서는 앞으로 민간의 연구를 포함하여 충분히 관심을 기울이고자 한다.

지금 보아도 상당히 파격적인 내용의 이 담화는 당시 일본에 큰 충격과 파문을 가져오는 것이었다. 더구나 이 담화를 준비하고 발표한 주체가 자민당이라는 점이 중요하다. 다만 이것은 당시 미야자와 내각의 생각을 정리한 것으로, 공식적인 각의결정을 거치지 않은 '일개 관방장관의 담화'라는 것이 약점으로 남는다.

고노 담화는 나중에 사회당 출신의 수상 무라야마 담화로 이어진다. 한일관계에 관하여 가장 중요한 담화라고 볼 수 있는 무라야마 담화를 여기서 보기로 하자. 태평양전쟁의 종결로부터 50년이 되는 1995년 8월 15일에 '전후 50주년의 종전기념일에 부쳐'라는 제목의 이 담화는 종군위안부 문제에 대하여 직접 언급하지는 않지만 다음의 문장 속에서 이를 사죄하고 있다.

우리나라는 멀지 않은 과거의 한 시기에 국가의 정책을 잘못 세우고 전쟁의 길을 걸어 국민을 존망의 위기에 빠트리고 식민지 지배와 침략으로 인하여 많은 나라, 특히 아시아 여러 나라의 사람들에게 다대한 손해와 고통을 안겼습니다. 나는 미래에는 이런 잘못이 없도록 의심할 수 없는 이 역사의 사실을 겸허히 받아들이고, 다시 한 번 통절한 반성의 뜻을 표하며, 진심으로 사과의 뜻을 표합니다. 그리고 이 역사가 초래한 국내외의 모든 희생자에게 깊은 애도의 뜻을 드립니다.

무엇을 검증하는가?

종군위안부 문제에 대하여 아베 정권은 '검증은 하지만 수정은 하지 않는다'는 기괴한 입장을 취하였다. 도대체 무엇을 검증한다는 것인가?

2014년 3월 25일에 헤이그에서 미국, 일본, 한국의 지도자들이 잠시나마 자리를 같이한 적이 있었다. 그때 많은 사람이 기대한 한일정상회담은 실현되지 못하였다. 그런데 바로 이틀 전인 23일, 아베의 관저에서는 총재특별보좌관의 직함을 가진 하기우다 고이치(萩生田光一)라는 의원이 후지TV에 출연해서 "새로운 사실이 나왔기 때문에 고노 담화를 재검토하는 것이 아니라 새로운 담화를 발표하는 게 좋다. (아베 수상도 새로운 담화를) 부정하지 않는다"는 발언을 하였다. 이 말에 놀란 관방장관 스가는 그다음 날 황급히 그 발언은 "하기우다의 개인적 견해"이며, 고노 담화는 "검증은 하지만, 수정하는 것은 있을 수 없다"라고 했다.

매우 중요한 해명이자 발언이다. 도대체 무엇을 검증한다는 말인가? 이 질문에 대한 답을 가지고 있는 사람은 이시하라 노부오(石原信雄)이다. 1926년생으로 지금은 총무성에 흡수된 구 자치성에서 최고직인 사무차관을 역임한 뒤 1987년부터 무려 8년간 7개의 내각에서 관방 부장관을 지낸 사람이다.[46]

그에 의하면 관방 부장관임에도 불구하고 가이후(海部) 정권이었던 1991년까지 종군위안부 문제에 관하여 몰랐다고 한다. 그 후 미야자와 정권이 들어선 것이 1991년 11월로서, 그다음 달인 12월에 세 사람의 과거 종군위안부가 일본정부를 상대로 도쿄지방재판소에 제소를 하게 됨으로써 알게 되었다. 김학순 씨를 비롯한 세 명이 35명을 대표하여 일본정부를 상대로 사죄와 보상을 요구한 최초의 법적 행동이었다. 당시 그의 형식상의 상관이었던 관방장관은 가토 고이치였다. 한국인 위안부의 제소를 놓고 가토 관방장관은 1965년의 한일기본조약이 있어 정부의 보상은 어렵다는 반응을 보였다. 이 발언에 대하여 한국의 여론이 맹렬히 반발하게 된다.

그즈음 미야자와 수상이 한국의 노태우 대통령을 1992년 1월에 방문하기로 이미 계획되어 있었다. 이에 맞추어 한국정신대문제대책협의회(약칭, 정대협)가 1월 8일에 주한일본대사관 앞에서 집회를 가짐으로써, '수요집회'의 시발점이 된다. 한국의 엄청난 반발 속에서 서울에 온 미야자와는 노태우와의 정상회담에서 위안부 문제에 관하여 '사실관계'를 확인할 필요가 있다는 데 동의하게 된다.

46 그가 일본정계에서 관료의 실질적인 톱이라 할 수 있는 이 사무담당 관방 부장관으로 있던 사이에 미야자와 정권이 고노 담화를 만들어 냈고, 무라야마 정권이 무라야마 담화를 빚어냈다. 어찌 보면 가장 예민한 한일관계사의 이면을 누구보다 잘 아는 사람일 것이다.

도쿄에 돌아온 미야자와는 사실관계의 확인을 지시하였다. 이에 대하여 주무책임을 지닌 후생성(지금의 후생노동성)은 "전후처리는 되었지만 전쟁 중에 일어난 일에 대해서는 기록이 없다"라고 하였다. 관련되는 노동청, 방위청, 경찰청에서도 유사한 답변이 있었을 뿐이었다. 사태의 진전이 없자 수상관저의 '내각외정심의실'이 중심이 되어 각 부처에 압력을 가한 결과 어느 정도의 자료가 수집되었다. 이에 관한 그의 표현을 그대로 옮기면 다음과 같다.

> 자료는 발견되었다. 당시 군의 연락문서나 지령, 통달 등에 위안소의 설치를 전제로 하여 위안소 주변의 치안요청이나 위안부의 안전한 수송, 그리고 편의를 위한 조치 등을 지시하는 서류가 나왔다.[47]

이를 바탕으로 7월 6일에 관방장관 가토가 다음과 같은 '담화'를 발표하게 된다.

> 위안소의 설치, 위안부의 모집을 하는 자의 관리, 위안소 시설의 축조 및 증강, 위안소의 경영 및 감독, 위안소 및 위안부의 위생관리, 위안소 관계자에 대한 신분증명서의 발급 등과 관련하여 정부의 관여가 있었던 것이 인정된다. … 정부로서는 국적, 출신지 등을 묻지 않고 소위 종군위안부로서 필설로 다할 수 없는 어려운 고난을 겪은 모든 분에게 다시

47 〈文藝春秋〉, 2014년 5월호, 96쪽.

한 번 충심으로 사과와 반성의 뜻을 말씀드린다.

이에 대하여 한국의 정대협을 비롯한 시민단체와 여론은 '강제성'을 인정하지 않는 가토 담화를 맹렬히 비난하였다. 이러한 상황에서 한국정부는 일본정부에 다시 한 번 더 철저하게 조사할 것을 요구했다고 한다.

이로써 일본정부는 각 지방의 공문서관, 미국의 국립공문서관, 오키나와의 소장 자료들을 조사하였다. 1945년 8월에 일본을 점령한 연합국사령부가 당시 중요한 문서들을 압수하였기 때문이다. 이로써 추가적인 자료가 나왔으나, 일본정부의 직접적인 강제를 입증할 수 있는 자료는 없었다고 한다. 즉, "위안소의 운영에 일본정부가 관여한 것을 증명하는 통달 등은 나왔지만, 여성을 일본 군대나 정부가 직접, 강제적으로 모았다는 것을 입증하는 문서는 나오지 않았다"는 것이다.

이러한 결과를 한국정부에 통보하자, 한국정부로부터 마지막 수단으로 피해자 여성들을 만나서 증언을 들어달라는 요청이 오게 된다. 이에 대하여 그 여성들의 말의 객관성을 확보할 수 없는 어려움 등을 이유로 일본정부가 난색을 표하자 한국정부는 다음과 같은 요청을 했다고 한다.

순수하게 과거의 자신의 체험을 들어달라고 말하는 사람들이 있으니, 그 사람들의 말을 들어주기 바란다. 한국정부가 압력을 가하는 것이 아니고, 진정으로 진실을 말해 줄 수 있는 사람들을 선별할 테니 그들의

말을 듣고, 일본정부가 최종적으로 판단하면 된다.[48]

이때 일본정부는 두 개의 조건을 내걸었다. 첫째, 증언자들이 반일적인 운동에 관여하는 단체에 속하지 않을 것, 둘째, 증언자들에게 외부의 압력이 없도록 할 것이었다. 이에 한국정부가 동의하여 일본에서 조사팀이 파견된다.

당시의 상황을 한국의 〈연합뉴스〉는 2013년 8월 3일자 기사에서 다음과 같이 보도했다.

… 일본정부의 위안부 문제 1차 조사 결과가 나온 것은 1992년 7월 6일. 가토 관방장관이 '위안소 설치나 운영·감독 등에 정부가 관여했다'고 일본군의 직접 관여를 인정하는 조사 결과를 발표했다. 하지만 위안부 강제연행을 입증하는 자료는 발견되지 않았다고 밝혀 한국 등이 강하게 반발했다. 한국에서는 '사실은폐', '가토 망언'이라는 이야기까지 나왔다. 그러자 일본정부가 2차 진상 조사에 착수했다. 당시 관계자들에 따르면 조사 대상기관을 1차 때보다 확대해 경찰청, 법무성, 외무성, 국회도서관은 물론 해외에까지 담당자를 파견해 미국 공문서 등을 조사했다. … 1993년 7월 26일~30일에는 일본정부조사단이 서울에 파견돼 한국인 위안부 생존자 16명을 상대로 증언 청취 작업을 벌였다.

48 앞의 〈文藝春秋〉, 97쪽.

이 조사작업이 끝난 지 5일 후인 8월 4일 고노 요헤이(河野洋平) 당시 관방장관이 2차 조사결과를 공개하면서 발표한 게 바로 '고노 담화'다. 당시 일본정부가 고노 담화를 통해 위안부 동원의 강제성을 인정하게 된 것은 조사 막판에 이루어진 이들 한국인 피해자의 증언 내용이 결정적이었던 것으로 알려져 있다. 16명 가운데 20여 년이 지난 지금 생존해 있는 사람은 2명밖에 없다.

〈연합뉴스〉의 보도대로 이 16명의 증언이 고노 담화의 '결정적' 배경이다. 그리고 이 결정적 배경에 치명적 하자가 있다는 것이 지금 일본의 우익이 제기하고 있는 주장이다.

그해 여름의 증언

아베 제2차 내각이 성립된 후 2013년 10월 16일, 〈산케이신문〉은 1, 2, 3, 5, 18면의 5면에 걸쳐 단 하나의 주제로 다양한 기사를 게재하였다. 일면 톱기사의 제목은 다음과 같다.

'과거 종군위안부 조사의 부정확한 기재 — 고노 담화 근거 붕괴'

한일갈등에 새로운 불씨를 지필 수 있는 엄청난 내용이다. 〈산케이신문〉은 이러한 특집을 내는 근거로 1993년 7월 말에 서울에서 이루어진 과거 종군위안부 16인을 상대로 벌어진 조사의 정부보고서를 입수했다는 것이었다. 이 기사는 A4 용지 13장에 이른다는 이 비공개보고서를 공개하면서 다양한 각도에서 고노 담화의 정당성을 부정하는 내용이었다. 원래 한국과 일본의 두 정부가 공개하지 않기로 한 이 내용을 〈산케이신문〉이라는 일개 신문사가 모종의 경로를 통하여 입수하고 만천하에 공개한 것은 충격적인 사건이라 할 수 있다.

일본인의 인식

고노 담화를 통하여 아픈 상처를 봉합할 수 있는 최소한의 기반이 마련된 터에 아베 정권은 무슨 의도로 이를 '재검증'이라는 이름으로 상처를 헤집고 세상에 공표하는 평지풍파를 일으켰는가?

이 의문을 풀기 위해서는 종군위안부 문제에 관하여 아베라는 한 정치가나 그 주위 사람들의 생각을 파악하기 전에 염두에 두어야 할 것이 있다. 즉, 그들의 생각이 대다수 일본인과 특별하게 다를 것이라고 생각해서는 안 된다는 점이다. 한 예로 〈문예춘추〉에 실린 '최고 멤버 8시간의 토론'이라는 특집기사에 실린 사람들의 말을 보기로 하자. 이 중에서 마에하라 세이지는 자민당과 대립하는 민주당의 중진으로서 가장 친한적인 정치가의 한 사람이며, 다케사다 히데시는 연세대학교에서 2년이나 강단에 선 지한파라는 점을 참고하기 바란다.

미야케 구니히코(宮家邦彦, 캐논연구소 주간)_ 한국의 외교사정에 정통한 미국의 한 친구는, 한국을 professional victim, 즉 프로페셔널한 희생자라고 해요. 일본의 희생자라는 입장을 계속함으로써 한국의 존재의식을 살릴 수 있다는 거지요. …

다케사다 히데시(武貞秀士, 다쿠쇼쿠대학 객원교수)_ 제대로 위안부의 실태를 재조사한 후에, 새로운 아베 담화를 발표하는 게 한 방법이라고 생각해요. 지금까지의 위안부 조사는 호적도 불분명한 장본인들의 주장을 그대로 받아들여 사실로 인정한 부분이 적지 않아요. 일본의 입장을 명확히 표명하지 않으면 일본이 영원히 한국의 사죄요구에 응해야 하는 진흙탕에서 빠져나올 수 없다고 봐요.

사토 켄지(佐藤謙次, 정치컬럼니스트)_ 하지만 위안부 문제에 있어서 군에 의한 강제성이 어느 정도인가 하는 등의 역사적인 사실의 검증이나 논의를 해도, 외교적·정치적으로는 거의 의미가 없다고 생각해요. 즉 일본이 그런 논의에 집착하는 동안, 여성의 인권을 짓밟은 일본이라는 이미지가 세계에 정착돼 버리는 거지요.

마에하라 세이지(前原誠司, 민주당 의원)_ 대전제로서 잊어서는 안 되는 것은 일한기본조약에 의하여 해결이 된 문제라는 겁니다. 이를 바탕으로 인도적인 관점에서 서로 지혜를 내는 것이 바람직해요. 이는 (민주당 정권의) 노다 수상과 이명박 대통령이 수뇌회담에서 … 확인한 것입니다.[49]

이 대담을 읽다 보면 이들의 생각이 한국인의 생각과 얼마나 다른지 느껴질 것이다. 일본의 〈문예춘추〉라는 월간지는 한국의 '조중동' 세 회사가 발간하는 월간지를 합한 정도의 무게를 가진다. 물론 보수성향

49 〈文藝春秋〉, 2014년 3월, 95-108쪽.

의 매체이다. 그러나 중요한 것은 전반적으로 보수성향이 강한 일본에서 〈문예춘추〉는 대부분의 사람들이 수용하는 '온건한 상식'으로 이해되고 있음에 유의해야 한다.

위에서 미야케의 말은 거칠게 표현한다면 한국은 끊임없이 피해자라는 브랜드를 팔아 국제사회에서 유리한 위치를 확보하려고 한다는 것이다. 나아가서, '친한파' 의원 마에하라는 위안부 문제는 한일기본조약에서 의하여 다 해결된 것인데, 한국이 계속 요구해오니 '인도주의적 관점에서 지혜'를 모아보자는 것이다. 그리고 이는 이미 두 나라의 지도자가 확인한 것임에도 불구하고, 한국은 과거를 부정하고 끊임없이 새로운 요구를 해대고 있다는 것이다. 이러한 인식은 대부분의 일본인이 가지고 있다고 해도 틀림이 없다.

제8장

영토갈등

독도를 둘러싼 일본과의 영토갈등이 완전히 사라진다는 것은 기대하기 힘들다. 따라서 앞으로 한일관계의 개선을 언제라도 위협할 수 있는 태풍 같은 사안이다. 바다에 떠 있는 섬으로 구성된 열도국가이자 해양국가인 일본은 한국과는 독도, 중국과는 센카쿠, 그리고 러시아와는 북방영토라는 세 개의 영토갈등을 가지고 있다. 각각 다른 역사적 배경과 국제정치적 환경에 따라 별개의 사안으로 위치해 있던 이 문제들이 이제는 하나의 동질적인 사안으로 일본정치에서 부각되고 있다. 이러한 경향은 아베 정권에서 두드러진다. 따라서 이 장에서는 일본의 입장에서의 영토갈등 전반을 살펴보고 그 맥락 속에서 독도 문제의 향방을 가늠해 보기로 한다.

일본의 영토 문제

러시아와의 갈등

일본이 러시아와 갈등을 겪고 있는 '북방영토'(北方領土)란 일본의 홋카이도에서 러시아의 캄차카 반도를 연결하는 일련의 섬 중에서 홋카이도 가까이 있는 네 개의 섬을 가리킨다. 하보마이(歯舞), 시코탄(色丹), 구나시리(國後), 에토로후(擇捉)라는 아이누어의 이름이 붙여진 이 4개의 섬은 드라마틱한 역사의 변동으로 '실효지배'하는 주체가 바뀌어 오늘날에 이르고 있다. 이 4개의 섬의 귀속에 대한 역사는 1855년으로 거슬러 올라간다. 그해에 일본과 러시아제국은 '러일화친조약'(시모다조약)을 맺어 4개 섬에서 가장 북쪽에 있는 에토로후 섬의 위로 국경선을 긋게 된다. 이로써 이 섬들은 일본의 섬이 되고 일본정부는 이들을 총칭하여 치시마(千島)로 부르게 된다. 그 후 1905년의 러일전쟁에서 일본이 승리함으로써 일본의 영유권을 더 확고히 하게 된다.

그런데 문제는 1941년에 일본이 태평양전쟁을 일으킴으로써 발생하게 된다. 4년간의 무모한 전쟁에서 패배한 일본은 1945년 8월 14일에 있었던 포츠담선언에서 무조건 항복을 선언하게 된다. 이를 빌미로 당시 소련은 8월 28일에서 9월 5일까지의 불과 열흘 정도의 시간에 이 섬에 군대를 파견하여 전격적으로 점령하게 된다. 소련이 이러한 행동을 취하는 데는 국제정치적인 배경이 있었다.

태평양전쟁이 말기에 이른 1944년 12월에 당시 소련의 지도자 스탈린은 소련에 주재하는 미국대사 해리먼에게 일본령 4개 섬을 반환할 것을 요구하였고, 미국이 이를 받아들여 결국 다음 해 2월의 얄타회담에서 그 내용이 반영되게 된다. 이에 소련은 즉시 1941년에 맺어진 5년 기한의 일본과의 중립조약을 일방적으로 파기한다. 만기 1년 전에 파기하는 조항을 이용하여 1946년 4월 25일 기한의 일 년 전인 1945년 4월 25일의 일이었다. 그리고 그로부터 4개월 후에 항복한 일본에 대하여 '선전포고'를 하고 군대를 파견한 것이었다.

이 섬 4개의 향방을 결정한 것은 국제적인 상식이나 정의가 아니라 오직 힘과 그것을 위한 정치적 계산이었다. 1946년 2월에 소련연방최고회의는 치시마 열도에 대하여 국유화선언을 한다. 그리고 일본을 지배하던 승전국 미국의 점령정부는 소련과의 대결을 회피하여 이 네 섬에 살던 일본인의 본토로의 귀환을 명하게 된다. 이로써 약 1만 7천 명의 일본인이 본토로 돌아오고 그곳에 있던 한국인은 소련 각지로 흩어져 소련사람이 되는 운명을 맞게 된다.

1951년의 샌프란시스코 강화조약에서 일본은 치시마에 대한 영유권을 일단 포기한다. 그런데 불씨는 남아 있었다. 1956년에 소련과 일본은 평화조약체결을 위한 협상에 들어갔다. 이때 일본정부는 네 섬의 반환을 요구하였고 소련은 평화조약의 체결 후 우선 두 개의 섬을 반환하겠다는 입장을 표명하였다. 그러나 평화조약의 체결은 성사되지 않았다. 그 대신에 이루어진 1956년 12월 7일의 '일소공동선언'에서 '평화조약의 체결 후에 하모마이와 이코탄을 일본에 반환한다'는 내용을 넣는 것으로 타협된 것이다.

중화권과의 갈등

한편 센카쿠 문제란 일본이 중국 및 대만을 상대로 겪는 센카쿠제도(尖閣諸島)의 영유권 문제이다. 이 섬들에 대해서는 일본이 실효지배를 유지하고 있으며 1971년 이래 중국과 대만이 영유권을 주장하고 있다.

동중국해의 남서부에 중국과 대만에 가까운 위치에 있는 이 섬들은 일본과 중국 사이의 '중간선'의 오른쪽, 즉 일본 측 영해에 들어가 있다. 과거에 영국해군의 지도에 The Pinnacle Islands라고 기재한 것을 일본이 '센카쿠'(尖閣)라는 이름을 붙인 것이다. 중국과 대만에서는 작은 섬 중에서 가장 대표적인 '댜오위다오'(釣魚島)의 이름을 따서 그 일대를 호칭하고 있다.

위치상으로는 중국이나 대만에 속해야 할 센카쿠에 대하여 일본이 실효지배를 하게 된 데는 오랜 역사적 경위가 있다. 일본은 류큐왕국, 즉 지금의 오키나와를 수중에 넣음으로써 센카쿠를 지배하게 된 것이다. 1872년에 류큐를 가고시마에 편입시키면서(琉球處分) 센카쿠가 류큐에 속하는 것으로 같이 처리하였다. 청일전쟁의 승리로 센카쿠에 대한 지배권을 더 확고히 한 일본정부는 그 섬에 약 200명 이상의 일본인을 살게도 했으나 1940년에 미국과의 전쟁이 가까워지면서 모두 귀환시켜 무인도가 되었다.

이 섬에 대한 일본의 지배권에 먼저 도전한 나라는 대만이었다. 대만은 (한국과 달리) 일본을 패망시킨 연합국의 일원이라는 지위를 확보하였다. 대만, 즉 중화민국은 1945년 10월 25일에 센카쿠 인근에 있는 팽후제도에 대한 영유권을 확보하였다. 1951년의 샌프란시스코 조약에서 대만의 팽후제도에 대한 영유권은 인정되었지만, 그 이웃에 있는 센카쿠는 일본이 대만에 돌려주어야 할 영토에 들어가지 않았다. 이로써 미군정의 방공식별권에 들어 있던 센카쿠에 대한 영유권이 오키나와와 함께 일본에 귀속하게 된다.

대만 본토의 북동쪽에 위치한 다섯 개의 섬과 세 개의 암초로 구성된 이 작은 군도는 대만 어부들의 주요 활동무대였다. 그러나 전통적으로 대만과 양호한 관계를 가지고 있던 일본은 이에 대하여 별다른 반응을 보이지 않았으며, 센카쿠가 직접 속하는 (아직 일본에 편입되지 않은) 류쿠정부도 뚜렷한 손을 쓰지 못했다.

이 조용하던 작은 섬들에 국제정치의 광풍이 몰아치게 된 것은 1968년경부터였다. 동중국해에 석유자원이 매장되어 있을 가능성에 관한 견해들이 나오면서 중국과 대만이 영유권을 주장하기 시작했다. 이윽고 1970년에 마무리된 국제연합의 해양조사에서 동중국해에 1000억 배럴 이상의 원유가 매장되어 있다는 것이 지적되었다. 이윽고 1970년 9월 2일에는 대만의 수산시험소 선박이 센카쿠에 상륙하여 대만의 국기인 청천백일기를 꽂았다. 이는 곧 류쿠정부에 의하여 철거된다. 그러나 그때부터 대만과 중국의 행동은 점차 과격해지기 시작했다.

그런 와중에 오키나와가 정식으로 일본에 반환되게 된다. 1972년 5월 15일의 일이었다. 이와 함께 중국의 반발은 본격적인 양상을 띠게 된다. 다만 이때 중국의 수상 저우언라이와 일본수상 다나카 가쿠에이가 중일국교정상화를 추진하고 있었다. 그 정치적 기운 속에서 센카쿠를 둘러싼 문제는 후대로 결정을 미루고 '선반 위에 얹어 놓기'로 합의를 함으로써 수면 밑으로 들어가게 되고, 1978년의 중일평화조약으로 연결된다. 그러나 센카쿠에 대한 중국의 주장이 수그러든 것은 아니다. 중국의 관영매체는 센카쿠를 고유의 영토로 주장하며 '신성한 영토'라고 표현한다.

최근의 심각한 사태를 예고하는 사건이 나타난 것은 일본에 대하여 중국의 태도가 점차 강경함을 띠어가는 2010년에 들어서였다. 그해 10월에 중국정부는 동중국해를 중국의 '국가영토보전상 핵심적 이익'으로 규정하였다. 센카쿠 인근수역에 순시선을 보내 일본과의 마찰을 수시로 빚어온 대만도 2012년 10월에는 사상 최초로 입법원이 센카쿠에 대한 영유권 선언을 결의하였고, 이를 여야당 모두 찬성하여 가결시켰다.

이러한 상태에서 일본이 가장 두려워하는 상황은 영해 문제를 놓고 중국과 대만이 공동보조를 취하거나 협력하는 일이다. 그리고 실제로 그런 상황에 연출되었다. 2013년 1월에 대만의 순시선이 센카쿠의 접속수역에 들어가자 중국의 해양감시선이 같이 들어가 대만의 일본에 대한 항의행동에 동행하는 듯한 태도를 보인 것이었다. 일본은 이러한 사태를 저지하기 위하여 2013년 4월에는 센카쿠 주변의 일본의 배타적 경제수역 일부를 '공동관리수역'으로 정하여 대만어선의 어업을 인정하게 된다.

군사적 충돌 가능성

센카쿠 문제는 이제 어업권이나 자원채굴권을 둘러싼 경제적 갈등의 차원에서 군사충돌의 가능성을 띠는 국제정치적 문제로 나아가고 있다. 이는 미국과 동맹을 맺은 가운데 일본과 중국 사이에 위치한 한국에도 심각한 문제이다.

평론가들이 일본과 중국의 해군력을 비교하는 등 돌발사태에 대한 우려가 고조되는 가운데, 중국 국방부는 2013년 11월에 동중국해에 '방공식별권'을 설정했다고 발표했다. 그 안에는 센카쿠가 포함되고, 따라서 일본이 설정한 방공식별권과 중복되는 것이다. 바야흐로 중일 간의 긴장은 군사적인 색채마저 띠게 되었다.

독도에 대한 일본의 태도와 동향

일본의 공식적 입장

독도에 대한 일본의 입장은 이미 잘 알려져 있지만 공식적인 입장으로 다시 한 번 보기로 하자. 이 문제에 관하여 일본정부의 공식 창구라고 할 수 있는 외무성은 홈페이지에서 '다케시마에 관한 일본의 일관된 입장'을 다음과 같이 요약하고 있다.

- 다케시마는 역사적 사실에 비추어보거나 국제법상으로도 명백한 일본고유의 영토입니다.
- 한국에 의한 다케시마의 점거는 국제법상 아무런 근거 없이 행해진 불법점거로서, 한국이 이렇게 불법점거에 근거하여 다케시마에 대하여 행하는 어떠한 조치도 법적인 정당성을 가지지 않습니다.

● 일본은 다케시마의 영유권을 둘러싼 문제에 관하여 국제법에 근거하여 냉정하고도 평화적으로 분쟁을 해결하고자 생각합니다.

그리고 이러한 원론적 선언을 뒷받침하는 내용으로 다음의 아홉 개 항목을 들고 있다.

① 다케시마의 인지
② 다케시마의 영유
③ 울릉도에의 도해(渡海) 금지
④ 다케시마의 시마네 현 편입
⑤ 제2차 세계대전 직후의 다케시마
⑥ 샌프란시스코 강화조약에서의 다케시마 취급
⑦ 미군폭격훈련구역으로서의 다케시마
⑧ '이승만라인'의 설정과 한국에 의한 불법점거
⑨ 국제사법재판소 회부의 제안

여기에 대비하여 한국 외교부는 홈페이지에서 다음과 같이 원론적 입장을 천명하고 있다.

독도는 역사적, 지리적, 국제법적으로 명백한 우리 고유의 영토입니다.

이를 뒷받침하는 역사적 경위와 근거로 외교부는 다음과 같이 16개의 사건 내지는 근거를 제시하고 있다.

① 512년 우산국 복속

② 1454년 세종실록 지리지

③ 1625년 독도(울릉도) 도해(渡海)면허

④ 1693년 안용복 일본 납치

⑤ 1694년 울릉도 수로제도 시행결정

⑥ 1695년 일본 돗토리 번 답변

⑦ 1696년 1월, 독도(울릉도) 도해 금지령

⑧ 1696년 5월, 안용복 일본 도해

⑨ 1770년 동국문헌비고, 여지고

⑩ 1870년 일본 외무성, 조선국교제시말내탐서

⑪ 1877년 태정관 지령

⑫ 1900년 칙령 제41호 반포

⑬ 1905년 시마네 현 고시 제40호

⑭ 1906년 3월 울도군수 심흥택 보고서, 5월 의정부 참정대신 지령 제3호

⑮ 1946년 1월 연합국최고사령관 각서 제677호, 6월 연합국최고사령관 각서 제1033호

⑯ 1951년 샌프란시스코 강화조약 체결

두 정부의 이러한 공식적 입장에 대하여, 특히 역사나 지리에 관한

사항에 관하여 비전문가인 일반 독자가 정확한 내용을 파악하기란 쉽지 않다. 다만 한 가지 중요한 것은 전후에 일어난 일로서 국제사회가 관여한 샌프란시스코 강화조약과 관련하여 두 정부 모두 언급을 하고 있다는 것이다. 더구나 한국외교부는 이를 가장 마지막 근거로 제시하고 있다. 그러면 두 정부는 동일한 사안에 대하여 어떻게 주장하고 있는가?

그럼 우리 외교부의 입장을 먼저 보기로 하자. 이 항목에 관한 한국외교부의 기술을 그대로 옮기면 다음과 같다.

> 샌프란시스코 강화조약은 제2차 세계대전을 종결하면서 연합국과 일본이 체결한 조약입니다. 이 조약 제2조(a)에서 "일본은 한국의 독립을 인정하고, 제주도, 거문도 및 울릉도를 포함한 한국에 대한 모든 권리, 권원 및 청구권을 포기한다"고 규정했습니다. 이는 한국의 3천여 개의 도서 가운데 예시에 불과하며, 독도가 직접적으로 명시되지 않았다고 하여 독도가 한국의 영토에 포함되지 않는다고 볼 수 없습니다.

이 세 개의 문장에서 알 수 있는 것은 샌프란시스코 강화조약에서 패전국인 일본이 한국에 돌려주어야 할 영토로 언급한 것에 독도가 '직접적으로 명시'되지 않았다는 것이다. 이에 대하여 외교부는 직접적인 명시가 없어도 한국의 영토에 포함되어야 한다고 주장하고 있다.

이 문장으로만 보면 우리 정부의 입장이 방어적이고 사후청구적인 것임을 알 수 있다. 이 해당 조항 제2조(a)의 원문은

Japan, recognizing the independence of Korea, renounces all right, title and claim to Korea, including the islands of Quelpart, Port Hamilton and Dagelet.

이다. 이 문장에는 당시 독도를 지칭하는 Dokdo, Takeshima 또는 당시 국제용어인 Liancourt Rocks라는 말이 들어가 있지 않다.

일본이 독도의 영유권을 주장하면서 '국제법적인 근거'를 거론하는 근거는 오직 여기에 있다. 그 외에는 독도의 영유권과 관련하여 언급이 있는 국제사회의 공식적인 문서는 없다.

지금에 와서 보면 이는 한국에 매우 뼈아픈 일이었다. 1948년에 수립된 한국정부는 식민통치를 당한 나라의 정부임에도 불구하고 그 강화조약의 협상과정에 당사자로서 초대받지 못하였다. 이 국제회의의 주도권을 쥔 전승국 미국과 영국은 중국대륙에서 국민당과 공산당의 내전이 아직 종식되지 않았다는 이유로 대만이나 중공을 초대하지 않았고, 그 논리의 연장으로 남북한 모두 그 정부대표를 초대하지 않았던 것이다.

이에 위기감을 가진 한국정부는 주미한국대사 양유찬으로 하여금 당시 미국 국무장관 딘 애치슨(Dean Acheson)에게 반환 영토에 독도가 들어가도록 문구를 수정하는 요청을 제기하게 하였다. 그리하여 1951년 7월 19일자 서한에서 양유찬은 상기 영문조항에서 renouces 이하를 다음과 같이 수정할 것을 요청하였다.

confirms that it renounced on August 9, 1945, all right, title and claim to Korea and the islands which were part of Korea prior to its annexation to Japan, including the islands Quelpart, Port Hamilton, Dagelet, Dokdo and Parangdo.

(일본은 1945년 8월 9일에 일본에 합병되기 전에 한국에 속했던 제주도, 거문도, 울릉도, 독도 및 파랑도를 포함한 모든 섬들에 대한 권리, 권원 및 청구권을 포기했다는 것을 확인한다.)

요컨대 일본이 반환해야 할 영토에 독도와 파랑도가 추가되었고, 모든 권리를 포기하는 행위를 전쟁에 무조건 항복을 선언한 날에 확인했다고 해달라는 것이었다.

그런데 그때 이미 전 세계적으로 형성되는 냉전구조에서 일본을 처벌하기보다는 파트너로 삼기로 마음먹은 미국은 한국의 손을 들어주지 않았다.[50] 한국의 커다란 외교적 실패였다. 더구나 애치슨이 이 편지를 보낸 날짜는 48개국이 강화조약에 서명한 날이었다. 그리고 이 조약은 1952년 4월 28일에 발효하게 된다.

50 그리하여 1951년 8월 9일자로 양유찬에게 보낸 답신에서 애치슨은 다음과 같이 언급하였다. As regards the islands of Dokdo, otherwise known as Takeshima or Liancourt Rocks, this normally uninhabited rock formation was according to our information never treated as part of Korea and, since about 1905, has been under the jurisdiction of the Oki Islands Brach Office of Shimane Prefecture of Japan. The island does not appear ever before to have been claimed by Korea. (독도 혹은 다케시마나 리앙쿠르 암초라고 알려진 섬에 관해서 말하자면, 사람이 통상 살고 있지 않은 이 바위 덩어리는 우리의 정보에 따르면 1905년경 이후로 한 번도 한국의 일부로 취급된 적이 없으며, 일본 시마네 현 오키제도의 관할 하에 있었습니다. 그리고 이 섬에 대하여 한국으로부터 한 번도 권리가 제기된 적이 없습니다.)

이러한 상태에 좌절과 분노를 느낀 당시 이승만 대통령이 독도를 영해 안에 포함시키는 '평화선'을 1952년 1월 18일에 발표하였다. 이에 일본은 물론 미국, 중국 등이 반대하였으나 결국 이 선을 지킴으로써 오늘날의 실효지배가 유지되고 있는 것이다. 결국 미국에 진 패전국이면서도 미국의 도움으로 전후에 다시 일어선 일본은 '미국을 추종하는 외교'의 기조 속에서 위와 같은 미국의 입장을 자신의 입장으로 그대로 답습하고 있는 것이다.

일본의 동향

2012년 말에 정권을 다시 잡은 아베는 2013년에 들어 다케시마 문제를 국제사법재판소에 단독으로 제소하는 것을 검토하고 준비하겠다고 하며, 나아가서 중고교의 교사들이 쓰는 학습지도요령 해설서에 다케시마를 '우리나라(일본) 고유의 영토'라고 명기하도록 하는 등 일련의 강경한 언동을 취하였다. 그러나 장기적으로 볼 때 이보다 더 중요한 것은 총리부에 해당하는 내각관방에 새로운 제도들을 신설했다는 것이다.

하나는 '해양정책 및 영토담당대신'이라는 관직을 신설했다는 것이다. 이 담당대신 휘하에서 새롭게 작동하게 된 조직이 영토 및 주권대책 기획조정실(領土·主權對策企畫調整室)이다. 이 조직의 활동취지를 보면 다음과 같다.

> 우리나라의 영토 및 주권과 관련하여 정확한 사실, 그리고 우리나라가 제2차 세계대전 이후 일관되게 국제법을 준수하고 평화국가로서 걸어

오며 국제사회에 공헌해 왔다는 것을 냉정하고 논리적으로 국내외에 발신하고 … 관계부서와 긴밀히 협조하여 영토 및 주권에 관한 우리나라의 입장의 정확한 이해가 국내외에 침투할 수 있도록 기획입안, 종합조정 등을 행하고 있습니다.

이러한 활동과 관련하여 가장 눈에 띄는 것은 국제관계, 국제법, 역사 등에 조예가 깊은 '유식자 간담회'를 설치하였다는 것이다.[51]

그러나 위와 같은 움직임과는 별도로 아베 정권이 독도 문제와 관련하여 용이하거나 경솔하게 움직이지는 못할 것이다. 그에게는 이념주의와 실용주의가 혼재해 있고 외무부나 재계 등 한국과의 관계를 중시하는 측의 입장을 고려할 것이기 때문이다.

이와 관련하여 한 가지 참고가 되는 사례가 있다. 최근에 큰 화두가 되고 있는 자위권의 행사범위와 관련하여 민주당의 쓰치모토 기요미 의원이 '다케시마가 미일안보조약 제5조의 적용대상'이 되는가라는 질문주의서에 대한 답변이 있었다. 미국과의 집단적 자위권을 행사하여

51 정부에 자문을 제공하는 전문가 집단이라고 할 수 있는 이 간담회의 면면을 보면 다음과 같다.
· 니시하라 타다시(西原 正): 평화안전보장연구소 이사장(좌장)
· 아가와 나오유키(阿川 尙之): 게이오대학 교수
· 이나 히사요시(伊奈 久喜): 일본경제신문 특별편집위원
· 오사와 준(大澤 淳): 세계평화연구소 주임연구원
· 고데라 아키라(小寺 彰): 도쿄대학 교수
· 시모조 마사오(下條 正男): 다쿠쇼쿠대학 교수
· 다카이 신(高井 晋): 해양정책연구재단 도서자료센터장
· 나카노 데쓰야(中野 徹也): 간세이가쿠인대학 교수
· 마쓰다 야스히로(松田 康博): 도쿄대학 교수
· 미야케 구니히코(宮家 邦彦): 리츠메이칸대학 객원교수

일본을 방위하기 위해서는 '일본의 지배 아래 있는 영역'이어야 한다는 설명과 함께 '한국이 실효지배하는 다케시마는 대상 외'라는 견해를 밝혔다. 이 견해는 이미 1997년에 당시 외무대신 이케다 유기히코가 내놓았던 답변을 답습한 것이다.

3

아베 정권의 심층심리

3

安倍晋三

지금까지 아베 신조라는 정치가를 분석하고(1부), 그와 그의 지지자들이 추구하는 주요 정책이나 이슈를 살펴보았다(2부). 그러나 독자들에게는 아직도 아베 정권에 대한 의문이 남아 있을 것이다. 그 의문은 대개의 한국인, 나아가서 한일관계를 잘 아는 제3국 사람들도 공통적으로 가지고 있는 것이라고 할 수 있다. 이를 간략하게 표현하자면 다음과 같다.

- 일본인은 왜 독일인처럼 분명하게 사죄를 하지 않는 것일까?
- 종군위안부 문제 등 한일관계를 위협하는 사안들에 관하여 왜 1965년 협정에 매달려 진정하고 진취적인 자세를 취하지 못하는가?
- 독도가 엄연히 한국의 영토이거늘, 일본정부는 왜 지금까지 샌프란시스코 강화조약을 내세우며 억지를 부리는가?

제3부에서 나는 여러 해 동안 연구해 온 '지정심리'(geopolitical mentalities)라는 개념을 축으로 이 질문들에 대한 가설적인 답을 제시한다. 나아가서 경색된 한일관계의 개선을 방해하는 주요 요인들을 적시하고 그것을 해소할 수 있는 방안을 생각해 보고자 한다.

제9장

일본 정치엘리트의 심층심리

심층심리(深層心理)라는 말은 정신분석학이나 분석심리학에서 쓰는 용어이다. 그러나 여기에서는 우리가 일반적으로 이해하는 개념으로 쓰고자 한다. 즉, 사람의 마음에는 의식의 밑에 깔려 있는 더 깊은 층이 있고, 이 층에서 무의식이 작용해서 일상생활의 심리와 행동에 영향을 미친다는 정도의 이해이다. 프로이트나 융과 같은 정신분석학의 개척자들은 인간 심리의 깊은 층에서 욕망이나 동기나 연상 등이 작동하는 역동성에 주목하였다.

나는 한국과 일본의 정치, 그리고 그 연장선에서 한일관계를 이해하는 데 있어 두 국민의 심층심리에 지정심리(地政心理)라는 일종의 무의식의 덩어리가 있다고 생각한다. 그리고 그 지정심리가 대외행동의 준거의 틀(frame of reference)을 형성한다고 생각한다. 따라서 현재의 일본정치에서 아베 정권이 보여주는 대외행동은 세 개의 준거의 틀로 그 핵심적인 요소들이 설명될 수 있다고 본다.[52] 그 세 개의 준거의 틀이란 예외주

52 여기서 준거의 틀이란 사회의 구성원들이 인식하고 의사를 소통하고 행동을 규제하는 개념, 가치, 습관이나 견해의 구조(a structure of concepts, values, customs, views)라고 이해할 수 있다.

의(例外主義), 전범주의(典範主義), 그리고 기능주의(機能主義)이다. 이들은 서로 구분이 되는 개념들이지만, 논리적으로 서로 연결되어 있다.

이하에서는 일본인의 지정심리를 개념화하고, 그것이 빚어내는 예외주의, 전범주의, 그리고 기능주의를 차례로 설명하고자 한다.

일본인의 지정심리

지정학시대의 부활

서울 한복판에 있는 남산의 모습을 사진에 담고자 할 때, 찍는 위치와 시각에 따라 전혀 다른 사진들이 나온다. 마찬가지로 사물을 보는 시각(perspective)에 따라 전혀 다른 해석과 결론이 나올 수 있다. 나는 이 장에서 '지정심리학'적 시각에서 한일관계를 분석해 보고자 한다. 여기서 '지정학적 심리'(줄여서 '지정심리')란 '지정학적 조건에 의하여 긴 역사를 통하여 형성된 심리 및 정서체계'로 정의하고자 한다.

일본을 처음 방문하는 한국인은 너무나 많은 것이 한국과 비슷하다고 느끼게 된다. 한국을 방문하는 일본인도 유사한 생각을 갖게 된다. 한일 간의 유사성에는 여러 가지 요인들이 있겠지만, 가장 주목할 만한 것은 DNA의 근접성이다.[53] 게다가 두 나라는 인간의 사유의 도구인

53 DNA를 연구하는 사람들의 발표를 보면 인류의 DNA 진화 과정에서 한국인(조선인)과 본토일본인(죠몬진, 繩文人)은 가장 마지막까지 같은 그룹에 속한다. 일본인은 '순혈주의'를 주장하지만, 실제로는 다양한 피가 혼합된 민족이다. 일본인은 본토일본인(현재의 오키나와인, 홋카이도의 아이누족)과 외부에서 들어온 도래인(渡來人)으로 구성된다. 이 도래인의 상당수도 한반도에서 온

언어에 있어 놀라울 정도의 유사성을 가지고 있다. 두 나라가 모두 중국에서 전래한 한자를 언어의 기반으로 하고 있다는 점 이외에도, 같은 알타이어족에 속하는 한국어와 일본어의 어휘와 문법의 유사성은 언어학의 이론을 빌리지 않더라도 외국어로서 공부하며 늘 느끼는 점이다.[54]

이러한 유사성과는 대조적으로 한국과 일본 사이에는 엄청난 차이들이 있다. 외형적으로는 비슷하게 생긴 사람들이 자유민주주의를 근간으로 정치공동체를 이루어 사는 한일 양국에서 보이는 많은 차이는 어디에서 오는 것인가? 가장 결정적인 것은 너무 다른 지리적 조건에 함몰되어 긴 세월을 거쳐 정치적 공동체를 영위하면서 형성된 차이라고 할 수 있다. 한일 두 나라의 지리적 조건의 가장 큰 차이는 바로 반도국가와 도서(島嶼)국가라는 지형적인 차이이다.[55] 따라서 여기서 지정심리의 논의를 시작할 수밖에 없다.

사람들이라고 생각한다면 한국인과 일본인은 생물학적으로 높은 근접성을 가진다. 한국의 화장품이 피부에 맞다고 느끼는 일본여성, 중국여성이 많은 연유는 여기에 있을지 모른다.

54 게다가 1910년에 시작한 일제강점기에 근대사회의 골간이 되는 많은 제도나 관습에 일본어의 어휘를 사용하게 되었다. 한국인이 오늘 쓰고 있는 개념어 중에서 1910년에 끝난 조선시대에 중국에서 들어와 있던 개념어가 아닌 것은 기본적으로 일본에서 유입된 것이라고 보아도 좋다. 아침에 '와이셔츠'에 '양복'을 입고 '가방'에 '판례집'을 넣어 집을 나선 '변호사'가 '형사법정'에서 '검사'에 대응하여 '피고'를 위해 '변론'을 한다면, 인용부호에 싸인 말들은 모두 일제가 한국에 가지고 들어온 용어들이다.

55 이미 1897년에 간행된 라첼(Friedrich Ratzel)의 『정치지리학』(*Politische Geographie*)에서 시작하여 백년 이상의 전통을 가진 지정학 분야에서는 다양한 관점과 접근이 경합하고 있다. 그러나 지정학의 다양성을 관통하는 하나의 실은 어떠한 가설이나 주장이 특정한 지리적 입장을 바탕으로 한다는 것이다. 독일파, 영미파, 프랑스파, 러시아파 등의 용어는 그 학설의 지리적 위치를 나타낸다. 마찬가지로 한국과 일본의 지정학도 양국의 입지가 불변의 절대적인 조건이 되는 것이다.

해양국가 일본

이명박 전 대통령의 독도방문으로 알력이 빚어진 후인 2012년 8월 24일, 노다 일본총리는 관저에서 가진 기자회견에서 일본을 다음과 같이 말했다.

> 우리나라는 세계에서 으뜸가는 해양국가라는 것을 확인시키고자 합니다. 우리나라는 국토면적을 따지면 세계에서 61번째 나라이지만, 영해와 배타적 경제수역을 합하여 관리하는 바다의 넓이를 따지면 세계 6위의 대국입니다. 바다의 깊이까지 넣은 체적으로 따진다면 세계 4위인 것입니다. 우리나라를 광대한 바다를 가진 나라로 만드는 데에는 다케시마나 센카쿠 열도를 포함하여 6,800여 개를 넘는 섬들이 있습니다. 우리나라 고유의 영토인 섬들의 주권을 확보하는 것은 바로 해양국가 일본의 장대한 프런티어를 지키는 것입니다.

일본인이 흔히 자신들을 설명할 때 쓰는 '섬나라 근성'라는 말은 폐쇄적이고 축소지향적인 느낌을 주는 반면, '해양국가'라는 말은 진취적이고 확장적인 느낌을 준다. 세계를 누비는 강한 해군, 그리고 세계를 상대로 통상을 하는 대영제국을 모범답안으로 여기는 일본인의 마음은 여기에서 나온다.

산이 가득 찬 섬나라

노다가 지적하였듯이, 일본은 세계에서도 드문 도서국가이다. 대륙과

단절되어 있으며 온통 바다로 둘러싸인 6,852개의 섬으로 구성되어 있다. 그런데 이 섬들은 평탄하지 않고 산으로 가득 차 있다. 수많은 섬의 면적을 합산한 378,000m² 국토의 73%가 '산지'(山地)이다. 여기서 산지는 해발 1,000m 이상의 고지대를 말한다. 한국도 산지가 많다는 인식을 가지고 있으나 한반도에서 1,000m 이상 고지대는 국토의 약 10%이다. 이를 비교해 본다면 일본이 압도적으로 산이 많음을 알 수 있다.[56]

앞의 표 3에서 알 수 있듯이 한국과 일본의 지형적 차이는 매우 크다.

[표 3] 한일 두 나라의 지형 비교

	한 국	일 본
지 형	반도(섬 3,153개)	군도(섬 6,852개)
면 적	220,000km²(북 120,000, 남 100,000)	380,000km²
산악형태	저·중산국가	고산국가
	해발 1,000m 이상 10%; 200-500m 40%	해발 3,000m 이상 640개
	백두산 2,744m, 한라산 1,950m, 지리산 1,915m	
고대율령국가	3개(고구려, 백제, 신라)	73개
율령국가 평균면적	면적 70,000m²	면적 5,000m²
율령국가 속의 산	높이 1,000m 이상 산 없음	높이 3,000m 이상 산 17개
산악의 위치	동고서저	서고동저
취락지의 시선	서쪽(중국)	동쪽(태평양)

56 한반도에서 가장 높은 백두산이 2,744m, 남한의 한라산이 1,950m이다. 이에 비하여, 일본에는 해발 3,000m 이상의 봉우리가 640개 이상이다. 그중 가장 높은 산인 해발 3,776m의 후지산을 신성시하는 산에 대한 외경심은 이러한 자연조건에서 나온 거라고 볼 수 있다.

하나의 사고실험으로서, 과거에 인간이 정치공동체를 형성하여 삶을 영위했던 '율령국가' 시대로 돌아가 상상해 보자. 우선 과학의 혜택이 없던 당시에는 그 차이가 매우 컸음을 알 수 있다. 전형적으로 한반도에 세 개가 있었던 고대국가의 평균적인 모습은, (고구려의 북방을 제외하고는) 면적이 70,000m²에 높이가 1,000m 이상의 산이 거의 없는 매우 '평탄한' 지형을 가지고 있었음을 상상할 수 있다.

그 반면에 최대 73개까지 있었던 일본 고대율령국가의 지형적 모습은 몹시 척박하다. 평균 면적이 불과 5,000m²로 한국의 고대국가에 비할 수 없이 작다. 그 작은 국가 안에 높이 3,000m가 넘는 산봉우리가 평균 17개이고, 1,000m 이상의 봉우리는 헤아릴 수 없이 많은 모습이다. 이러한 지형 속에서, 그리고 당시에 1,000m 이상을 쉽게 넘나들 교통수단이 없고, 인간의 영양상태가 부실했다는 점을 감안하면, 그때의 일본인은 태어난 무라(村, 촌락)에서 평생을 살다가 죽었다.

그런 지형조건을 가진 일본봉건사회의 기본은 '백성', 또는 '소백성'이라고 하였다. 수많은 산과 강으로 나누어진 마을 안에서 얼마 안 되는 땅에 밭이나 논을 일구어 그 소작물로 사무라이 영주에 세금을 납부하며 순종하며 살던 사람들이었다. 이 소농의 존재, 그리고 그들의 삶의 철학은 일본인의 욕망구조를 이해하는 데 필수적이다. 자기능력으로 스스로의 운명을 결정할 수 없던 일본의 소농은 정치체제에 안주하며 균질적이고 안정된 공동체를 형성하였다. 게다가 사무라이가 지배하는 막부체제 속에서 그들은 말과 행동에 극히 '신중하게' 되었다. 사농공상의 위계질서에서 가장 상위에 있던 사무라이는 허리에 찬 칼로 아래 계급 사람들의 목을 베는 '즉결처분'의 권능을 가지고 있었던 터였다.

이러한 맥락에서 일본의 민중사상을 연구한 역사학자 야스마루 요시오(安丸良夫)는 일본의 소농사회가 '통속도덕'을 갖추고 실천함으로써 자기를 단련하고 형성하였다고 분석한다. 여기서 통속도덕이란 공동체의 구성원이 상식적으로 공유하는 규범이나 생각으로서, 근검, 겸양, 인종(忍從), 정직, 경건, 소박 등을 가리킨다.[57]

이러한 인간관계 내지 사회관계에 그치지 않고, 열도의 지리조건은 일본인으로 하여금 자연에 대한 두려움과 경외감을 갖게 하였다. 한국인과 비교한다면, 일본인은 산에 대한 인식이 다르다. 한국인이 산을 친근하고 다정다감하며 쉽게 밟고 올라설 수 있는 존재로 생각하는 것에 비하여, 일본인은 산을 무서워하고 신성시한다. 철학자 스와 하루오(諏訪春夫)는 일본인에게 산은 '대지가 부풀어 오른 곳'으로서 대지의 연속이고, 이는 결국 대지의 신과 통하는 것이라고 한다. 나아가서 산은 대지와 하늘을 연결하는 통로라고 생각한다는 것이다. 따라서 일본인에게 산은 영적인 장소이다. 인간이 죽으면 그 영혼이 산으로 되돌아가서 다시 태어난 후 산에서 내려온다는 생각이 바로 산중타계(山中他界) 또는 산상타계(山上他界)의 신앙이라는 것이다.[58]

57 安丸良夫, 『日本の近代化と民衆思想』(青木書店, 1974).

58 諏訪春雄, 『天地, 女性, 太陽』(勉誠出版, 2009). 이러한 차이는 지금도 일상생활에서 잘 드러난다. 내가 현재 살고 있는 교토는 서울과 같이 분지여서 산에 둘러싸여 있다. 그러나 이곳에서 주말에 산에 놀러가는 사람은 극히 드물다. 실제로 산에 들어가 보면 수목이 짙고 사람의 그림자가 없어 두려움이 앞서게 된다. 이는 주말이면 '앞 사람의 배낭밖에 보이지 않는다'고 하는 서울 근교의 산의 모습과는 정반대의 풍경이다.

일본열도의 지형적 조건의 또 하나의 특징적 차이는 인간이 정치적 중심지를 만드는 취락지의 위치에서 볼 수 있다. 한반도의 지형을 보면 동고서저(東高西低)의 형태로 고대로부터 주요도시는 모두 평야가 있는 서쪽에 위치하고 있다. 따라서 한반도의 서편의 평지에 살며 눈을 들어 먼 곳을 볼 때, 시선이 지향하는 곳은 중국이 될 수밖에 없었다. 평양, 서울, 인천, 전주, 광주에 사는 엘리트들이 반도를 가로질러 동쪽의 '험산준령'의 건너에 있는 왜국을 먼저 생각하기는 어려웠을 것이다.

이와 반대로 일본열도는 서고동저(西高東低)의 지형을 가지고 있어서 평야는 (그나마 있다면) 동쪽에 있다. 따라서 에도(도쿄), 오사카, 고베, 요코하마 등 주요도시는 모두 동쪽에 항구로서 자리 잡아 태평양에 직면해 있다.[59] 섬으로 구성된 나라에서 권력을 잡은 엘리트들이 사는 곳이 모두 태평양에 접한 항구이니 일본은 자연스레 해양국가가 될 조건을 갖추고 있었던 것이다. 역사에서 가정을 해 보는 것은 의미가 없지만 때로는 흥미로운 사고실험을 가능케 한다. 만약 일본도 동고서저의 지형을 가지고 있어, 도쿄를 중심으로 하는 관동권, 오사카를 중심으로 하는 관서권이 동해를 사이에 두고 원산과 부산의 건너편에 있었다면 한일관계, 나아가서 동아시아 역사는 어떻게 되었을까?

혁명이 없던 무라(村) 사회

이러한 지세 속에서 일본인이 봉건제도를 형성했다는 것은 한국과

59 일본역사의 정신적 고향이라고 할 수 있는 교토가 유일한 예외라고 할 수 있다.

의 비교에서 중요한 시사점을 갖는다고 본다. 산을 타 본 사람은 해발 1,000m의 고도가 두 다리를 써서 제한된 체력으로 움직이는 인간에게는 큰 장애임을 느낀다. 일본은 수많은 높은 산이 자연적으로 나누어 준 지역을 단위로 '구니'(國)라는 공동체를 이루어 살며 세계사에서도 독특한 봉건제도와 공간개념을 형성했다.[60]

봉건주의(feudalism)를 경험한 일본사회는 기능적으로 통합되는 환경을 가지게 되었다.[61] 산으로 가득 찬 일본열도가 수십 개의 '나라'(藩)로 나뉘어 각 나라가 농업을 하기 위한 토지를 중심으로 기능적 인간관계를 형성하였다. 영어의 feudalism의 한자식 번역어인 봉건주의(封建主義)의 봉(封)이라는 자는 규(圭, 지면과 초목의 형태)와 촌(寸, 손의 모양)의 합성으로 자연에서의 생산을 의미하고, 건(建)은 이러한 생산이 가능한 영지를 바탕으로 공동체가 만들어졌다는 것이다. 국토 전체가 섬으로 구성되고, 게다가 그 열도의 70% 이상이 해발 1,000m 이상의 '산지'라는 매우 험난한 자연조건을 주거환경으로 가진 생활공동체이다.

그러한 환경에서 엘리트층이나 평민층에게 '반란'은 꾀하기가 힘든 것이다. 실제로 일본 역사에서 국토의 상당 부분을 개입시키는 대규모 반란은 없었다고 해도 과언이 아니다. 과거 사무라이가 칼을 차고 생사여탈권을 갖고 있던 시대에 백성이 들고 일어난 '잇키'(一揆, 봉기)는 드

60 지금도 일본인들은 상대방의 고향이나 출신지를 물을 때 "오구니와?"(お国は)라고 하여 과거 막번시대의 표현을 쓰는 습관을 보인다.

61 각 '구니'에서 특산품이 발달하고 이것이 쇼군이 있던 중앙으로 '유통'되는 과정에서 상업이 발달했다는 것은 잘 알려진 사실이다. 일본인이 지금도 남을 방문할 때 으레 '오미야게'(토산품)를 내미는 풍습은 여기에서 유래한 것이다.

물고, 있어도 지역의 소규모 분란이었다.

1368년에 최초로 시작되어 근대까지 약 수십 건의 잇키가 있었던 것으로 기록되고 있다. 그중에서 가장 큰 것으로는 지금의 돗도리 현에서 1739년에 있었다는 겐문잇키(元文一揆)로 약 5만 명이 집단시위에 참가한 것으로 알려진다. 그 사태는 결국 주모자 1명이 처형당하고 40명 정도가 다른 지방으로 추방되면서 끝이 났다.

엘리트층에 있어서는, 전국시대 이후에 전국레벨에서 지방의 성주들이 연합하여 중앙의 정치권력을 무너뜨리는 '쿠데타'나 반란이 물리적으로 지극히 어려웠다. 나아가 일본을 통일한 도쿠가와(德川) 막부는 지방의 다이묘(大名)들의 반란을 막기 위하여 그들이 정기적으로 수도인 에도(江戶)에 와서 근무를 하게 하는 참근교대(參勤交代)라는 일종의 인질제도를 실행하였다. 결국 이러한 역사적 경험은 일본인으로 하여금 '혁명'보다는 '안정'을 중시하는 사회적으로 '학습에 따른 성향'(習性)을 갖게 한 것이다.

이는 결과적으로 일본인의 심성 속에 남의 눈에 뜨이거나 보기 드문 출세 등을 추구하지 않는 평균주의 내지는 소시민주의를 잉태시킨다. 일본인이 공손하고 개성이 없고 권위에 거의 본능적으로 복종하는 것은 앞서 말한 지정학적 환경 속에서 형성된 것이라고 볼 수 있다. 그 혁명과 권위에 대한 반항을 포기하고 대가로 얻은 것은 안온한 삶이었다. 정치 · 경제적인 면에서, 일본의 봉건주의에서는 영주라는 권력체와 사무라이라는 전쟁전문가이자 경영자집단, 그리고 이를 지지하는 평민(農工商)이 역할과 대가를 주고받는 교환관계를 형성하였다. 기능적 공

동체가 메이지유신을 맞아 근대산업사회로 전환하였던 것이다.[62]

대륙국가인가 해양국가인가

일본이 해양국가를 지향하는 과정이 일관되고 순탄한 것만은 아니었다. 메이지유신 이후 일본의 외교행태를 보면 해양국가관과 대륙국가관이 경쟁하였으며, 그러한 정반합의 갈등을 거쳐 현재의 해양국가관으로 정착했다고 보는 것이 타당하다. 특히 중요한 것은, 청일전쟁과 러일전쟁의 승리에 이어 일본이 군국주의의 물결 속에서 아시아대륙에 진출한 것은 해양국가관이 아니라 대륙국가관이 압도한 결과라고 할 수 있다. 이 경합을 이해하는 데 좋은 사례가 근대국가의 출범기에 벌어졌던 두 거물, 즉 야마가타 아리토모(山県有朋)와 이토 히로부미(伊藤博文)의 경합이었다. 이들은 앞에서 본 바와 같이 모두 아베 신조의 고향선배들이다.

사무라이정부가 갑자기 근대정부로 급조되는 과정에서 메이지의 지도자들은 서구에서 다양하고 이질적인 제도들을 수입하여 짜깁기한 형태의 정부를 만들었다. 그 이질적인 융합의 가장 큰 결과는 관료체제와 군부라는 두 개의 권력 중심이 형성되어 서로 경쟁하고 갈등하는 이원구조였다. 이러한 문무의 대립구조 속에서, 문(文)의 세력이라 할 수 있는 관료체제를 대표했던 인물이 이토였다면, 무(武)를 대표하는 인물이

62 이는 개인이 자유와 사유재산을 지키기 위해서 정권을 무너뜨리는 혁명의 권리를 보장하는 서구의 정치철학과 매우 동떨어진 것이다.

야마가타였다.[63]

메이지유신을 주도했던 사쓰마(薩摩)와 초슈(長州)라는 두 지역세력(藩閥)에서 같은 초슈 출신이었던 이토와 야마가타의 대립은 단순히 개별정치가의 대립을 넘어 메이지국가의 정치판을 축약하는 흥미로운 관계였다.[64] 특히 대륙국가론의 수장이었다고 할 수 있는 야마가타를 이해하는 것은 근대일본의 대외행동을 이해하는 데 중요한 실마리를 제공한다.[65]

야마가타는 1872년에서 1919년 사이에 총 82건의 「야마가타 의견서」라는 제목의 일종의 '지정학 논문'을 공표한 것으로 전해진다.[66] 야마가타 의견서의 핵심적 포인트는 '주권선'(主權線)과 '이익선'(利益線)

63 이 두 세력이 수상이라는 권력의 정점에 의하여 제어되고 통합되지 못했던 적이 많은데, 그 이유는 일본이 도입한 내각제도가 영국식으로서 수상은 내각의 '동료 중의 한 사람'(primus inter pares; first among peers)이라는 제도적 설계 속에서 군부, 특히 육군대신과 참모총장을 통솔할 수 있는 능력이 없었던 것이다. 따라서 전쟁 전의 일본정부는 수상-육군대신-참모총장이 수평한 관계에 있는 기형의 정부였고, 아시아에 대한 침략은 이 문민통제가 안 되는 기형정부 아래서 가능했다고 할 수 있다.

64 사쓰마는 지금의 규슈 섬의 가고시마와 미야자키 지역에 해당하며, 초슈는 현재의 야마구치 현에 해당한다.

65 1838년에 태어난 초슈의 사무라이(藩士) 출신 야마가타는 에도시대 말기에 존왕양이를 외치던 같은 지역의 지사였던 다카스기 신사쿠(高杉晋作)가 결성한 '기병대'(무사와 서민으로 이루어진 혼성부대로서 정규부대가 아님)에서 두각을 나타내어 메이지정부에서 군지도자로 발탁되었으며, 급기야 '국군의 아버지'라거나 '일본군벌의 조상'으로 떠받들어진 인물이었다. 군인이자 정치가로서 그가 구축한 '야마가타 관료벌'(官僚閥)에는 육군출신의 가쓰라 다로(桂太郎, 대만총독과 제11, 13, 15대 내각총리대신 역임)와 데라우치 마사타케(寺內正毅, 조선총독을 거쳐 제18대 내각총리대신 역임), 관료출신의 기요우라 게이코(清浦奎吾, 제23대 총리대신 역임) 등 거물정치인이 즐비하였다.

66 그 타이틀을 보면, 「군사의견서」에서 시작하여 「전후경영의견서」까지 다양한 주제를 다루고 있는데 그중에서 흥미로운 것은 「외교정략론」, 「조선정책상주」 등이다.

이라는 개념의 제시였다. 그의 「외교정략론」(外交政略論)을 보면 다음과 같이 쓰여 있다.

> 국가독립자위에는 두 개의 길이 있다. 하나는 주권선을 지켜 타인의 침해를 허용하지 않는 것이고, 또 하나는 이익선을 방어하여 자기의 전략적 우위를 잃지 않는 것이다. 무엇이 주권선인가 하면 바로 조국 강토이고, 무엇이 이익선인가 하면 이웃나라와 접촉함에 있어 일본의 주권선의 안위와 긴밀하게 관계되는 구역을 말한다.

이 주권선·이익선 개념을 주창하면서 야마가타가 특히 강조한 것이 조선의 지정학적 가치였다. 그에게 있어 '이익선'이란 조선반도가 타국의 간섭에서 벗어나 일본의 영향 아래에서 중립을 지키는 것이었다. 요컨대 그는 이익선을 조선반도에 둠으로써 군비확장의 논리적 근거를 마련했던 것이다. 야마가타가 제시한 지정학적 외교 전략에 따라 일본이 주변국으로 세력을 확장하고 1905년에 러시아와의 전쟁에서 승리함으로써 아시아에서 최초로 '해양국가'로 발돋움한 것은 지정학이 가져다준 국제정치의 변증법이라고도 할 수 있다.

이 해양국가의 개념은 오늘날에도 이어진다. 일본의 우익인사들이 일본의 장래를 논할 때 반드시 등장하는 개념이 해양국가이다. 〈해양정책연구재단〉이라는 단체가 스스로를 소개하는 말에는 다음과 같은 문장이 들어 있다.

> 해양국가 일본을 생각해 보면, 조선, 해운, 항만, 해상보안청, 해상자위대, 경제 등 여러 면에서의 하드파워가 세계에서 일류라고 믿습니다. … 우리나라가 해양대국으로서 미래를 전개해 나가기 위해서는 해사 산업의 건전한 발전이라는 하드 시 파워(hard sea power)를 유지함과 동시에 소프트파워를 확실하게 갖추어 나가야 합니다.[67]

영토에 영해를 넣어 계산하면 일본은 세계 6대 '해양대국'이라는 생각이 일본에는 존재한다. 7월 19일을 '바다의 날'이라는 국경일로 정한 것은 이러한 공감대를 반영하는 것이다.

지정학과 기회주의

기회주의라는 표현은 부정적인 느낌을 준다. 그러나 '주변의 여건을 보고 자신의 이익에 맞는 형태로 마음이나 태도를 정한다'는 정도의 통상의 의미에 비추어 본다면, 인간은 모두 기회주의를 본능적으로 갖추고 있다. 영어로 opportunism으로 번역되는 이 말은 재미있게도 한국과 같은 반도인 이탈리아의 opportunisimo라는 말에서 유래하는 것으로 알려지는데, 그 어원은 라틴어의 oppositum portus로 '항구에 들어갈까 말까'를 고민하고 계산하는 모습을 나타낸다. 그리고 더 재미있게도 『군주론』이란 정치학의 고전을 쓴 이탈리아 사람 마키아벨리야말로 정치행위의 요체라 할 수 있는 기회주의를 풍부하게 설명해주었다.

67 https://www.sof.or.jp/jp/about/index.php

그래서 '마키아벨리적'인 정치가란 '교활하고 비도덕적이며 기회주의적'인 인물을 표상하는 것이다.

기회주의란 결국 이익을 추구하는 행동자의 선택의 문제이고, 이 선택의 내용을 결정하는 핵심적 요소의 하나는, 그 행동자가 이익을 계산함에 있어 자신을 제어할 수 있는 내적·외적 조건을 갖추고 있는가라고 할 수 있다. 한국과 일본이라는 국가는 물론이고 그 안에 사는 사람들은 모두 정도의 차이는 있지만 기회주의자들이다. 다만 외교행동에서 한국과 일본의 두드러진 차이는 (이사해서 바꿀 수 없는) 지정학적 요인에 따라 자신의 운명을 결정할 수 있는 통제력의 정도가 크게 다르다는 것이다.

일본은 해양국가를 표방하며 태평양과 서양을 바라보다가 필요하면 인근의 한반도와 대륙에 선택적으로 개입하여 외부에서 변화를 가할 수 있는 '능동적' 기회주의를 보여 왔다. 그 반면에 강대국에 둘러싸인 반도에 갇힌 한국은 외부의 변화에 대응하고 반작용하는 '수동적' 기회주의를 보여 왔다고 생각할 수 있다.

일본은 근세 이전에는 섬나라로서 아시아대륙에서 문화를 받아들인 것에서 비롯된 일종의 열등감, 고립감, 소외감을 가지고 있었다. 그러나 태평양에 면해 있다는 지리적 조건에 따라 '우연히' 서구에서 비롯된 대항해시대와 산업혁명을 다른 아시아국가보다 먼저 접하게 된다. 단적으로 말한다면 '구로시오'(黑潮)가 없었다면 일본이 아시아에서 가장 먼저 근대화하는 일은 없었을지 모른다. 구로시오란 적도의 북쪽에서 발생하여 필리핀의 동쪽을 스치고 올라 일본남부의 우측을 끼고 돌아 태평양으로 빠지는 커다란 난류(暖流)로서 '일본해류'라고도 불린다.

1543년 여름, 지금 일본의 로켓 발사기지가 있는 규슈 섬 남단의 다네가시마(種子島)에 오봉(伍峰)이라는 이름의 중국선적의 배가 구로시오에 쓸려 표류하는데, 이 배에 두 명의 포르투갈 사람이 있었고 이들이 가지고 있었던 조총이 전래하게 된 것이었다. 다네가시마의 도주(島主)는 재빨리 이 조총의 주조법을 배웠고 이것이 결국 신병기로서 전국시대였던 일본의 통일에 결정적인 요소가 되었다. 그리고 천하를 통일한 도쿠가와는 이 총의 일본 밖으로의 반출을 금지함으로써 조선이나 중국에 대하여 무기체계에 있어서의 우위를 점하게 되었던 것이다. 나아가서 철포의 제조는 금속, 화학 등을 비롯한 산업화에 눈을 뜨게 하여, 이것이 일본이 아시아를 침략하고 결국 아시아에서 가장 선진화하는 원천이 된다.

결국 일본은 서양과 접함으로써 열등감에서 우월감으로, 고립감에서 해방감으로 스스로의 위상과 정신세계를 바꾸게 되었다. 지리적 의미에서뿐 아니라 문명의 발전이라는 의미에서도 일본이 대륙에서 눈을 돌려 해양을 향함으로써 근대국가를 이루는 데 큰 혜택을 보게 된다. 즉 해양국가로 자리매김함으로써 승리했고, 그 승리의 기억은 오늘을 사는 일본인의 뇌리에 강하게 각인이 되어 있다.

해양국가로서의 위치를 확립한 사건은 메이지유신이었다. 이 '위로부터의 혁명'을 통하여 일본은 서양의 다양한 문물과 제도를 받아들여 '부국강병'(富國强兵), '식산흥업'(殖産興業)이라는 두 개의 축 위에 근대화를 이루었다. 이 커다란 역사적 전환을 상징하는 말이 탈아입구(脫亞

入歐), 즉 후진의 아시아를 탈피하여 선진의 유럽열강의 일원이 된다는 것이었다. 게이오대학을 만든 후쿠자와 유키치가 『서양사정』(西洋事情)을 출간한 것이 1866년이었다. 바로 그해 조선에서는 쇄국으로 나라를 지키려고 하여 평양에서 미국의 군함이 불타고 강화도가 프랑스군에 의하여 점령되는 일이 벌어지고 있었다.

해양국가로서의 일본의 자긍심이 최고조로 올라간 것은 1904년 2월 8일 개전된 러시아와의 전쟁일 것이다. 일본의 '국민작가' 시바 료타로(司馬遼太郎)의 대하역사소설 『언덕 위의 구름』은, 봉건시대를 벗어나 아시아에서 유일하게 근대화를 성취하고 서양에 해당하는 러시아를 물리친 일본의 모습이 언덕 위에 걸쳐진 구름 같다고 그렸다.[68] 일본함대의 선발대가 1904년 2월 8일에 인천에 상륙함과 동시에 여순의 러시아함대를 공격하여 1905년 10월에 일본의 승리로 포츠머스조약을 맺음으로써 일본은 열강의 반열에 오르게 된다. 물론 그 와중에 1905년 1월 28일에는 여순에서의 해전을 끝내고 동해에서의 해전에 대비하여 독도를 시마네 현에 편입시켰고, 7월 29일에는 태프트-가쓰라 밀약이 맺어진다. 결국 일본 근대사에서 '해양국가'라는 개념은 '제국주의'와 밀접한 관련을 맺고 있다.

해양국가라는 지정학적 조건이 주는 최대의 혜택은 대륙과 떨어진 입장에서 필요에 따라 대륙과 반도에 '선택적'으로 개입할 수 있다는 것이다. 해양국가의 전략적 선택성을 가장 잘 함축하는 말은 일본이 중

68 司馬遼太郎,『坂の上の雲』(全6巻)(文藝春秋, 1969-1972).

국의 '중화문명과 멀지도 가깝지도 않다'는 것이다. 즉 영어표현으로 '손닿을 거리'(arm's length)에 있어, 필요에 따라 잡아당길 수도 놓을 수도 있는 과거, 현재, 미래를 통하여 지속되는 조건이다.

일본인의 예외주의

위에서 간략히 설명한 지정학적 조건이 오래 지속되는 역사적 경험 속에서 일본인의 지정심리에 형성된 으뜸가는 개념의 틀은 예외주의(例外主義, exceptionalism)라고 할 수 있다. 이 개념의 두 핵심적 요소는 '일본인은 다르다'는 것과 '일본인은 우수하다'는 것이다. 일본이 근대 인류사에서 예외적인 존재라는 생각은 두 가지의 연원에 뿌리박고 있는 듯하다. 하나는 외부의 요인에 의한 것이고, 또 하나는 내부의 요인에 의한 것이다.

일본인의 우수성

여기서 '외부의 요인'이란 외부인에 의한 언급, 또는 외부와의 비교를 통하여 일본인이 예외에 대하여 인식을 갖게 됨을 의미한다. 서양인(여기서는 백인을 의미)에 대한 동경과 경쟁심을 가진 일본인에게, '서양식 근대화를 이룬 최초의 비백인(non-white) 국가'라는 칭송은 일본에 대한 자부심과 함께 비백인 사회, 특히 아시아와의 구별을 자신감 있게 말하는 계기가 되었다. 1905년의 러일전쟁에서 동양국가로서 '백인국가'에게 승리하였다는 사실은 일본인을 외부적인 요인에 의한 예외주의의 정점에 오르게 했다고 할 수 있다.

그 승리에서 내친걸음으로 서양의 백인국가 독일과 함께 손을 잡고 제2차 세계대전을 일으켜서 패망하였으나, 이는 일본인에게는 영광스러운 패배였다. 지금도 8월이라는 '역사의 달'에 일본의 방송들이 보내는 태평양전쟁의 프로그램들을 보면 저변에 깔려 있는 감정은 죄의식보다는 과거의 영광에 대한 자부심과 그리움이라는 것을 느낄 수 있다.

그리고 그 전쟁에서 '패배'하고 '항복'하고 난 전후에도 폐허 위에 경제대국을 일으켜 서양의 수많은 학자로 하여금 일본의 '경제기적'을 연구하게 하였다. 하버드대학의 에즈라 보겔(Ezra Vogel) 교수가 쓴 『세계제일의 일본』(*Japan as Number One*)[69]은 외부인에 의한 일본의 예외주의에 대한 가장 믿음직한 증언이었다고 할 수 있다.

일본열도의 고립성

위에서 말한 예외주의가 타 민족이나 국가와의 우열의 비교라는 관점에 자리 잡고 있다면, 또 하나의 예외주의의 뿌리는 지리적 위치이다. 즉 일본열도는 대륙으로부터 떨어져 있는 것이다. 앞에서도 논하였듯이, 일본은 대륙에서 일어나는 문제에서 분리되어 있으며 원하면 접근하기도 하고 벗어날 수도 있다는 생각이다. 일본의 이익을 위하여 접근하는 발상이 야마가타 등이 주장한 대륙주의였다면, 거기서 눈을 돌

69 *Japan as Number One: Lessons for America* (Harvard University Press, 1979).

려 자유롭게 해양으로 나아갈 수 있다는 것이 해양주의이다. 과거 조선반도에서의 권익을 위하여 해양세력이던 영국, 미국과 동동한 입장에서 맺은 1902년의 영일동맹이나 1905년의 태프트-가쓰라 밀약 등의 역사적 경험 속에서 일본인은 자유와 우월감을 동시에 맛볼 수 있었던 것이다.

'일본적인 것들'

그러나 한국인에게 비교적 덜 인식되어 있지만 더 중요한 것은 내부의 요인에 의한 예외주의라고 할 수 있다. 이 예외주의의 핵심을 이루는 내용은 일본에만 특유한 '일본적인 것'(things Japanese), 특히 그중에서도 일본의 자연에 대한 예찬과 그 연장선에 놓인 천황제도에 대한 숭상이다. 국민이 국가의 최고지도자를 뽑고, 거기에 그치지 않고 그에게 잘못이 있다면 감옥에도 넣을 수 있는 공화제를 가진 한국인이 바로 옆나라 일본에 관해서 가장 이해하기 어려운 것은 21세기라는 '디지털시대'에도 천황제도를 유지하고 숭상하는 일본인의 심경일 것이다. 한국에서 아무리 천황의 책임인정과 사죄를 요구해도 일본이 응할 수 없는 까닭은 바로 여기에 있다.[70]

일본인은 천황을 중심으로 자연을 찬미하며 욕망을 절제하고 사는

70 나는 이 책에서 일본 황실제도의 최정상에 있는 인물을 '천황'이라고 부르기로 한다. 이는 천황제도를 존중한다는 이유에서가 아니라 일본이라는 나라가 만들어 쓰고 있는 제도의 명칭이기 때문이다. 일본의 천황제도를 비판하는 서구의 시민이나 학자도 용어로서는 the Japanese emperor라는 어휘를 쓴다. 이 제도의 명칭을 '일왕'(日王, the King of Japan)이라고 부르는 것은 타당하지 않다고 생각한다.

일본의 '품격'(品格)에 대하여 다른 어떤 사회에서도 볼 수 없는 평온함과 자부심을 가지고 있다. 여기에 그치지 않고 그들은 다른 나라, 특히 아시아의 옆 나라들의 품격을 열등시한다. 일본의 우익인사들이 한국이나 중국을 공격할 때 가장 빈번히 쓰는 단어가 '게힌'(下品)이다. 품격이 낮다는 것이다.

한국에서는 엘리트라는 사람들이 연원도 모르고 '국격'(國格)이라는 말을 남발하는 어처구니없는 일이 벌어지고 있다. 그런데 이 국격이라는 말은 '국가의 품격'이라는 어휘의 줄임말이고, 이는 일본의 우익편향의 수학자이자 칼럼니스트인 후지와라 마사히코(藤原正彦)가 2005년에 출판하여 히트를 친 책의 타이틀이다.[71] 이 책에서 그는 일본의 서양화를 우려하며 세계에 유일한 '정서와 가다치(形)의 문명'을 가진 일본의 국가의 품격을 찾아야 한다고 호소하였다. 여기서 두 키워드가 되는 정서와 '가다치'[72]는 일본인의 예외주의적 사고를 이해하는 데 지름길이 된다.

일본인의 정서

후지와라가 말하는 일본인의 정서란 '일본인 특유의 자연에 대한 섬세한 감수성'이며 그 핵심은 '유구한 자연과 덧없는 인생'을 대비하여 깨닫는 미의식이라는 것이다.

인생이 무상함을 깨달음으로써 느끼게 되는 인생에 대한 슬픔과 사

71 藤原正彦, 『国家の品格』(新潮社, 2005).

72 '가다치'에 대한 상세한 설명은 이 책 223쪽 참조.

물에 대한 애상(哀想), 즉 일본교육이 함양시키는 국민적 정서인 '모노노아와레'(인생무상이라는 가치관과 미의식)를 가진 일본인은 욕망을 절제한다. 따라서 욕망을 마음껏 추구하는 것에 대하여 두려움을 느끼고 경멸한다. 일본인이 한국인이나 중국인을 품격이 낮다고 느끼는 핵심은 바로 여기에 있다고 본다. 그들이 볼 때, 한국인과 중국인은 같은 부류로서, 지나치게 욕망을 추구하고 아무런 거리낌 없이 사사로운 감정을 외부에 보이며, 타인에 대한 배려가 없다는 것이다.

욕망의 절제

'부족하다고 느끼는 것을 채우려고 하는' 인간의 본성은 인간이 사회적인 동물이기 때문에 문제가 될 것이다. 우주가 제공하는 가치는 한계가 있고 부족함을 느끼는 인간의 욕망은 무한대이므로 비로소 사회적인 논의의 대상이 되는 것이고, 따라서 사회에 따라서 욕망충족에 대한 사람들의 생각과 행동이 다르다. 정치행위의 대상이 되는 사회구성원의 '이익'이라는 것은 욕망의 동질적, 집단적 표출이라고 이해할 수 있다. 식욕, 성욕 등이 하위의 욕망이라면 영토, 국가의 위상 등은 상위의 추상적 욕망이라고 할 수 있다. 프랑스의 정신의학자 자크 라캉(Jaques Lacan)은 인간의 욕망은 '언어와 문화와 인간 사이의 공간'의 조합으로 표출된다고 하였다. 따라서 일본인은 한국인이나 미국인과 다른 욕망을 가지고 있다는 주장은 성립하기 어려울 것이다.

그러나 그 욕망을 어떻게 언어로 표출시키며 행동으로 표출하는가는 사회에 따라 달라지는, 일종의 '문화적 문법'(cultural grammar)이다. 일본인의 욕망에 대한 태도가 다른 문화와 다르다는 생각의 중요한 논의 중 하나가 '풍토론'(風土論)이다. 인간이 사는 땅의 지형, 기후, 지질 등을 가리키는 풍토는 시간이 감에 따라 인간의 존재와 행동양식에 영향을 미친다는 것이다. 일본의 풍토론의 태두로 꼽히는 와쓰지 데쓰로(和辻哲朗)는 대부분이 산지인 수천 개의 섬으로 구성된 복잡한 지형과 해류에 끊임없이 영향받으며, 사계절이 분명하고 무서운 태풍이 주기적으로 찾아오는 몬순기후를 갖는 일본의 자연조건 속에서 일본인이 독특한 풍토를 형성해왔다고 한다. 그 중심적 모습은 자연조건에 순응해서 공동체를 구성해서 생존해 온 일본인이 개인과 개인이 대립하는 사회적 관계가 아니라 서로의 관계를 소중히 여기고 남을 '어렵게 여기는' 정신풍토를 형성했다고 한다.[73]

이러한 주장을 사실적으로 보여주는 일례를 하나 들어 보자. 2011년 3월에 발생한 동일본대지진은 2만 명 가까운 사람이 사망하거나 실종되고 40만 채에 가까운 가옥과 건물이 파괴되는 엄청난 재앙이었다. 그 광경이 전 세계에 보도되면서 일본인의 침착함과 질서정연함을 칭찬하는 이들이 많았다. 그런데 내 눈에 더 특이한 것은 울부짖는 사람이 없다는 것이었다. 졸지에 가족과 전 재산을 잃은 사람이 TV 기자가 내미는 마이크에 대고 하는 말이 '이런 일이 없었다면 좋으련만' 정도이다. 마치 먼 나라에서 발생한 일을 놓고 하는 말로 들린다. 이런 일이 한국에서 있었다면 땅을 치며 울부짖는 광경이 흔하게 있을 것이고, 보

73 和辻哲郎, 『風土 人間学的考察』(岩波文庫, 1979).

는 사람도 그래야 무언가 불행함을 직시하는 실감이 날 것이다.

욕망을 절제하는 것이 몸에 밴 일본인은 언어나 표정에 있어서도 담백하고 단순하다. 한국드라마를 보는 일본인은 일본배우들의 연기가 초등학교 수준으로 느껴진다고 이구동성으로 말한다. 그만큼 일본인에 비하여 한국인의 언어와 행동은 강하고 격하고 풍부하다. 일본인의 절제된 욕망과 소극적인 언행의 관계를 보여주는 예는 얼마든지 있다. 일본경제를 공부하다 보면 알게 되는 개념의 하나로 '춘투'(春闘)라는 것이 있다. 춘투란 매년 봄 2, 3월에 일본의 기업들과 각종 노동조합들이 임금과 노동조건을 결정하는 노사교섭을 말한다. 이 춘투를 외형적으로 보여주는 건 근로자들이 피켓을 들고 조용히 거리를 지나가는 것이다. 광장 등에 모여서 주먹을 흔들며 외친다거나 하는 퍼포먼스가 없어 보는 이가 싱겁게 느낄 정도이다. 한국의 노조에 비하여 일본의 노조활동은 식물인간의 수준으로 단순하고 약하게 보인다. 그렇다고 하여 일본의 근로자가 한국의 근로자보다 억압되고 있다고 생각하는 경제학자는 별로 없다. 노조활동의 문화가 다를 뿐이다.

정신대 문제에 대한 사과와 해결을 촉구하면서 서울의 일본대사관 앞에서 피켓을 들고 소리 지르는 한국인을 보면서, 일반적인 일본인은 그 주장에는 이성적으로 공감하지만, 그 행동을 마음으로 받아들이지는 못한다. 이는 일본인이 믿는 사물의 '작법'(作法)이 아니기 때문이다. 욕망실현의 '사회적 문법'이 서로 다른 한국인과 일본인은 아마 이 사안에서 가장 첨예하게 마음이 멀어지고 있는 것이 아닌가 생각된다.

인생무상에 대한 인식이 일본인에게 더 뿌리 깊은 원인은 인간과 자연과의 관계에 대한 인식, 즉 자연관과 깊은 관련이 있다. 일본인이 서양인(그리고 한국인)과 비교하여 두드러지는 차이의 하나는 자연을 정복한다는 생각이 희박하다는 것이다. 일본인은 인간도 자연의 일부라고 생각하며, 따라서 자연을 정복하는 것이 아니라 그 부분이 되어 살다가 돌아간다는 생각이 뿌리 깊다. 2011년의 동일본대지진에서 가족과 재산을 잃은 일본인이 자연에 대하여 분노를 나타내지 않고 평정하게 반응하는 것은 일종의 숙명론적인 생각도 있지만, 자연의 기능에 감히 반항하지 못한다는 생각이 깃들여진 것으로 보아야 한다.

일본인이 예의가 바르다는 것의 정신적 연원은 자연에 대한 외경의 연장선으로서 타인에 대해 겸허한 것으로 보아야 한다. 이는 일본인이 인간관계를 표현하는 언어에 잘 나타난다. 일본인이 다른 사람을 좋게 말할 때 거의 자동적으로 쓰는 형용사가 '야사시이'라는 것이다. 남녀노소를 막론하고 갖다 붙이는 이 형용사를 일영사전에서 보면 gentle, kind-hearted라고 나와 있고 일한사전을 보면 '인정이 있다', '순진하고 얌전하다', '온화하다' 등으로 풀이되어 있다. 이는 바로 한국인을 포함한 외국인이 일본인에 대하여 가진 긍정적인 이미지의 대표격이다. 그런데 이 추상적인 형용사가 그리는 사람의 행동을 설명하는 말로 '기쿠바리'라는 말이 자주 쓰인다. 이는 다른 사람에게 기(氣)를 나누어 준다는 의미이다. 이명박 전 대통령의 독도방문과 천황에 대한 발언으로 벌컥 뒤집힌 일본사회를 보며, 일본언론인 중에서 가장 친한파로 여겨지는 아사히신문의 전 주필 와카미야 요시부미(若宮啓文)가 허탈한 표정으로 "한국인에는 진정 '오모이야리'가 없는가"라고 하던 광경이 기억에 강하게 남아 있다. 오모이야리란 타인의 입장이나 심경에 대한 배려를 가리키는 말로서, 흔히 일본국민성의 한 요소로 꼽힌다.

육체보다는 정신

자연을 두려워하고 이 연장선에서 타인에게 조심스럽고 배려 있는 일본인은 욕심이 적으며 이는 신체적으로 드러난다. 한국인에 비하여, 일본인은 작고 덜 먹고 몸을 덜 중시한다.

한국인이 일본인을 보고 '왜놈'이라고 할 때 그 표현을 쓰는 한국인의 마음에 들어 있는 공통적인 생각은 일본인이 왜소하다는 것이다. 이는 한국인의 일본인에 대한 역사적 콤플렉스와 겹쳐져 한국인의 육체적 우위성에 대한 잠재의식과 연결이 된다. 그래서 인구 5천만의 한국이 인구 1억 2천만의 일본에 대하여 (몸을 쓰는) 운동경기에서만큼은 반드시 이긴다는 승부욕을 불러일으키기 쉽다. 운동경기에서 일본과의 시합이 있으면 '숙적'(宿敵)이라는 표현을 매스컴에서 거침없이 쓰는 습관이 이를 잘 말해준다. 만약 영국의 매체가 프랑스나 독일의 국가대표 축구경기를 앞두고 숙적(old enemy)이라는 표현을 썼다면 커다란 사회문제가 될 것이다.

실제로 일인당 소득이 훨씬 더 높은 일본인은 한국인보다 신체적으로 열등하다. 일본인과 한국인 남녀의 평균 신장은 다음과 같다.[74]

74 wiki.answers.com

- 일본남성 171.2 cm　한국남성 175.3 cm
- 일본여성 158.8 cm　한국여성 162.6 cm

그렇다면 일인당 소득이 더 작은 한국의 남성과 여성이 일본의 남성과 여성보다 4cm 정도 크다는 이 사실을 어떻게 설명해야 하는가? 일본에서 오랜 생활을 하며 관찰한 것을 종합하여 다음과 같은 답을 낼 수 있다.

그것은 식습관이다. 열도로 구성되어 식품의 상당 부분을 해산물에 의존하는 일본인의 전통적인 단백질 섭취원은 생선이었고 그 외에 땅에서 채취하는 콩, 그리고 콩을 이용한 두부와 간장이었다. 그런 까닭에 전후경제가 회복되기 이전의 시기에 회(사시미)와 초밥(스시)은 일본인의 마음속에서 가장 좋은 음식이었다. 한편, 한국인은 지리적 조건과 소를 농경의 주된 도구로 사용하는 까닭에 단백질의 섭취원으로 쇠고기, 돼지고기, 닭고기, 개고기, 콩, 두부 등 훨씬 다양한 재료를 일본인보다 섭취할 수 있었던 것이다.

예나 지금이나 한국인의 식탁이 일본인의 식탁보다 훨씬 풍요롭다. 요컨대 한국인은 일본인보다 훨씬 다양하게 많이 먹는다. 문화적으로도 한국의 가정에서는 '배불리 많이 먹으라'고 권하지만 일본에서는 많이 먹으라고 권하는 풍토가 없다. 오히려 '배를 8할만 채우는 것'이 미덕으로 권해진다. 소식(小食)이 장수(長壽)를 가져온다는 것은 일본국민이 증명한 명제이다.

데이터를 기준으로 한국인과 일본인의 소비, 즉 욕망의 구현을 간단히 비교해 보면 다음과 같다.

	한국	일본
1인당 국민소득(2011년)[75]	24,328달러	38,491달러
하루소비열량[76]	3,329kcal	2,719kcal
가정부문 일인당 소비에너지[77]	3.87toe	3.72toe
1인당 연간 순수알코올 섭취[78]	8.9리터	7.3리터
1인당 발급 신용카드[79]	4.4장	3.1장

위의 간단한 통계로 알 수 있는 것은 한국인의 1인당 국민소득이 일본인 소득의 63% 정도 되는데 먹고, 마시고, 돈을 쓰는 데에는 모두 앞서 있다는 것이다.

소심하고 절제된 언어

이러한 욕망의 신체적 구현은 언어에서도 차이가 난다. 일본인의 언어문화 그 자체가 한국과 매우 다르다. 즉 직설적이고 명료하고 솔직하게 말하지 않는다. 일본인의 언행이 노골적이지 않으며 간접적인 원인

75 IMF 2013년 자료.

76 FAOSTAT 1961-2011평균자료.

77 OECD 2010년 자료.

78 OECD Health at a Glance 2013.

79 한국자료는 한국은행 2013 발표, 일본자료는 일본크레딧협회 2013 발표.

으로 전통적인 사고방식을 꼽을 수 있다. 철학자 나카지마 하지메(中村元)는 『일본인의 사유방법』이라는 책에서 '일본문화의 중층성'으로 인하여 '대결비판'의 정신이 박약하게 되었다고 분석한다. 외부로부터 다양한 문화가 들어와 혼합되어 일본인의 정신세계가 형성됨으로 인하여, 일본인은 편의주의적이고 기회주의적인 성향을 가지게 되었고, 이는 사회적 행동에 있어 갈등, 대결, 상호비판을 통한 의사결정이 아니라 '절충융합'(折衷融合)을 중시하는 행동패턴을 형성하게 되었다는 것이다.[80]

그에 비하여 한국인의 언어습관은 강렬하며 노골적이다. 소설가 한수산 씨의 한 에세이를 보면 다음과 같은 구절이 있다.

> 우리는 무언가를 잘 먹었을 때 '배가 터지게 먹었다'고 한다. 세상에, 아무리 그래도 그렇지 어떻게 배가 터지게 먹겠는가. 게다가 손님상을 잘 차린 집을 다녀오면서는 '상다리가 부러지게 차렸다'고 한다. 과장이 심해도 너무하다 싶지만 이것 또한 해학과 과장이 넘치는 우리들의 심성이 스며든 언어습관의 하나가 아니겠는가.[81]

한편 일본인은 과장을 하지 않을뿐더러 그 이전에 자신의 의견을 아예 드러내지 않는다. 특히 보통 시민들은 한일 간의 현안에 관하여 생

80 中村元, 『中村元選集〈第3巻〉日本人の思惟方法』(春秋社, 1989).

81 매일경제 Luxmen 제29호(2013년 2월).

각이 있어도 좀처럼 나서서 말하지 않는다. 독도 문제를 놓고 한국을 비판하는 시게무라 도시미쓰(重村智計)라는 와세다대학 교수는 "일본인에게는 나쁜 습관이 있다. 그들은 말하고 싶은 것이 있어도 참고 만다. 그뿐만 아니라 '할 수 없지'라고 생각해 사과하고 만다"고 말했다. 즉, 일본인은 의견을 내세우지 않을 뿐 아니라 상대방이 우기면 필요 없이 사과까지 한다는 것이다. 이것이 우리 사회에서는 '일본인은 무관심하다'고 오판하는 결과를 낳는다. 이러한 한일의 언어생활의 차이는 시대가 바뀌고 인터넷이 지구촌의 정보흐름을 통합해 버리면서 일본의 '한국을 혐오하는 흐름'(嫌韓流)에 수시로 등장하는 메뉴가 되고 있다.[82]

일본문화의 여성성

이 글을 시작하며 아베 신조의 인상에 관해서 나는 '여성적 인상'을 말한 바 있다. 이러한 관찰의 저변에 있는 것은 일본의 남자가 '약하다'

82 한국인의 언어과잉의 또 한 가지 특징에서 해학이 성적(性的) 요소에 크게 의존한다는 점에 있어서 일본과 대조된다. 시인 조지훈은 한국인의 멋은 일상적, 정형적인 것으로부터의 '파탈(擺脫)의 미'이며 해학의 미라고 하였다. 이는 유교사회에서의 '금기'의 벽을 허물어 버린 데서 심리적 해방감을 추구하며 발달한 것으로 해석된다. 이러한 '해방감' 속에서 한국인은 타인을 동물에 빗대는 욕, 성기나 성교와 관련되는 욕, 질병과 관련되는 욕, 조상에 관한 욕 등을 거의 표준어처럼 일상적으로 쓴다. 이는 '한류드라마'를 보는 일본인에게 놀라움, 이질감, 그리고 문화적 우월감을 암암리에 안겨주고 있다. 이러한 한국인의 '욕'은 일본인의 정신세계나 언어습관에서 상상하기 어려운 일이다. 우선 일본인의 언어에는 우리말의 '욕'(辱)에 해당하는 개념이 없다. 한일사전에서 욕에 대응하는 일본어를 찾아보면 와루구치, 즉 험구(惡口)라고 번역이 되어 있다. 그리고 동사로서 '惡口를 한다'는 것은 남에 대하여 험담을 한다는 것이다. 화난 일본인이 (잔인한 야쿠자의 멤버라도) 기껏 욕해봐야 '치쿠쇼'(畜生, 짐승), '쿠소'(똥) 정도이다. 보통 사람들이 어떤 이를 비판할 때 가장 강한 표현으로 들 수 있는 것이 그가 '즈루이'하다는 것이다. 즉 '교활하다'는 것인데, 이는 나중에 설명하는 '스나오'(소박하고 곧은)라는 형용사의 반대 의미를 가진 말로 매우 강한 비난이라고 할 수 있다.

는 것보다는, 일본문명이 '여성성을 지향'하는 성향이 강하다는 것에 있다고 본다. 문명의 성격에 있어 한국이 남성성을 지향한다면 일본은 여성성을 지향한다. 그리고 이러한 지향의 차이가 두 나라 사이의 문화적 내지는 문명적 충돌의 잠재력을 가지고 있다고 생각한다.

우선 여기서 '여성성'이란 사회운동으로서의 페미니즘(feminism)과는 별개의 것이다. 내가 말하는 여성성은 미국사회를 논하며 알레시 드 토크빌이 말한 '여성적 양심'(feminine conscience)에 가깝다. 한자어로 흔히 良心(양심)이라고 번역되지만 원어의 어감으로는 선악을 구별함에 있어서의 '소질, 능력, 직관 내지는 지적인 판단력'이라고 풀 수 있다. 미국을 여행한 프랑스인 드 토크빌은 미국인 전체의 경향은 여성적 양심을 지향한다고 하였다. 미국을 상징하는 이미지로 강한 연방정부를 대표하는 '엉클 샘'(Uncle Sam)보다는 뉴욕 만의 입구에 서 있는 '자유의 여신상'을 꼽는 것이다.[83]

사회심리학자 호프스테드(Geert Hofstede)는 「문화의 결과」(*Culture's Consequences*)라는 글에서 남성성과 여성성을 다음과 같이 대비한다. 우선 남성적인 사회는 성별이 뚜렷이 부각되는 사회로서 남자는 주장이 강하고 억세며 물질적인 성공에 집착하며, 여성은 겸손하고 부드러우며 삶의 질에 관심을 가진다는 것이다. 한편 여성적인 사회는 남녀의 사회적 역할이 중복되는 곳이 많고 남성과 여성 모두 겸손하고 부드러

83 프랑스인 철학자 알레시 드 토크빌(Alexis de Tocqueville, 1805 – 1859)이 미국을 둘러보고 쓴 책 *Democracy in America*(1835, 1840)는 지금도 미국정치를 공부하는 데 필독서의 하나로 꼽히는 명저이다.

우며 삶의 질에 관심을 가진다고 한다.[84]

물론 이러한 특질들은 시간에 따라 변하는 것으로서, 한국사회도 선진화하면서 점차 여성적으로 바뀐다고 볼 수 있다. 그러나 현시점에서 국제적으로 비교해본다면 한국이 미국이나 일본보다 훨씬 남성성에 대한 지향이 강하다고 볼 수 있다.

일본의 통계수리연구소라는 곳이 실시한 '일본인 국민성 50년의 궤적'이라는 조사결과에는 일본인이 자국에 대하여 '좋다'고 평가한 항목이 다음과 같은 순서로 나온다(2003년의 시점).[85]

① 과학기술수준, ② 예술, ③ 생활수준, ④ 경제력, ⑤ 마음의 풍요.

한편 한국종합사회조사(KGSS)라는 기관이 2003년에 실시한 '국가자부심'에 관한 조사를 보면 대조적인 경향이 보인다. 이 조사에서는 10개 항목에 대한 자부심을 국제적으로 비교했는데, 한국인이 자부심을 느끼는 상위 5항목은 다음과 같다.[86]

① 스포츠, ② 경제적 성취, ③ 역사, ④ 과학적 성취, ⑤ 예술과 문학.

84 "*Culture's Consequences: International Differences in Work-Related Values*," Administrative Science Quarterly (Johnson Graduate School of Management, Cornell University) 28 (4): 625–629쪽.

85 『統計数理』(2005), 53.1.3-33.

86 한국종합사회조사(KGSS), 2003년.

이를 보면 일본인이 느끼는 자부심의 원천은 과학기술과 예술이었는데, 한국인은 스포츠와 경제적 성취에서 자부심을 느꼈다. 또한 역사적 승자였던 일본은 역사에서 자부심을 못 느끼는데, 역사적 패자였던 한국에서는 역사가 자부심의 원천 10위 중 3위에 랭크되었다. 이 간단한 통계에서 유추할 수 있는 것은 일본인의 문화적 지향이 한국인보다 (앞에서 정의한 시각에서) 여성적이라는 것이다.

남성성과 여성성의 대비는 사회구성의 역사에 비추어 보아도 한국이 부계사회였고 일본이 모계사회였다는 사실과 일맥상통하는 것으로 볼 수 있다. 한국인을 대표하는 상징적 존재는 누구인가? 한민족의 역사에서 시조로 추앙받으며 토속종교에서는 신앙의 대상이기도 한 단군이다. 단군은 어떠한 이미지를 갖는가? 단군은 곰을 연상시킨다. 단군의 아버지인 환웅은 강한 남성을 생각하게 한다. 그는 우수한 기술과 무력을 가지고 외부로부터 이주하여 토착 부족을 복속시킨 부족을 상징한다. 환웅과 곰의 결합은 천신(天神)과 지모신(地母神)의 결합을 상징하며 이는 힘과 성공의 신화이다. 이는 '남성적 양심'의 신화적 구현이라고 할 수 있다.

한편 일본의 건국신화는 여자로부터 시작한다. 그는 바로 아마테라스 오미카미(天照大神)라는 태양신으로서 일본신도를 주재하는 신이자 황실의 조상신이다. 일본신화를 보면 그녀는 기원전 8세기경에 이자나기(伊邪那岐命)와 이자나미(伊邪那美命)의 딸로 태어나 일본 최초의 여제로서 다카치호(高千穗野國)라는 나라의 군주가 되었다. 그로부터 그녀는 일본신도의 중심적인 신으로서 일본을 이끌어 왔다는 것이다. 결국 일본의 국기에도 그려진 일본의 상징인 태양이 여성상징으로 되어 있고, 이 점은 일본이 고대사회로부터 모계적 성격이 강한 사회였다는 사실과 무관하지 않다고 본다.[87]

한국의 혈연, 일본의 가연(家緣)

남성성을 중시여기는 한국문화의 사회적 특징은 집단주의, 특히 가족중심주의이며, 그 핵심은 부부(夫婦)관계가 아닌 부자(父子)관계이다. 한국의 혈연집단은 기본적으로 부계의 친족집단이다. 부계중심의 혈연성은 한국인의 집단적 정체성에 핵심적인 요소의 하나로 평가된다.[88]

한국사회가 '피'를 중심으로 공동체를 형성했다면 일본인은 '피'가 아닌 ('목재'로 만들어진!) '집'(家)을 중심으로 공동체를 형성했다. 다양한 시각에서 일본을 논하는 학문적 활동을 '니혼진론'(日本人論)이라고 부른다. 이 일본인론에 등장하는 중심적인 화두의 하나가 일본의 집단적 사회가 형성됨에 있어 '가'(家)의 중요성이다. 이 가(家)라는 개념에 주목하는 시각들을 관통하는 생각은 일본사회가 다른 아시아사회와 구별

87 일본의 창세신화는 서양의 구약성서와는 반대로 신이 천지창조를 한 뒤에 그 주재자로 여자를 만들고, 남자는 그의 성적 반려자가 아니고 정치적 협력자로 누님 밑의 동생으로 창조되었다. 누나인 아마테라스 오미카미는 정치공동체를 묶는 사랑이라는 정신적 가치를 대표하는 데 반해 남동생이며 원숭이의 얼굴을 가진 강한 인상의 스사노오노 미코도(須佐乃袁尊)는 정치공동체를 묶는 힘을 상징한다.

88 혈연이라는 집단중심의 이익계산방법은 사회적 '연줄'로 확장되어 혈연을 넘어 지연·학연으로 그 지평을 넓히고, 하나의 사회관계 패러다임으로 정착한 것이라고 볼 수 있다. 한국의 사회와 경제를 평가하는 외국인들이 한국을 놓고 '패거리 자본주의'(crony capitalism)라고 말하는 연유는 여기에 있다. 이 말을 싫어하는 한국의 엘리트도 자신의 인맥을 자랑할 때 한국을 이끄는 사람들을 '한 다리 건너면 다 안다'고 자랑한다.

되는 중요한 특질로서 공동체가 혈연을 중심으로 하는 씨족가문이 아니라 일본특유의 이에(家)를 기초단위로 구성되는 사회라는 것이다.

농경사회인 일본에서 이 이에사회(家社會)가 농경이라는 기능 면에서 공동체로 구현된 것이 바로 무라(村)이다. 이 이에사회에 대해서는 다양한 시각이 경쟁하지만 전체적으로 공통되는 것은 이것이 혈연사회가 아니라 자연조건이나 기능의 융합에 따른 공동체라는 것이다. 『문명으로서의 이에사회』라는 저작에서 무라카미(村上泰亮), 구몬(公文俊平) 두 정치학자는 이에사회의 특성을 초혈연성, 계보성, 기능적 계통성, 그리고 자립성 등의 개념으로 파악하였다.[89]

이는 나중에 설명하는 개념의 틀인 '기능주의'와 연결된다. 즉, 한국의 '핏줄을 중심으로 하는 관계의 원리'가 사물을 판단함에 있어 당위주의를 낳았다면, 일본사회의 '분업을 중심으로 하는 관계논리'는 기능주의를 낳았다고 할 수 있다. 이러한 인식의 차이는 영토 문제, 역사인식 문제, 민족주의 등 국제관계의 현안들에서 배경적인 사고구조를 이루고 있다고 본다.

일본인의 '가다치'(形)

후지와라가 말하는 일본인의 '가다치', 즉 인생의 외양은 무사도정신에 깃들어 있는 '도덕'이라는 것이다. 평범성과 균질성을 중시하는 일본인으로서는 정해진 '가다치'를 따라 사물을 인식하고 생활을 영위하

89 村上泰亮, 公文俊平, 『文明としての家社会』(中央公論新社, 1979).

는 것이 안전하고 효율적이다. 그래서 이 가다치를 준수하는 방법들이 다양하게 등장한다. 데쓰즈키(사물을 행하는 순서), 하코비(사물을 진행시키는 것), 데쥰(사물을 하는 순서), 단도리(일의 순서나 방법을 정하는 것) 등의 말은 일상적으로 접하는 표현들이다.

한 예로서, 지금도 한국의 관공서나 기업에서 결재절차에 쓰이는 품의(稟議)란 말은 일본에서 '링이'라고 발음하는 관행으로서 일본에서 유입된 것이다. 이 품의라는 관행은 네마와시[90]라는 관행과 함께, 절차를 중시하는 일본의 조직적 의사결정의 핵심을 이룬다. 결국 일본조직의 '와(和)의 문화'의 한 구현이다.

공동체에서 관습적, 암묵적으로 실행되는 '규범'은 문서에 써 있는 것이 아니라 전통과 습속에 DNA처럼 프린트되어 행동규범으로 들어 있다. 특히, '수치'(恥)를 두려워하는 일본인에게 규범이란 '부끄럽지 않은 행동을 하는 정신 또는 의식'이라고 할 수 있다. 일본사회를 분석하는 책으로 이미 고전이 된 『국화와 칼』에서, 루스 베네딕트는 서양인의 가치판단에 '죄'의식이 중심이 있는 반면에, 일본인의 가치판단에는 '수치심'이 중심적으로 작용한다고 하였다. 이를 일본어 표현에서는 '세켄타이'(世間體)라고 한다. 이러한 논점을 연장해서 본다면, 일본인은 '수치스러운' 일이 아니라면, 즉, '세켄타이가 나쁘지만 않다면' 개인의 자유를 누릴 수 있는 것이다. 그리고 그 세켄타이의 판단기준에는 대개

90 네마와시란 봄에 묘목을 옮겨심기 전에 뿌리를 세심하게 정리하여 가마니로 싸서 준비하는 절차를 가리키는 것으로, 의사결정에 있어 공식적인 합의에 이르기 전에 수면 아래에서 조정하는 것을 가리킨다.

개인이나 가문의 사회적 위상이 중심을 이루는 것이어서, 개인의 행동이나 욕망추구와는 각도가 다르다.

싸고 또 싼 포장지에서 시작하여 천편일률적이지만 누구도 감히 생략하고자 하지 않는 절차를 지나 일본인이 중시하는 가다치(形)를 따라 위로 계속 올라가다 보면 만나는 것이 천황이다. 이를 포함하는 종합적인 개념이 일본특유의 국가론, 즉 국병론(國柄論)이다. 여기서 병(柄)이라는 한자는 한국에서 잘 쓰지 않는 것으로서, '본질, 성질'(essence)을 의미한다.

황실의 권위가 그대로 존속된 권력질서의 개편이었던 메이지유신의 결과, '아마테라스 오미카미' 이래 '황통을 유지하는 만세일계'(萬世一系)가 유지되고 있다는 것이 일본의 '유일무이'의 국가사상으로 지금도 지속되고 있다. 즉, 일본인에게 '국가라는 가다치(形)'의 정점에 있는 것이 '상징으로서의 천황'이다.

이는 권력의 정점이 아니라, 일본인이 추구하는 모양과 의식과 작법의 정점에 '동경과 숭배의 중심'으로서 존재하는 것이 천황이라는 상징이다. 따라서 하늘 아래 모든 것을 비판하는 사람도 일본인이라면 천황과 황실에 대하여는 시비를 걸거나 함부로 표현하지 못하는 것을 한국인으로서는 이해하기 거의 불가능하다. 도쿄 한복판의 '황궁'에 거주하는 작은 키와 조용한 목소리의 천황부부에 대하여 일본인이 가지는 공경심과 예의는 연령, 성별, 직업, 이념 등을 불문하고 절대적이다. 대통령을 재판하여 감옥에 가둘 수 있는 한국인의 심정과 역사적 경험으로써는 상상하기 힘들다.

2012년 8월 14일, 이명박 대통령이 '일왕의 사과'를 요구한 것에 대하여 '인내심의 실이 끊겼다'고 말하는 일본 언론인이 상당하다. 일본인에게는 금기에 해당하는 일을 이웃나라의 대통령이 풀어버렸기 때문이다. 〈닛폰노 이부키〉라는 일본최대 우익단체의 월간지에 나온 한 기고문을 보자.

> 한국의 이명박 대통령은 8월 10일에 실효지배하고 있는 일본영토 다케시마를 방문하고 8월 14일에는 천황폐하의 사과를 요구하는 등 일본인의 감정을 거슬리는 행동을 하였다. 사죄의 근거란 일본의 통치하에 독립운동을 한 자들의 유족에 대한 사과이다. 천황폐하는 실질적으로는 일본의 원수이다. 독립운동이라는 것은 당시의 일본에 대한 범죄이다. 그에 대하여 사과를 하라니 무슨 말인가. … 일본의 주변에는 무법국가뿐이다. 영토를 탈환하기 위해서는 군사력을 포함한 힘을 행사해야 한다.[91]

일본을 대표하는 여성우익인사 사쿠라이 요시코(櫻井よしこ)는 "이명박 대통령은 국익을 망각하고 개인적인 감정(私情)에 휩싸여 천황폐하를 '일왕'이라고 부르는 예의 없는 행동(非礼)을 하며 허위를 말하고 일본에 도전하였다"고 한다.[92] 또한 나카노 미도리(中野翠)라는 칼럼니스

91 『日本の息吹』, 2012년 10월호, 31쪽.

92 『文藝春秋』, 2012년 10월호, 181쪽.

트는 천황사과발언에 대하여 "이해할 수 없을 정도의 불쾌감을 느꼈다. 치명적으로 국가를 모욕하는 발언"이라고 쓰기도 하였다.[93]

사죄를 둘러싼 논란

이 대목에서 한국이 문제 삼는 '일본의 사과'에 대하여 논해 보기로 한다. 한일의 갈등에서 구체적인 현안과 관계없이 진행되는 것이 언어적 문제이다. 위에서 논한 한국인과 일본인의 다른 욕망체계의 일부분으로서 나온 언행의 문제는 '사과'라는 것과 결부하여 한일갈등의 핵심적 요소의 하나가 되고 있다고 생각한다.

과거의 역사를 놓고 한국에는 '일본이 한 번이라도 화끈하게 사과를 한다면 더 이상 문제없이 새로이 시작할 수 있을 텐데'라는 생각을 가진 이들이 많고, 일본에는 '그만큼 사과했으며 됐지 언제까지 사과를 되풀이해야 하느냐'라는 생각을 가진 이들이 많다. 특히 일본의 수뇌부를 구성하는 보수주의자들 사이에서는 사과를 요구하는 한국이나 중국을 더 이상 참아서는 안 된다는 논조가 강하게 자리 잡고 있다.

그렇다면 한국을 강제로 점령하여 문자와 이름을 빼앗고 35년간이나 지배한 죄에 대하여 일본의 정부나 책임 있는 지도자가 한국인에 대하여 진심으로 사죄의 뜻을 담아 외교적인 언어가 허락하는 가장 강한 표현을 쓴다면 어떤 표현을 쓸 수 있을까? 한국인의 기분 같아서는 천황이 무릎을 꿇고 '죽을죄를 졌습니다. 용서해주세요'라고 했으면 좋겠

93 위의 책, 164쪽.

지만, 이는 일본인의 언어와 감성체계 속에서는 불가능한 일이다.[94]

최고지도자가 무릎을 꿇고 사죄를 표명하는 기억은 1970년 12월 7일에 서독 수상 빌리 브란트가 폴란드의 수도 바르샤바의 홀로코스트 기념관을 방문하여 말 대신 무릎을 꿇은 사건에서 연유하는 것이다. 다만 언어에 관해서 말한다면, 냉전이 끝난 1990년에 동독 수상도 사과를 하였는데 그때 그는 슬픔과 부끄러움(sorrow and shame)이라는 표현을 썼다.

일본인이 한국에 대하여 사과를 '반복하였다'고 생각하는 주된 근거는 '역사의 달'인 8월에 이루어진 세 번의 정치지도자의 '담화'를 기억하고 하는 말이다.

- 1993년 8월 4일, 당시 고노 요헤이(河野洋平) 관방장관은 '위안부관계조사결과'를 발표하면서 '구 일본군이 직접 또는 간접으로 관여했다'라고 인정하며 '심신에 걸쳐 치유하기 힘든 상처를 입은 모든 분에게 마음으로부터 사과와 반성의 마음'을 표하였다.
- 1995년 8월 15일, 당시 총리 무라야마 도미이치(村山富市)는 '식민지지배와 침략'에 대하여 '통절한 반성의 뜻'과 '마음으로부터의 사과와 반성의 마음'을 표하였다.
- 2010년 8월 10일, 당시 수상 간 나오토는 한일합방 100년이 되는 해의 8월을 맞아 식민지강점과 관련하여 '마음으로부터의 사과'라고

94 위와 같은 사과는 조직의 처벌을 받게 되어 손가락을 잘리기 직전에 야쿠자 멤버가 오야붕에게 외칠 정도의 상황에 있을 만한 일이다.

표현하였다.

일본정부의 최고지도자 세 명이 한 위 발언들에 공통적으로 나타나는 표현은 '마음으로부터의 사과'라는 표현이다.

그런데 일본정치가들의 사죄보다 더 민감한 이슈는 일본의 '상징적'인 원수인 천황의 발언이다. 군주제를 가지고 있지 않은 한국인으로서 조선침략과 강점의 원흉이었던 일본의 황실제도를 받아들이지 않는 것은 당연할 것이다. 일본인의 황실에 대한 존중심은 한국인이 이해하기 힘든 부분이다.[95]

아무튼 이 일본의 천황은 과거의 식민통치에 대하여 사죄를 하기는 하였다. 1984년 당시 전두환 대통령이 한국의 대통령으로서는 처음으로 일본의 황실을 방문하였을 때, 당시 쇼와 천황은 "금세기의 한 시기에 양국 사이에 불행한 과거가 있었다는 것을 진심으로 유감으로 생각하며 이는 다시는 되풀이되면 안 된다"는 발언을 하였다. 이는 앞에서도 설명한 '유감'이라는 표현을 주어가 없이 행한 것으로서 한국인에게 오히려 실망과 분노를 안기는 것이었다.[96]

95 이를 방증하는 유사한 준거로 태평양전쟁에서 일본을 패배시킨 미국정부의 방침을 들 수 있다. 태평양전쟁의 승전국의 대표자였던 맥아더 장군은 일본의 군정책임자로서 당초에 쇼와 천황을 재판을 통하여 사형시키려고 하였다. 그러나 천황의 사형은 수많은 일본인의 자살을 유도할 것이며, 이는 결국 미국의 국익에 합치하지 않는다는 판단에서 현재의 황실제도를 유지하게 한 것이었다.

96 문제가 되는 것이 이 '유감'이라는 표현이다. 느낌(憾)이 남았다(遺)는 이 표현을 잘못한 사람이 쓰면 사과를 받는 사람은 속이 더 뒤집히게 되어 있다. 남을 죽인 사람의 가족도 유감이고 죄 없이 살해를 당한 피해자의 가족도 유감이긴 마찬가지이기 때문이다. 그래도 이 말이 공식적으로 가장 많이 쓰이는 이유는 외교를 포함한 공적 또는 '문명적인' 맥락에서 규범적으로 사용하는 완곡어법(euphemism)이기 때문이다. 그리스어에서 euphemia란 '상서로운 말의 사용'이라는 뜻이라고 하며,

그리고 1990년대에 들어 한국사회가 민주화하며 '과거사의 청산'을 요구하는 기운이 강해졌다. 이때 새로이 천황이 된 지금의 헤이세이 천황이 두 번째의 '유감의 변'을 표명하였다. 즉, "우리나라에 의하여 발생한 이 불행한 시기에 귀국의 사람들이 맛본 고통을 생각하며 나는 비통하고 애석함 마음을 금할 수 없다"는 것이었다. 이 발언은 그의 부친인 쇼와 천황이 한 발언보다는 "우리나라에 의하여 발생한"이라는 주어가 삽입됨으로써 한걸음 발전한 것이었다. 그러나 "비통하고 애석한 마음"이라는 표현은 직설적인 사과를 선호하는 한국인의 마음에 흡족한 것은 아니었다. 헤이세이 천황이 한국인에게 진정으로 미안한 마음을 가지고 있었던 것은 주지의 사실이었고, 이는 한일관계가 급속도로 개선되면서 천황의 방한과 사과에 대한 기대를 부풀게 했다.

게다가 2001년에 천황이 자신의 선조인 "간무 천황(桓武天皇)[97]의 생모가 백제왕의 자손이었다"라고 한 발언은 지금의 천황가문이 한반도에서 유래했다는 것을 인정하는 것으로서 황실을 운영하는 궁내청(宮內廳)마저 놀라게 한 것이었다. 이러한 파격적이 발언을 할 정도로 헤이세이 천황이 한국에 대하여 친근한 생각을 가지고 있었기 때문에 2012년에 있었던 이명박 전 대통령의 발언은 수면 아래에서 자라고 있던 싹을 잘라버린 것 같은 아쉬움을 남기는 것이었다.

이는 독설이나 신성모독(blaspheme)의 반대이다.
이런 연고로 외교적인 영어문장을 보면 잘못을 한 쪽도 그 잘못의 피해를 본 쪽도 regret이라는 표현을 공통으로 쓰는데 이 말의 뜻은 '잘못이나 어떤 행동이나 손실이나 실망 등에 대한 슬픔과 후회의 감정'(a feeling of sorrow or remorse for a fault, act, loss, disappointment, etc.)을 말한다.

97 간무 천황(桓武天皇)은 일본의 제50대 천황으로서 헤이안시대인 서기 781-806년에 재위하였다.

일본인의 전범주의

과거에는 일제의 영향으로 한국에서 여자의 이름에 자(子)라는 글자를 많이 사용하였다. 지금도 상당히 많이 남아 있는 영자, 순자 등이 대표적인 것이다. 당연히 일본에는 지금도 자(子)로 끝나는 여자 이름이 많다. 그중에서 '노리코'라는 이름을 쉽게 발견할 수 있다. 예를 들자면 倫子, 典子, 則子, 德子, 憲子, 法子, 準子, 禮子, 範子, 紀子, 規子, 訓子 등은 모두 '노리코'로 읽힌다. 모두 법칙, 법규, 규범, 기준, 덕칙 등 사회의 규범체계와 관계되는 한자어이다.

이 예를 드는 이유는 일본인의 잠재의식 속에 전범(典範)에 대한 합치(合致)가 강하게 뿌리를 내리고 있음을 보이기 위해서이다. 미국의 대학원에서 일본학을 공부하게 되면 처음에 배우는 이론의 하나가 일본인의 규범합치성(norm conformity)이다. 이러한 심층심리의 일상적인 표출을 보고 외국인은 일본인이 '예의가 바르며, 질서를 잘 지킨다'고 한다. 일본인의 전범주의는 생활인으로서 규범(명시적 또는 암묵적인)에 대한 합치와 정치적인 의미에서 권위에 대한 반항의 거부라는 두 측면으로 나누어 볼 수 있다.

규범에 대한 합치

일본학을 연구하는 사람 중에 일본을 지칭하는 와(和)라는 개념을 써서 일본문화는 '와의 문화'이며, 그 핵심은 서양이 개인을 중시하는 데 비하여 일본문화는 '집단의 질서와 안녕, 그리고 예의와 작법(作法)'을 중시하는 문화라고 한다. 여기서 키워드인 '질서와 작법'은 절차가 정립되고 이를 준수함으로써 도달되는 것이다.

정해진 질서와 작법, 즉 사회생활의 '매뉴얼'을 준수하며 형성된 집단의 규범에 대한 종속 또는 합치는 시간이 가면서 공고한 것이 되어 공동체의 구성원은 강한 소속감과 함께 거의 숙명에 가까운 종속성을 가지게 되었다. 그리고 여기에서 일탈하는 자는 법적이 아닌 사회적인 처벌을 받게 되었다. 무라하치부(村八分)가 바로 그것이다. 마을 사람들이 누구나 상식적으로 지키는 룰(掟, 오키테)과 질서를 지키지 않는 자는 인간이 살면서 공동으로 해야 하는 기능의 대부분을 같이하기를 거부하여, 결과적으로 마을사람들이 모두 '절교'를 함으로써 그 마을에서 추방되는 것이다.[98] 이러한 처분을 받은 자는 다른 마을에 가서도 적응하기 힘들었다.

태평양전쟁에서 구 일본육군의 병사들은 서양인이나 한국인보다도 덩치가 작고 주먹밥으로 연명할 정도로 영양 상태가 부실했다. 그런 그들이 아시아의 끝인 중동 근처에까지 진출할 수 있었던 이유는 최근의 한국식 표현대로 'FM(field manual)대로' 행동하고 싸웠기 때문이다. 서양어의 매뉴얼은 일본인에게는 '데쓰즈키'이다.

영어로 procedure, formality라고 번역되는 이 어휘는 우리말에서는 행정적인 의미를 지닌 수속보다는 절차라고 해야 더 적당할 것이다.

98 에도시대에 촌에서 생존하기 위하여 구성원이 협력해야 하는 열 가지 기능(10분)인 성인식(冠), 혼례, 출산, 병고, 건축, 수해, 흉년, 여행, 장례, 화재 중에서 불가피한 장례와 화재를 제외한 나머지 여덟 가지(八分)에 있어서는 상대를 하지 않는다는 것이다.

조금 과장해서 말하면 일본은 절차에서 시작하여 절차로 끝나는 나라이다. 조그만 셋방을 하나 계약할 경우 중개업자는 계약서 뒷면에 있는 깨알 같은 글씨를 30분 정도 다 읽어주며 손님이 듣고 서명할 것을 요구한다. 은행에서 우리 돈으로 천만 원 정도를 이체하려면 돈의 출처를 꼬치꼬치 묻는 절차에서 시작하여 최소 10분 이상은 걸린다.[99]

사회의 모든 구성원이 철저하게 절차를 지키는 일본의 민주주의를 다나카 야스오라는 평론가는 '데쓰즈키 민주주의'라고 불렀다. 절차상의 공평성, 투명성, 참가성이 일본민주주의의 본령이며, 내용이나 결과보다는 그 절차가 준수되었다는 것이 좋다는 것이다. 실제로 일본에서 생활을 오래한 한국인은 일본인의 '융통성 없음'에 혀를 내두른다. 그 융통성 없이 시키는 대로 묵묵히 일하는 일본 사람들이 전후 경제기적을 건설하였다.[100] 이러한 풍토 속에서 일본인은 모두 '평범한 인간'이 되는 것에 만족하며, 이러한 경향을 꼬집는 사람은 일본 사회를 '평평범범의 대국'이라고 한다.

일본의 학자에 따라서는 이러한 사회적 제재의 인프라가 있음으로써

99 내가 1년간 몸담았던 교토의 어느 연구소에 서울의 명문사립대에서 한국인 교수가 객원교수로 오게 되었다. 한국에서 대학의 정교수이고 일본의 연구소에서도 정교수의 월급을 받는 그가 교토의 우체국에서 보통예금계좌를 개설하러 갔다가 한 시간이나 입씨름을 하고 빈손으로 돌아오는 과정을 보았다. 창구 직원에 의하면 아직 계좌를 열어주기에는 무언가 조건이 충족되지 못한다는 것이었다. 서울에서 온 교수가 한국식으로 음성을 높여 따지기 시작하자 창구의 여직원에서 시작하여 세 차례에 걸쳐 직급을 올려가며 직원들이 미안하다고 고개를 숙였는데, 그래도 '절차가 있는 만큼' 안 된다는 것이다. 다만 그 간단한 설명이 나오기까지 한 시간 동안 다섯 명 이상이 차례로 한국인에게 머리를 조아리며 미안하다고 하였다.

100 다만 그 절차에 복종하여 근면, 성실하게 일하는 문화가 제조산업에는 적당하지만, 지금의 서비스산업이나 금융에 적당하지 않다는 게 현재 일본경제가 기우는 한 원인으로 지적되기도 한다.

일본의 농촌이 한국이나 중국의 농촌보다 훨씬 유동성이 적고 결국 누가 누구인지를 다 아는 사회, 익명성이 없는 사회가 되어 함부로 행동하지 못하는 풍토가 형성되었다고 해석하기도 한다.

구성원이 서로 누가 누군지를 다 아는 사회, 그래서 '튀는' 행동을 하지 못하고 동질적 규범에 따르는 사회는 군집적이고 외형적으로 단결이 잘 된다. 이러한 배경에서 일본의 정계나 재계의 지도적 인사들이 한국에 대하여 가지고 있는 대표적인 이미지는 '분열적'이라는 것이다. 일본인이 두드러지게 자주 쓰는 표현에 '마루쿠 마토메루'라는 것이 있다. 이 말이 함축하는 핵심적인 의미는 의사의 불일치가 없이 행동이나 양태가 통일되는 것이다. 그러한 논리적 연장선에서 일본인은 불확실성을 싫어하고 리스크를 원하지 않는다고 한다. 대표적인 예로 벤처기업은 일본에서 아직도 미개척 분야에 속한다.

일본인이 흔히 하는 표현으로 '일본사람은 평소에는 아무 생각이 없는 것처럼 보이지만 무슨 일이 생기면 신속히 단결한다'는 것이다. 그런 시각에서 일본의 엘리트가 한국에 대하여 가지고 있는 가장 대표적인 이미지는 나라나 사회가 마토마라나이(합쳐지지 않는다, 정리가 안 된다)라는 것이다. 과거 60년대나 70년대에 성장기를 보낸 한국인이라면 어른들이 '한국인은 모래와 같고 일본인은 진흙과 같다'라는 말을 하는 것을 들은 적이 있을 것이다. 이 표현이 한국인을 비하하는 것 같다는 생각에 한국인은 더 이상 이 말을 입에 담고자 하지 않는 것 같다. 그러나 일본인 사이에는 이러한 인식이 깊이 뿌리박고 있다.

반항의 거부

우리가 흔히 쓰는 속담에 '모난 돌이 정 맞는다'가 있다. 석공이 석재를 다듬으면서 튀어나온 곳을 끌로 치는 모양이다. 이 표현과 비슷한 일본속담으로 '튀어나온 말뚝을 목공이 쳐서 넣는다'가 있다. 일본인이 이 속담을 우리보다 훨씬 자주 사용한다. 그만큼 돌출하는 행동을 조심하고 심지어 남보다 앞서는 것을 조심한다.

'모난 돌'이 되는 것을 두려워하고 나서기를 꺼려하는 일본인의 마음에는 권위에 대한 두려움과 무의식적인 순종이 있다. 그러한 맥락에서 안정과 확실성과 화합을 중시하는 일본인이 가장 두려워하고 낯선 것은 권위에 대한 도전이다. 1955년에 만들어진 자민당이라는 정당이 지금까지 60년의 역사 속에서 정권을 잃었던 것은 불과 3년 정도이다. 혁명으로 근대사회를 건설한 나라에서 보면 이는 '일당독재'이지만, 일본인에게는 '정치적 안정성'이다.

이러한 일본에서는 정치학의 교과서적인 원리들이 잘 적용되지 않는다. 역대 일본정권과 정부기구가 누려온 안정은 시민사회가 자발적 권위를 부여해서가 아니라 거의 무조건적으로 수긍하고 복종해서 유지되어 온 것이기 때문이다. 일본은 한 번도 혁명이 없었던 유일한 선진국이다. 일본근대사에서 등장하는 유일한 정치체제의 전복이란 1868년의 '메이지유신'(明治維新)이었다. 그러나 메이지유신은 혁명이나 쿠데타가 아니고, 사무라이막부의 실질적 지배를 종식시키고 천황의 지배를 새로운 형태로 '회복'시킨 일련의 권력변동이었다. 그래서 영어로 메이지유신은 Meiji Revolution(메이지혁명)이 아니라 Meiji

Restoration(메이지복고)이다.

메이지유신이 혁명이 아니었다면 일본역사에서 혁명에 유사한 것은 없었던가? 두 가지를 생각해 볼 수 있다. 하나는 1936년 2월 26일에 발생한 '2.26사건'이었다. 1,400명이 넘는 젊은 장교와 하사관이 총리 이하 각료들을 살해하려고 일으킨 이 거사는 일본역사에서 보기 드물게 센세이셔널한 사건으로 주목을 끌었다. 실제로는 당시 일본을 주도하게 된 육군내부에서의 권력투쟁에 따른 사건으로서 그 후 일본정치의 군국화, 관료화를 촉진하게 된다. 하지만 이 사건은 정권의 주체와 통치의 형태가 바뀐다는 전형적인 의미에서의 정치혁명과는 거리가 먼 것이었다.

또 한 가지는 앞에서 잠깐 언급한 '잇키'(一揆)이다. 일본에서는 중세 이후 1922년까지 약 500년 이상에 걸쳐 수십 건의 잇키가 있었다. 그렇다면 이 잇키란 무엇인가? 일본을 대표하는 국어사전 코지엔(広辞苑)을 보면 잇키를 도리나 방법을 같게 하는 것, 마음이 같아지도록 하는 것, 그리고 세 번째로 '지배자에 대한 저항이나 투쟁을 목적으로 하는 농민의 무장 봉기'라고 정의하고 있다. 이 세 번째의 정의에 따라 잇키를 하나의 혁명으로 볼 수도 있는 것이다. 그러나 잇키는 성질이나 규모에 있어서 '사회적인 혁명'(social revolution), 즉 사회의 성질이나 구조를 바꿀 정도의 변혁을 가져온 것은 아니었다. 잇키는 프랑스나 러시아에서 있었던 소위 농노의 반란이 아니라 '백성'이 특정한 사안에 대하여 불만을 표출했던 집단행동이었다. 기존의 정치체제를 전복한다는 사상은 일본 백성에게 전혀 없었다고 할 수 있다.

중세 이후 지금까지 일본에서 정권이 특정한 계층의 체제변혁기도에 의하여 바뀐 적은 없다. 이는 근대에 들어와서도 마찬가지다. 메이지유신에 의하여 근대정부가 형성되고 1885년에 이토 히로부미가 초대 총리대신으로 등장한 이후 지금의 아베 신조까지 총 63명의 수상이 존재하였다. 그중에서 타의나 사건에 의하여 총리직을 버리거나 못하게 된 경우는 총 7건에 불과하다. 그중에서 3명이 암살당했고, 4명은 병사 또는 질병으로 인한 집무불능 상태를 맞았다.

이는 헌정 사상 있었던 한국의 대통령 10명과 비교하면 너무 큰 대조를 이룬다. 즉, 망명 1건(이승만), 암살 1건(박정희), 자살 1건(노무현)이 발생했고, 김대중은 대통령이 되기 전에 일본에서 납치당하고 나중에 사형선고를 받았으며, 윤보선은 군사쿠데타 후에 헌법정지로 대통령직을 잃었다. 그리고 전두환, 노태우 두 사람은 대통령직 이후에 징역형을 선고받는 일을 겪었다.

마쓰시타의 가르침

얼마 전에 정권을 잃은 노다(野田) 총리를 비롯해 많은 정치가를 배출한 일본특유의 정치학교인 마쓰시타 정경숙(松下政經熟)의 교훈(熟訓)을 보면 첫 줄에 '소박하고 곧은 마음으로 중지를 모아'라고 쓰여 있다. 한국어에는 낯선 이 '스나오'(素直)라는 말은 일본인이 가장 존경하는 인물 중 한 명으로 마쓰시타(파나소닉)를 창업한 마쓰시타 고노스케(松下幸之助)가 주장한 말이다. 마쓰시타가 말한 소박하고 곧은 마음이라는 것은 '관용으로서 사심이 없는 마음, 타인의 가르침을 넓게 받아들이는 마음, 분수를 알고 즐기는 마음'이라고 풀이된다.

마쓰시타의 이념은 일본인의 생활관, 가치관을 잘 요약한다. 선량함이 배어나는 이 말에는 한편으로는 정의라거나 개척이라거나 변혁이라거나 하는 개념이 없다. 일본인을 평가하며, 평화롭고 조용하고 깨끗하고 친절하고 겸손하다는 등의 형용사들이 등장한다. 그런데 여기에는 다른 민주사회가 추구하는 가치, 즉 정의, 혁신, 창조, 평등, 공정 등의 단어는 거의 나타나지 않는다.[101]

일본사람들이 가장 숭상하는 인물인 쇼토쿠 태자가 만든 '17조 헌법'의 제1조에는 '화(和)로써 고귀하고 도리에 거스르지 않음을 규범으로 하라'고 가르치고 있다. 이러한 가르침을 중시하는 사회풍토 속에서 성장하여, 관용하는 마음으로 사심을 품지 않고, 분수를 알고 주어진 현실을 즐기며, 남에게 폐를 끼치지 않는 사람들은, 평화로운 공동체를 유지하고 거리를 깨끗이 하며, 시키는 대로 성실하게 일하고, 교범대로 물건을 잘 조립하여 훌륭한 산업을 형성할 수 있다.

그런데 그들이 못하는 것이 있다. 바로 권위에 도전하고 기존질서를 바꾸며 정의의 이름으로 남을 징치하는 것이다. 그래서 일본에는 혁명이 없었다. 피와 같은 재산을 은행에 수십 년 맡겨도 이자가 안 나오는 현실에 대하여 불평을 말하는 것을 거의 듣지 못한다. 권력이나 지식을 가진 이들이 바꾸자면 따르고, 바꾸자는 말이 안 나와도 '지금 이대로

101 보스턴대학에서 비교경영학을 가르치는 한 학자가 조사해본 결과에 따르면, 미국, 한국, 일본의 가정에서 자녀에게 강조하는 가르침은 크게 다르다. 즉 미국에서는 '무언가 새로운 것을 해라'(Do something new)고 가르치고, 한국가정에서는 '남에게 지지 마라'고 가르치는데, 일본의 가정에서는 '남에게 폐를 끼치지 마라'(迷惑をかけない)가 압도적으로 많다는 것이 흥미롭다.

좋다.' 죽을 때까지 한 번도 가보지 못할 다케시마라는 바윗덩어리를 우익인사들이 '일본의 영토인데 한국이 불법점거'하고 있다고 떠들면 '아 그런가' 생각하고, 한국정부나 시민단체가 '독도는 한국 땅'이라고 외쳐도, 좋아하는 한국관광을 하고 배용준의 드라마 비디오를 빌리는 데 크게 지장이 없으면 아무래도 좋다. 그래도 우연히 한국기자가 마이크를 들이대며 '독도는 한국 땅인데 왜 일본 땅이라고 하느냐'고 물으면 조용히 '미안하다. 드릴 말씀이 없다'라고 말하면 된다.

정치적 무관심

이는 정치적 무관심과 밀접한 관련이 있다. 일반시민의 정치에 대한 무관심은 정당이나 정권만을 대상으로 하는 것이 아니라 넓은 의미에서 '정치권'에서 벌어지는 일을 포함하는 것이고, 여기에는 매스컴이 들어간다. 일부의 우익정치가가 독도 영유권을 주장하고 이런 주장을 〈정론〉(正論), 〈윌〉(WiLL) 등의 월간지가 대대적으로 활자화해도 대다수 일본인은 가타부타의 의견을 말하지 않는다. 이를 한국에서는 일본인들이 독도 영유권 주장에 동조하고 있는 것으로 여기고 맹렬하게 반발하고, 이 맹렬한 반발을 일본의 우익매체가 다시 대대적으로 분석하여 보도하는 '설전(舌戰)의 에스컬레이션'이 벌어지는 것이 한일관계의 현주소이다.

한국의 반미, 일본의 친미

권위와의 관계에 있어 한국과 일본의 풍토를 비교할 수 있는 또 하나의 흥미로운 화두는 미국이다. 두 나라는 공히 미국과 동맹관계를 가지고 있으며, 일상생활에서 깊숙이 영향을 받고 있다. 그런데 두 나라에서 전개되어 온 반미(反美)와 친미(親美)의 극명한 대조는 두 나라의 지정학적 심리를 보여주고 있다.

우선 일본에 관하여 말하면, 미국은 일본의 적국이었다. 1941년에 일본의 진주만공격에서 시작하여 1945년에 종결된 (세계대전이 아닌) 태평양전쟁에서만 미국군 35만 4천 명이 죽었고 일본군 174만 명이 죽었다. 한편 한국전쟁에서 희생된 미군의 숫자는 전사 3만 7천 명을 포함하여 총계 13만 7천여 명이 사망, 부상, 실종, 또는 포로가 되었다. 단적으로 말하여, 미국의 입장에서 본다면 35만 명의 군인이 죽은 적국 일본이 충성스러운 친미의 나라가 되어 있고, 우방으로서 돕기 위하여 3만 7천 명의 군인을 잃은 한국이 반미를 표방하고 있는 것이 오늘날 현실이다.

물론 미국의 한국전쟁 참전이 미국의 국익을 위한 것이었다고 주장하는 사람도 있고, 오늘날 한국사회는 사실 친미이지 반미는 아니라고 주장하는 이도 있다. 여기서의 논점은, 미국과의 동맹을 국가생존의 축으로 하는 한국과 일본에서 시민사회가 보여주는 미국에 대한 태도는 두 국민의 지정학적 인식을 이해하는 데 중요한 실마리가 된다는 것이다.

한국에서 반미운동이 민주화운동의 한 기둥이 되어 많은 사건이 있었다. 광우병 촛불시위, 한미자유무역협정(FTA) 반대투쟁, 제주해군기지 저지투쟁 등 미국과 직간접적으로 관련된 현안에 대한 반대운동이 그치지 않으며, 주한미군철수는 여전히 반미시위의 단골메뉴가 된다.

일본과 한국의 미국과의 관계를 비교하게 하는 좋은 사례가 있다. 바로 미국산 쇠고기 수입을 둘러싼 논란이었다. 2010년의 통계를 비교해 보면 한국은 미국산 쇠고기 총 8만 5천 톤을 수입했고, 일본은 9만 2천 톤을 수입했다. 인구 일인당 수입량은 한국이 많지만 전체수입량은 일본이 많다. 그런데 2003년에 미국산 쇠고기 광우병파동이 있었다.

미국에서 똑같은 쇠고기를 수입하는 일본에서는 2006년에 수입이 재개되어 1만 2천 톤, 2007년에 3만 4천 톤, 2008년에 5만 4천 톤, 2009년에 6만 9천 톤, 2010년에 9만 2천 톤의 페이스로 수입재개 이후 5년간 연평균 25%씩 증가하였다. 한국에서 광우병 시위가 대대적으로 벌어질 때 미국산 쇠고기 수입을 놓고 일본에서 벌어진 시민집회나 시위는 없었다.

그 대신에 있었던 것은 한국에서의 시위에 대한 소상한 보도였다. 2009년에 일본에서 『촛불시위를 넘어: 한국사회는 어디로 가는가』라는 책이 출판되었다.[102] 여러 사람의 글을 편집한 책의 요지는 쇠고기수입을 둘러싸고 벌어진 촛불시위는 한국시민사회의 축소판이며, 그것은 쇠고기와 식생활에 관한 문제가 아니고 한국사회의 보혁갈등, 그리고 친미와 반미라는 명분의 싸움이라는 것이었다.

그렇다면 여기에서 일본과 한국에 주둔하는 미군과의 관계를 보자. 주한미군은 주일미군보다 더 많은 문제를 일으키는가?

일본과 한국의 자료를 비교해 보면, 1967-2002년의 기간에 일본에

102 『ろうそくを越えて: 韓国社会はどこに行くのか』(東方出版, 2009).

서 연평균 3,500건, 한국에서 연평균 5,300건의 미군 관련 사건·사고가 있었다. 확실히 한국이 더 많다. 한편 세간의 이목을 끌었던 사고들을 보면 한국에서 장갑차에 의한 여중생 압사, 음주뺑소니 사망, 여성 성폭행 등이며, 일본에서는 소녀집단강간, 음주운전에 의한 여고생 사망, 헬리콥터 추락 등으로 내용에 있어서는 거의 비슷하다.

그런데 확연히 다른 것은 이에 대한 시민사회의 반발 모습이다. 일본의 경우에는, 사건이 발생한 지역에서 주민들이 피켓을 들고 미군기지 앞에서 항의를 하는 것으로 그치는데, 모이는 사람들의 수가 대개 1,000명 이하이다. 이에 비하여 한국에서는 사건이 전국적인 관심사이자 시위로 발전한다. 군사동맹을 위하여 미군이 주둔하는 과정에서 발생하는 사건들이 한국의 반미와 일본의 친미를 가르는 결정적 요인은 아닐 것이다.

그렇다면 한국의 반미와 일본의 친미는 어디에서 오는가? 이는 일본의 친미를 보면 힌트를 얻을 수 있다. 일본인이 가진 친미의 정신구조 속에 깊이 자리 잡은 것은 승전국 미국의 권위에 도전하지 않는 것이다. 전쟁을 일으킨 일본을 용서하고 지원한 미국이 리드하는 국제체제에 전폭적으로 의지하고 따라가는, 소위 일본에서 '수미외교'(隨米外交)가 가능한 배경은 여기에 있다.[103] '친미보수'(新米保守)라는 정치용어가 함축하듯이, 선진국에서 가장 보수적인 정치성향을 가진 일본에서 '친

103 일본에서는 미국을 美國이라 표기하지 않고 米国이라 표기하며, 일미관계(日米関係)를 일본외교의 기축으로 삼는다.

미'란 보수이념의 중심축으로 작용하는 입장이자 사상이 되었다.[104]

금세기 일본외교가 미국을 따라가는 것을 기본으로 하는 수미외교라는 데에는 이론의 여지가 없다. 주 프랑스대사를 역임한 일본외교관 야타베 아쓰히코(矢田部厚彦)는 일본의 외교자세를 다음과 같이 요약하였다.

> 태평양전쟁 개전 이후에서 (미군에 의한) 점령이 끝나는 기간에는 본래의 의미에서의 외교 같은 외교는 존재하지 않았고, 샌프란시스코 강화조약 발효에 따라 국권이 회복된 이후에도 타성적인 대미의존이 계속되었다. 그 결과, 자기중심적이고 공상적 일국평화주의가 나라에 풍미하여 국제사회의 여러 문제에 대하여 자주성 없는 대세순응과 경제외교우선이 일본외교의 특질이 되었다.[105]

일본의 예에서 부각되는 중요한 포인트는 일본의 친미가 정합적이라는 것이다. 즉, 일본엘리트층의 친미라는 전략적 선택, 시민사회의 이에 대한 순종, 그리고 감정을 배제한 실리주의, 기능주의라는 내부적 요소

104 현재의 일본의 대외관계를 결정함에 있어 가장 중요한 것은 요시다 독트린이다. 제2차 세계대전이 끝난 후 일본 앞에는 두 가지 선택지가 있었다. 하나는 적국이었던 미국과 손을 잡고 미국의 세계질서형성에 도움을 주는 것이고, 또 하나는 중국과 손을 잡아 일본이 아시아의 맹주가 되는 길이었다. 여기서 요시다 정권이 택한 것은 미국과의 동맹이었다. 이 독트린은 세 가지 요소로 구성되었다. 첫째는 미일관계를 외교의 기본으로 한다. 둘째, 평화헌법을 도입하고 무장을 포기하는 대신 방위를 미국에 맡긴다. 셋째, 그 대신에 경제건설에 치중한다. 이 선택이 성공으로 연결된 것은 일본에 큰 행운이었다.

105 『日本外交とは何か-その歴史と精神』(平凡社, 2005), 22쪽.

들이 조화되고 있다. 이 조화성이 너무 공고하여, 이를 비판하는 우익 인사들은 '일본이 미국의 첩'이라는 표현마저 서슴지 않고 있다. 작가 출신의 우익적인 정치가로 한국에 알려진 이시하라 신타로(石原愼太郎) 전 도쿄지사는 일본의 처지를 '중국에 농락당하고 미국의 첩으로 아양을 떨어온' 나라라고 표현한 적이 있다.

일본이 일관되게 보여 온 친미주의에는 해양국가 일본의 세계체제와의 정합성이 녹아 있다. 일본이 아시아에서 우월한 위치를 차지하는 데에는 해양국가로서 서양과의 관계를 외교의 기축으로 한 덕분이었다. 네덜란드, 포르투갈 등으로부터의 근대지식의 수입, 세계대전 이전의 영국과의 동맹, 독일과 손을 잡고 일으킨 세계대전, 그리고 적으로부터 동맹으로 변신한 미국과의 관계가 그것이다. 앞에서도 설명했듯이, 해양국가와 동맹관계를 유지함으로써 일본은 안정과 평화를 얻을 수 있다고 믿는다. 실제로 일본은 영일동맹, 미일동맹을 통하여 오늘에 이른 것이다.

일본의 일관되고 앞뒤가 맞아 모순이 없는 친미와 비교할 때, 한국의 반미는 '기회주의'로 오인받을 만한 모순과 비정합성이 크다. 한국은 친미도 아니고 반미도 아니다. 그리고 그 경향은 완전히 기능주의적 전략성에 입각한 것도 아니고 당위주의적 정서에 입각한 것도 아니다.

이러한 친미와 반미의 어정쩡한 '융합'은 한국인의 일상생활에도 잘 나타난다. 한국인의 저녁시간을 지배하는 TV 드라마를 보면 무슨 일을 하다가 잘못되면 '미국에 들어가고' 웬만한 가정에는 미국에서 공부하거나 일하거나 사는 사람이 한 사람씩 있다. 이념의 좌우나 사회적 위상을 불문하고, 공직자, 학자, 종교지도자 등 사회의 엘리트층은 대개 자녀를 미국으로 유학 보낸다.[106]

일본인의 기능주의

같은 침상에서 자면서도 서로 다른 꿈을 꾸는 모양을 놓고 동상이몽(同床異夢)이라고 한다. 그런데 2014년이라는 대명천지에 한국과 일본은 수많은 역사가가 연구해서 이제는 알 만한 일들을 놓고 아직도 서로 다른 해석과 입장을 취하고 있다. 동사이지(同事異知)의 갈등이 증폭되는 이 불가사의를 어떻게 이해해야 할 것인가?

나는 이 '역사인식'의 차이를 '기능주의'와 '당위주의'의 대립으로 축약하고자 한다. 가장 대표적인 예로, 독도 문제는 역사관의 충돌로 해석할 수 있다. 한국과 일본 모두 독도가 '역사적, 법적'으로 자국의 영토라고 주장하고 있다. 하지만 자세히 보면, 한국의 주장은 역사적 연원을 강조하고 있고 일본의 주장은 법적인 입장을 강조함을 알 수 있다. 즉 일본의 주장은 기능주의적이고 한국의 주장은 당위주의적이라고 요약할 수 있다.

106 진보파의 정치지도자인 노무현이나 안철수의 자녀도, 그리고 그들이 규탄하는 군 출신의 노태우의 자녀도 미국유학을 가기는 마찬가지다.

기능주의

기능주의 또는 구조기능주의라는 말은 다양한 학문 분야에서 여러 가지 의미로 쓰이기 때문에 사용하기가 조심스럽다. 하지만 이 책에서는 어려운 방법론적인 개념이 아니라 사회과학에서 채용되는 가장 표준적인 뜻, 즉 '(다양한 레벨에서의 집단 등의) 시스템을 구성하는 부분은 그 시스템 전체와의 기능적 관계로 이해할 수 있다'는 것이다.[107]

일본의 지한파 학자들이 한국문화가 결정적으로 일본과 다른 점의 하나로 법과 윤리의 일체성을 논하는 것은 주목할 만하다. 이는 한일 간의 주요한 갈등현안에 모두 해당되는 것으로 보인다. 한국은 일제강점기에 행해진 여러 가지 과오에 대하여 일본정부가 윤리적인 행동뿐 아니라 법적인 조치를 취할 것을 요구하고 있다. 이에 대하여 일본정부의 공식적인 자세는 1965년의 한일국교정상화조약으로써 모든 현안이 '결착'(決着)되었다는 것이다. 윤리와 법을 분리하는 생각을 바탕으로 일본정부는 늘 자신의 행동을 설명함에 있어 '단호한'이라거나 '의연한'이라는 형용사를 쓰는데, 이는 법이 윤리보다 우선한다는 기능주의적 사고를 표출하는 것이라고 할 수 있다.

우선 과거 역사를 놓고 한국과 일본이 지금도 티격태격하는 일본의

107 이러한 정의에 의하면, '군대라는 구성요소가 국가사회라는 시스템에서 존재하는 이유는 그 시스템을 위하여 살육이라는 기능을 수행하기 때문'인 것이다. 얼핏 기계적으로 들릴 수 있는 이 명제는 우리 생활에서 얼마든지 구현되고 있다. 아랍사회에서라면 '돌로 쳐 죽여야 할' 연쇄살인범에게도 국가가 세금을 써서 국선변호사를 선임하고 그 변호사가 피의자에게 법률의 보호라는 기능을 제공하는 등의 일이 있음으로써 그 사회시스템이 존속하고 있는 것이다. 이 기능주의적 사고는 서구의 논리가 세계의 보편적 논리가 된 지금 세상에서 매우 강력한 힘을 아직도 발휘하고 있다.

'사과'와 관련해서도 이 문제가 제기되고 있다. 즉, "한국이 법과 윤리의 책임이 일체불가분이라고 하는 것에 반하여 일본이 (이 둘을) 엄격히 분리하는 것에서 감각의 차이가 발생"하고 있다는 것이다.[108] 일본의 지도자들이 과거 일제강점기에 대하여 사과하면서도, '법적으로는 모두 해결된 문제'라고 하는 데에서 한국인의 불만이 해소되지 않고 있는 것이다.

독도 갈등의 경우, 일본의 독도 영유권 주장은 다음과 같은 두 가지 포인트로 집약이 된다.

- 1905년에 일본정부의 지방자치단체인 시마네 현(島根県)이 다케시마를 행정권이 미치는 지역에 편입함으로써, 일본의 영유의사를 공식적으로 분명히 했다.
- 1951년에 서명된 샌프란시스코 강화조약문을 기초하는 과정에서 일본이 한국에 반환해야 할 영토에서 다케시마가 제외되었으며, 이는 미국정부도 확인하였다. 따라서 1952년에는 일본에 주둔하는 미국이 다케시마를 일본영토로 보고 그곳에서 폭격훈련을 하였다.

이 두 개의 명제의 바탕을 이루는 사고방식은 기능주의와 형식주의라고 할 수 있다. 즉, 다케시마에 대한 영유권은 일본의 공권력과 국제체제라는 두 가지 힘의 기능에서 유래하는 것이며, 그 형식은 실질(한국의 당위주의적 주장)을 능가한다는 것이다.

108 浅羽祐樹, 木村幹, 佐藤大介, 『徹底検証 韓国論の通説・俗説』(中公新書ラクレ, 2012), 44쪽.

독도 문제와 관련하여 일본의 기능주의적 사고를 피부로 느낄 수 있는 기회가 있었다. 독도 문제에 깊은 관심을 가진 고베(神戸)대학의 한 법학자와 의견을 나눌 때였다. 그는 독도 문제가 국제사법재판소에 간다면 일본이 이길 것이라고 확신에 차서 말했다. 그 확신의 근거가 무엇이냐고 묻자, '일본은 국제재판의 경험이 풍부하고, 재판은 경험이 중요하다'는 것이었다. 그의 말을 풀어보면, 독도가 진정으로 누구 것인가라는 근본적인 이슈보다는 기능과 기술의 우위를 차지하는 자의 것이라는 것이다. 이어서 그는 '재판을 하게 된다면 일본 외무성에는 경험이 풍부한 조약국의 전통'이 있다고 하였다.[109]

기능주의, 형식주의를 존중하는 일본정부가 독도 영유권을 고집하고, 일본시민이 이를 (일부 우익미디어 이외에 대부분의 시민은 소리를 내지 않지만) 지지하는 것은 지극히 당연하다. 실질적인 내용에서 일본이 대륙을 침략하는 과정에서 (힘없던) 조선의 섬을 일본령으로 한 것은 '드릴 말씀이 없게' 미안한 일이지만, 냉엄한 국제정치의 현실에 따라 엄연히 일본령으로 한 일본지방자치단체와 국제조약의 기능과 형식을 무시할 수 없다는 것이다.

기능주의 외교와 '만국공법'

일본외교의 기능주의의 한 연원으로 나는 『만국공법』이라는 것을 꼽

109 2004년에 국제법국으로 개편된 조약국(條約局)은 일본의 엘리트관료가 모이는 외무성 안에서도 엘리트가 모이던 곳으로서 전통적으로 '사무차관'(정치가 출신의 대신 아래 실제로 관료의 최고직)을 배출하는 주류였다.

고 싶다. 만국공법이란 서양에서 동양에 전래한 하나의 책자에 불과하다. 1836년에 미국의 법률가이자 외교관 헨리 휘튼(Henry Wheaton)이 『국제법의 요소』(*Elements of International Law*)라는 책을 지었다. 이 책은 출간되자마자 당시 국제법의 바이블과 같은 지위를 지니던 그로티우스의 『전쟁과 평화의 법』에 버금가는 중요한 저서로 평가되어 세계에 보급되기 시작하였다.[110]

그런데 『만국공법』(萬國公法)이라는 타이틀로 중국어로 번역된 이 책이 보급된 것은 정작 중국이 아니라 일본이었다. 중국어 번역서가 나온 지 얼마 안 되어 일본에 전파된 이 책은 유신의 지도자들, 특히 무사출신의 정치가로서 해군건설을 주도한 가쓰 가이슈(勝海舟)의 손에 들어가 그의 제자 사카모토 료마(坂本龍馬)를 비롯한 메이지의 지도자들이 섭렵하게 되었다. 메이지유신의 지도자들에게 만국공법이 중요하고 매력이 있었던 것은, 이 책이 전파하는 '국제법적 관념'으로서 중국을 중심으로 하는 '화이질서'(華夷秩序)를 대치할 수 있었던 것이다. 청조를 중심으로 하는 세계관과 가치관 대신에 '모든 국가의 위에 서서 국가간의 행동을 평등하게 구속하는 국제규범'은 메이지 지도자들이 새로이 받아들이고자 했던 세계관에 합치하는 것이었다. 만국공법은 일본이 평등한 멤버로서 국제사회에 들어가는 교범이 되었다.

여기서 국제사회로의 진입이라는 의미를 더 살펴볼 필요가 있다. 이

110 이 책이 동양어로 번역된 것은 1850년에 중국에 들어와 활동하고 있던 선교사이자 학자 윌리엄 마틴(William Martin)에 의해서였다. 천진조약문의 기초에 관여하는 등 중국어에 능통했던 마틴은 1862년에 휘튼의 책 번역에 착수하여 1864년(또는 일부 설에 의하면 1865년)에 중국어로 번역을 완성하였다.

는 단순히 서양주도의 국제사회의 일원이 되는 것에 그치지 않고, 서양 열강과 '동등하게' 아시아에서의 권익을 주장하는 논리적 근거가 된 것이다. 청조를 중심으로 하는 화이질서, 즉 책봉조공체제를 버리고 새로운 국제법 레짐에 따른 외교방침을 내세운 메이지일본은 1871년에 청국과의 수호조약, 1876년에는 조선과의 수호조약을 체결하여 아시아에서 근대외교를 주도한다. 부국강병과 식산흥업정책으로 실력을 키운 일본이 지역질서를 새로이 개편하기 위하여 청국과 러시아와의 전쟁에 차례로 승리를 거두고 조선과 대만을 강점하기에 이른다.

보수본류의 기능주의 외교

일본 방위대학교 총장을 역임한 정치학자 이오키베 마코토(伍百旗頭眞)는 전후 일본외교의 기본노선이 된 요시다노선의 원류로서 전전의 외교노선을 설명하며 '헤로드주의'라는 개념을 동원한다. 즉 역사학자 아놀드 토인비가 『역사의 연구』(*A Study of History*)에서 논한 광신자(zealot)와 헤로드주의자(Herodian)의 대비를 인용하여, 메이지유신에 따라 서양세력에 직면한 메이지 지도자들이 외세를 거부하는 양이(洋夷)의 광신주의를 따르지 않고 학습을 통하여 서양문물을 받아들인 일본의 근대화를 '헤로드주의의 승리'라고 표현한다.[111]

111 나아가서 그는 당시 조선을 정복하고자 하는 광신론자들의 '정한론'(征韓論)을 누르고 '세상을 알기 때문에 하는 내치우선주의'(內治優先主義)를 내세운 오쿠보 도시미치(大久保利通)의 '정한론에 관한 의견서'를 '헤로드주의의 성공례'라고 하였다. 五百旗頭眞(編), 『戰後日本外交史』(有斐閣, 2010), 3-4쪽. 오쿠보 도시미치는 '메이지유신의 3걸'의 한 사람으로서, 부국강병과 식산흥업을 추진한 사람으로 일본에서 숭앙되고 있다.

이오키베의 해석에 따르면 전전의 이 헤로드주의 외교는 영미를 중심으로 하는 '열강과의 협조'였으며, 또한 그에 수반하는 과정으로서 다양한 조약의 제정 및 개정이었다는 것이다. 요컨대 육군을 중심으로 하는 광신론자들의 당위주의를 누르고 개화파의 기능주의가 승리한 것이며, 이것이 전후에 '가스미가세키 정통외교'로 승화하였다는 것이다.[112]

전후의 기능주의적 외교로 이어지는 전전의 '헤로드주의 외교'의 초석을 놓은 것은 무쓰 무네미쓰(陸奥宗光),[113] 고무라 주타로(小村壽太郎),[114] 히다하라 기주로(弊原喜重郎)[115]라는 세 사람의 외교관이라 할 수 있다. 이 세

112 '가스미가세키'란 일본의 중앙관청이 자리 잡은 도쿄의 구역을 가리키는 말로서 여기서는 외무성을 지칭한다.

113 막부시대 말기의 무사 출신으로 정치가이자 외교관으로 성장한 무쓰는 이토 히로부미 내각에서 외무대신으로 취임하여 영국을 포함한 15개 국가와 맺고 있던 불평등조약을 모두 개정한 공을 세워 자작의 작위를 받은 인물이다. 그는 조선에서 동학의 봉기가 발생하여 청이 출병함으로써 터진 청일전쟁에서 영국과의 협조를 끌어냈으며, 결국 시모노세키조약에서 일본에 유리한 협상을 도출시킨 인물이었다.

114 고무라는 한국에도 잘 알려진 인물이다. 메이지 초기에 하버드대학에서 법학을 공부하고 판사를 거쳐 외교관으로 변신한 고무라는 앞에 나온 무쓰의 인정을 받아 청국대리공사를 거쳐 청일전쟁 후에는 주한변리공사에 이어 외무차관으로 승진하는 등 동아시아의 격변 속에서 승승장구한 인물이다. 영일동맹을 추진한 공으로 남작 작위를 받은 그는 1905년에 터진 러일전쟁을 수습하는 포츠머스조약을 주도하였으며, 일본의 대륙정책에 매진하여 한일합방 후의 미일통상조약, 러일협약 등을 체결한 공으로 후작에 임명된 인물이었다. 160cm가 안 되는 키에 '생쥐공사'라고 불릴 정도의 빈상인 그를 만난 청국 이홍장이 조롱을 하자 고무라는 '우리나라에서는 덩치가 큰 남자는 지혜가 잘 안 돌기 때문에 큰일은 맡기지 않는다'고 받아치는 등 많은 일화를 남긴 인물이다.

115 제국대학 법학과를 나와 관료로서 외교가에 입문한 시데하라는 다이쇼(大正)데모크라시가 일본에서 풍미하고 세계적으로 자유주의체제가 성립되었던 1920년대 중반에 외무대신이 되어 국제협조를 강조하는 소위 '시데하라외교'를 정립했던 인물이다. 내용적으로는 군비확장을 주장하는 국내강경파를 견제하고 워싱턴체제에 입각하여 미국, 영국과 협조를 견지하며 민족운동이 발흥하는 중국에 대해서는 일본이 가진 조약상의 권익을 추구하며 아시아에서 일본이 가졌던 특별한 지위를 보호한다는 노선이었다. 일본군부의 영향력이 커지면서 시데하라외교는 결국 힘을 잃고 말지만, 그가 추구했던 기능주의적 실리외교는 외무성에서 하나의 독트린으로 자리 잡을 수 있었다.

사람은 청일전쟁, 러일전쟁, 그리고 일본군국주의의 발흥이라는 세 전환기에서 명분이나 이념보다는 실리를 중심으로 하는 외교를 전개했다는 점에서 일본외교의 하나의 패러다임을 기초했다고 할 수 있다.

기능주의의 확장

기능주의적 사고는 독도 문제에 국한하지 않고, 종군위안부, 재일한국인, 약탈문화재반환 등 한국과 일본의 주요 현안에 대한 일본정부의 자세에 나타난다. 즉 1965년의 국교정상화로 모두 기능적으로 '결착'(決着)이 지어진 문제라는 것이다. 심지어는 35년간의 일제 강점도 '사실은 조선에 유익한 것'이었다는 주장을 견지하는 우익인사들이 일본에는 많다. 바꾸어 말하면, 내용이나 본질보다도 형식에 의하여 기능이 수행되었다는 것이다. 이는 일본의 입장에서는 매우 편리하고 강력한 주장이 된다. 그리고 이러한 기능주의적 사고가 일본의 가장 강력한 후원자인 미국에 의하여 지지된다고 믿기 때문에 물러날 필요를 못 느낀다.

2011년 12월 교토에서 열린 한일정상회담에서 이명박 전 대통령은 노다 전 총리에게 시종일관 위안부 문제의 해결을 촉구한 것으로 전해진다. 그러나 이에 대한 노다의 반응은 지금까지의 일본 입장, 즉 '법적으로 해결이 끝났다'는 입장을 견지한 것으로 전해진다. 당시 일본정부의 공식발표는 다음과 같이 전하고 있다.

> 위안부 문제에 관하여 이 대통령으로부터 이 문제가 해결된다면 다른 문제들의 해결에 도움이 되고, 따라서 이 문제해결을 위한 일본정부의

용기가 필요하다는 등, 위안부 문제의 중요성과 대처를 구하는 말이 있었다. 노다 총리는 이 건에 대하여 일본정부의 일관되고 분명한 법적 입장에 기초하여, 일본정부의 입장은 이미 아시는 바와 같다고 말한 후, 지금까지 우리나라가 인도적 면에서 노력해 왔으며, 앞으로도 인도적 견지에서 지혜를 짜낼 것이라고 하였다. 주한서울대사관 앞에 세워진 동상에 관해서, 노다 총리는 이 대통령에게 동상의 건설은 매우 유감스러운 것이며 조기에 철수할 것을 요구하였다.

교착상태에 빠진 종군위안부 문제

독도 문제에 있어서는 전 국민적인 관심 속에서 정부나 시민사회에서 다양한 활동이 전개되고 있는 것에 비하여, 종군위안부 문제는 여러 가지 요인으로 교착상태에 빠져 있다고 보인다. 이 문제에 있어 한국정부 측 약점의 하나는 전후 한일관계가 형성되고 전개되는 과정에서 처음부터 제기된 것이 아니라 나중에 우연히 튀어나왔다는 것이다.

1951년 10월에 시작하여 1965년 6월까지의 기간에 벌어졌던 총7차의 한일관계 정상화회담에서 종군위안부 문제는 한국정부에 의하여 주요 의제로 제기된 적이 없다. 회담과정에서 산발적으로 지엽적인 사안으로서 언급된 적은 있으나 공식협상의 대상이 되지 못한 채 1965년의 한일국교정상화 기본조약이 성립됨으로써 그 뼈대의 암묵적 일부분으로서 '해결'된 것으로 낙착된 것이다.[116] 그리고 다음과 같은 4개의 협

116 다시 한 번 상기해 보면, 정식명칭 '대한민국과 일본 간의 기본 관계에 관한 조약'에는 다음과 같이 7개의 조항이 들어 있다.

정과 한 개의 '교환공문'이 부수하고 있다.

- 한일 어업 협정
- 재일교포의 법적 지위 및 대우 협정
- 경제 협력 협정
- 문화재 협정
- 분쟁해결에 관한 교환공문

그런데 위의 6개의 문건에는 종군위안부에 관해서는 어디에도 한마디의 말을 찾을 수가 없다. 이것이 일본정부가 '법적으로 모두 해결되었다'고 주장하는 근거이다.

그렇다면 14년간의 협상기간에 종군위안부(또는 정신대)가 정식의제에

제1조 양 체약 당사국 간에 외교 및 영사관계를 수립한다. 양 체약 당사국은 대사급 외교사절을 지체 없이 교환한다. 양 체약 당사국은 또한 양국 정부에 의하여 합의되는 장소에 영사관을 설치한다.
제2조 1901년 8월 22일 및 그 이전에 대한제국과 대일본제국 간에 체결된 모든 조약 및 협정이 이미 무효임을 확인한다.
제3조 대한민국 정부가 국제연합 총회의 결정 제195호(III)에 명시된 바와 같이 한반도에 있어서의 유일한 합법정부임을 확인한다.
제4조 (가) 양 체약 당사국은 양국 상호 간의 관계에 있어서 국제연합 헌장의 원칙을 지침으로 한다. (나) 양 체약 당사국은 양국의 상호의 복지와 공통의 이익을 증진함에 있어서 국제연합 헌장의 원칙에 합당하게 협력한다.
제5조 양 체약 당사국은 양국의 무역, 해운 및 기타 통상상의 관계를 안정되고 우호적인 기초 위에 두기 위하여 조약 또는 협정을 체결하기 위한 교섭을 실행 가능한 한 조속히 시작한다.
제6조 양 체약 당사국은 민간항공 운수에 관한 협정을 체결하기 위하여 실행 가능한 한 조속히 교섭을 시작한다.
제7조 본 조약은 비준되어야 한다. 비준서는 가능한 한 조속히 서울에서 교환한다. 본 조약은 비준서가 교환된 날로부터 효력을 발생한다.

올랐던가 하면 그렇지도 않다. 1951년 10월에 협상이 시작될 때 ① 재일 한국인 법적 지위, ② 선박송환, ③ 기본관계, ④ 청구권, ⑤ 어업의 5개 분과위원회로 시작하여 중간에 문화재반환이 추가되었다. 그런 과정에서 강점기의 인적 피해에 대한 보상은 정식으로 협의된 바가 없다. 이는 지금의 시각에서 볼 때 한국 측의 치명적인 실책이라고 하지 않을 수 없다.

그러면 그 후에는 어떠한가? 한국인으로서는 또 한 번 반성하지 않을 수 없는 것은 지금에 와서 이렇게 전국적인 관심을 끌고 있는 사안이 1970년대까지는 아무도 신경을 쓰지 않던 사안이라는 것이다. 결국 1970년대에 한국에서 일본남성을 상대로 하는 매춘이 사회 문제가 되는 와중에서 여성단체 등이 소위 '기생관광'을 '신정신대'로 규정하고 규탄하는 과정에서 정신대 문제가 언급되었다는 것은 이 문제의 본연의 심각성에 비추어 볼 때 부끄러울 정도의 일이었다. 한국에서 정신대 문제가 본격적으로 부각된 양상 또한 한국으로서는 민망한 형태였다.

이어 구 일본육군에 관계하였다는 요시다 세이지(吉田清治)라는 문필가가 1977년에 『조선인위안부와 일본인』이라는 책을 내어 태평양전쟁에 한국여성이 위안부로 강제로 연행되었다는 사실을 적시하고 나아가서 조선인의 '노예사냥'이 있었다는 증언을 하는 충격적인 사건이 발생하였다. 요시다는 이어 1983년에 『나의 전쟁범죄』라는 책에서 종군위안부라는 것에 관하여 상세히 서술함으로써 이 문제가 한일 간의 사회적, 외교적 문제로 부각되었다.[117]

117 그는 나중에 일본의 우파 미디어에서 1983년의 책이 사실을 바탕으로 한 것이 아니고 '창작'된 것이라고 본인의 뜻을 뒤집었다. 그의 진술을 바탕으로 기사를 게재했던 아사히신문은 2014년에 들

한국에서 정신대에 관한 사회적 관심이 고조하는 가운데 한국교회여성연합회가 1988년 5월에는 한국교회여성연합회 내에 '정신대문제연구위원회'를 설치, 정신대 문제에 관한 자료조사와 피해자 면담 등의 활동을 벌였다. 그리고 1990년에 이르러 정신대공동대책협의회가 발족하게 되었다. 정신대문제대책협의회는 피해자 개개인의 불행으로만 치부되었던 '종군위안부 문제'를 한일 간의 역사 문제이자 '여성 문제'로 규정하고, 1990년 11월 16일 37개의 한국여성단체가 결집하여 '한국정신대문제대책협의회'(이하 정대협)를 정식으로 탄생시켰다. 정대협이 탄생한 후 오늘까지 1,000회 이상의 수요집회가 서울의 일본대사관 앞에서 행해졌는데도 문제의 해결에는 출구가 보이지 않고 있다.

이러한 일련의 과정은 한국사회가 종군위안부라는 가슴 아프고 민감한 문제를 진정한 태도로 처음부터 다룬 것이 아니라 사회가 진화하는 과정에서 불거지자 이를 '열풍'같이 다루고 있다는 것이다. 이러한 태도는 일본인에게 한국이 이 문제에 진정한 관심이 있었다면 처음부터 제기하든가, 그렇지 못했다면 이제는 더 이상 들추지 않는 것이 민족적 자긍심이 아닌가라는 반론의 빌미를 주고 있다. 1965년의 국교 '정상화'로부터 거의 50년이 지나고도 '정상화'되지 않은 이 문제는 급기야 2011년 8월에 헌법재판소가 정부의 '부작위'를 '위헌'이라고까지 판결하는 사태에 이르렀다. 즉, 정부가 해결해야 할 문제를 해결하지 않은 것은 '의도하지 않은'(부작위) 과실이라는 사법의 정치에 대한 경고였다.

어 그 기사들을 취소하고 공적으로 사과를 하는 사태로까지 번지게 되었다.

하지만 부작위에 따른 태만을 범한 것은 정부, 즉 정치가와 공무원들의 집단이 아니라 그들을 뽑은 한국사회 전체라고 해야 맞을 것이다.

시민문화 속의 기능주의

그렇다면 일본정부의 기능주의적 사고는 일반시민들에게도 위화감이 없이 잘 받아들여지는 토양에서 잉태된 것을 이해할 수 있다. 일본문화에는 가다치(形)가 담보해주는 안전성과 효율성, 그리고 그 총체적 결과로서의 실용성에 바탕을 둔 기능주의적 사고가 깊이 자리 잡고 있다고 나는 생각한다. 그리고 이 기능주의적 사고는 관청이나 기업 등의 영역에 국한하지 않고 생활에도 침투해 있다.

일본에서 '번쩍이는 것은 모두 파친코'라는 말이 있을 정도로 파친코가 많다. 그 안에 가보면 자욱한 담배연기 속에서 핀 볼이 튀어나오는 오락기를 들여다보는 사람이 빼곡히 차 있다. 그런데 이 노름을 하러 온 사람들은 퇴근하는 샐러리맨, 장에 가던 주부, 하루의 일과처럼 나온 노파 등 평범한 시민이 대부분임을 알 수 있다. 파친코는 일상을 파격하며 노름이 주는 쾌감의 충족이라는 기능을 제공해 주는 가다치로서 정착했기 때문이다.

따라서 일단 일본사회를 가다치로서 '공인'하였다면 그 연원이나 배경에 관계없이 기능주의를 구현하는 메뉴가 될 수 있다. 그 대표적이고 드라마틱한 예는 한류이다. 쉬운 예를 하나 들어보자. 2011년 3월에 잘나가던 배우 현빈이 포항에서 해병대에 입대하는 일이 있었다. 당시 매스컴은 이를 대대적으로 보도했는데, 그 영상들을 보면 중년의 일본

여성들이 몰려와서 손을 흔들며 '현빈을 군대에 보내는' 장면이 있다. 그중 대부분 여성에게 한국은 물론 포항은 더더구나 낯선 곳이다. 남편 출근시키고 애들 학교에 보내야 하는 여성들이, 한국행 비행기가 뜨는 국제공항까지 일본국내에서부터 긴 시간을 여행해서 인천에 내려 다시 포항까지 찾아오는 이 광경은 우리는 어떻게 해석해야 할까?

한류의 촉진을 원하는 사람은 한국대중문화의 우수성을 논하고 일본의 사회학자는 일본가정의 해체를 논할지 모른다. 그러나 한일관계를 분석하는 내 입장에서는 일본인의 기능주의 사고를 꼽고 싶다. 일본 지방의 여성들이 한국배우가 군대에 입영하는 것을 보기 위하여 먼 길을 나서는 데는 상당한 결심이 필요했을 것이다. 그 결심의 핵심에 있는 것은 '내가 좋아하는 한국배우의 (일본에 없는) 군입대라는 광경을 보고 싶다'는 욕구를 어떻게 해서든 충족시켜야겠다는 심리이다. 결국 욕구의 충족이란 기능을 실행하겠다는 것이다.

일본인의 생활 속에서의 기능주의를 잘 관찰한 서양인이 있다. 일본사회가 메이지에서 근대로 넘어가던 시기였던 1882년에서 1899년까지 18년간 일본에 거주한 프랑스인 화가이자 만화가 조르주 비고(George Bigot)는 수백 점의 그림을 남겼다. 그 그림들은 서양인의 눈에 비친 일본인의 생활에서 일본과 조선, 청과의 관계까지 다양한 주제를 다루고 있다. 그중에서 다음의 두 그림은 내가 이 책에서 말하고자 하는 일본인의 기능주의를 잘 그리고 있다고 본다.

왼쪽의 그림은 공중목욕탕에서 남자 때밀이가 나체의 여자손님을 씻기는 광경이다. 훈도시 하나로 사타구니를 가리고 여자의 몸을 닦는 그

Un homme pour qui le travail est un plaisir.

Costume d'été — léger, simple recommandé aux personnes craignant la chaleur

의 표정에는 부끄럼이나 '쪽팔림'의 기색은 없고 오히려 일을 수행하는 직업인의 담담함이 엿보인다. 한편 등을 내밀고 앉은 여자도 전혀 위축되거나 부끄러운 기색이 없다. 그들은 때를 벗기는 서비스(기능)를 사고 팔고 있을 뿐이다. 같은 남자인지는 모르지만, 오른편의 남자는 사타구니의 훈도시 위에, 아래로부터는 가죽구두에 양말을 신었으며 위로는 서양식 양복을 입고 맥고모자를 쓰고, 손에는 양산과 부채를 들고 있다. 해변을 거닐고 싶은 욕망을 충족시키는 기능을 수행하며 그는 지나가는 서양군인을 쳐다본다.

비고가 일본 땅에 발을 디딘 1892년에 조선에서는 임오군란이 일어났고, 그가 일본은 떠나던 1899년에는 〈독립신문〉이 폐간되는 일이 있었다. 그 당시 조선 사람이 위의 그림들을 보았다면 그 해괴망측함에 기겁을 했을 것이다. 지금도 일본을 방문하는 한국인들은 남자목욕탕에 청소를 한다고 젊은 여자가 불쑥 들어오는 일에 가슴이 철렁한다. 그만큼 일본인과 한국인은 자신의 욕망과 외부세계 사이의 관계를 설정함에 있어 정서상으로 커다란 차이를 가지고 있다.

사고의 구획화

한국의 아이돌배우나 가수를 보려고 일본의 국제공항 대합실이 마비가 될 정도로 전국에서 일본여성들이 몰려오고, 바로 그날 일본정부는 강점기에 조선에서 종군위안부를 동원함에 있어 정부나 군대가 조직적으로 개입했다는 증거가 없으며, 따라서 그런 문제에 더 이상 연연하지 말고 한일우호를 전향적으로 고려해야 한다는 발표를 할 수 있는 불일치성이나 비일관성은 일본인의 기능적 사고를 알아야 비로소 납득의 실마리가 풀린다고 생각한다.

나는 이를 '사고의 구획화'(compartmentalization)라고 해석한다. 이는 인생을 기능을 중심으로 나누어 생각하는, 즉 열차에 승객칸, 화물칸, 식당칸 등의 구획(compartment)이 있듯이 사물을 보거나 판단을 함에 있어 이질적인 요소들이 구획되어 공존할 수 있다는 것이다.

한편으로는 한국을 비난하며, 다른 편으로는 협력을 모색하는 일본정부의 행위를 한국인은 이중성이라고 비난하지만, 일본인으로서는 자연스러운 구획화이다. 한일 간의 외교에 계산을 들이대는 행동의 연원에는 이 기능주의적인 사고가 있다. 한국이 1997년에 통화위기에 빠졌을 때 브리지론을 제공한 사례를 일본정치가, 언론인, 지식인은 늘 기억하고 필요할 때면 이를 들이댄다. 이런 사고의 가장 대표적인 예는 중국과의 관계이다. 중국의 정치는 싫지만 경제협력을 해야겠다는, '정냉경열'(政冷經熱)이라는 구호가 그러한 사고구조를 대표하는 말이다.

따라서 '밀약'도 그 기능이 바람직하다면 얼마든지 가능하다. 약속이라는 것에 형태를 부여하고 존중하는 형식주의, 그리고 그 형식이 구현해주는 기능을 교조적으로 중시하는 기능주의의 전통 속에서 일본인은 국내정치와 대외관계에서 많은 밀약을 만들어냈다. 일본법의 용어를 빌린다면, 밀약이란 무슨 음모나 술책이 아니라 약속에 형식을 주기 위하여 신뢰를 바탕으로 '외관'(外觀)[118]을 부여해 놓는 것이다.

그래서 자민당 정권 시절의 후쿠다(福田)와 오히라(大平)가 당총재직을 놓고 맺은 소위 다이후쿠밀약(大福密約)을 비롯하여 일본 국내정치에는 크고 작은 밀약이 많다. 또한 외교에 있어서도 조선반도에 대한 일본의 통치와 필리핀에 대한 미국의 통치를 인정하기로 맺은 1905년의 태프트-가쓰라 밀약, 한일국교정상화교섭과정에서 독도 문제에 관련하여 맺은 1965년의 독도밀약, 태평양전쟁에서 미국에게 점령당한 오키나와를 일본에 반환하는 조건으로 일본이 미군주둔의 경비를 제공하기로 약속한 1971년의 소위 '오키나와밀약' 등을 들 수 있다.

118 이 외관이라는 말이 생소하게 들릴지 모르지만 일본법에서 중요한 개념의 하나이고 일본법을 기초로 하는 우리 법에서도 중요한 개념이다. 민법 125조를 보면 법률행위를 할 수 있는 대리권을 가지기 위해서는 대리권수여의 외관표시를 서면이나 구두로 할 것을 정하고 있다.

기능주의와 당위주의의 충돌

기능주의를 추종하는 일본인은 한국인의 당위주의에 위화감을 느끼고 비난하거나 비꼬기도 한다. 한국인이 현재와 미래의 문제를 과거 역사를 잣대로 판단한다는 것이다. 즉, 한국인은 기능과 형식을 무시하고 명분에 매달리고, 따라서 근본주의(fundamentalism)의 형태를 표출한다는 것이다. 독도에 관련하여, 한국의 역사주의적·당위주의적 주장을 배격하며, 노다 총리는 2012년 8월 24일 다음과 같이 말하였다.

> 다케시마 문제는 역사적 맥락에서 논할 문제가 아닙니다. 전후의 한국 정부에 의한 일방적 점거라는 행위가 국제사회의 법과 정의에 적합한가가 문제입니다. 한국으로서도 할 말이 있겠지만, 자국이 생각하는 정의를 일방적으로 주장한다면 입장을 달리하는 두 나라 사이에서 건설적인 논의가 이루어질 수 없습니다.

구체적인 절차와 관행을 무시하거나 결여하고 특정한 당위와 원리에 집착하여 타인에게 이를 요구하는 것이 바로 근본주의이며, 이는 타협의 여지를 두지 않기 때문에 과격해지기 쉽다는 것이다. 근본주의는 어떤 정신의 근본원리를 중시한다. 그 근본원리가 한국인의 사고에서는 명분이다. 이러한 사고는 장점을 갖고 있는 반면에, 또한 구체적 내용이 없는 공허한 추상적 원리의 이념에만 매달리는 단점을 안고 있다.

받아들이기에 불편하지만 이러한 지적에는 일리가 있다. 2008년 말에 미국의 노스웨스턴대에서 세계 각국 CEO(최고경영자)들의 협상능력을 조사한 결과, 한국이 16개 대상국가 중에서 꼴찌를 차지했다는 보도가 있었다. 협상을 한다고 해도 내용이나 예상되는 결과를 중시하는 것이 아니고, 겉치레나 체면이 중요한 요인으로 작용한다.

기능주의 외교와 당위주의 외교는 세계체제와의 정합성에서도 일본에 유리하게 작용할 가능성이 높다. 더구나 이는 아직도 세계정치질서의 주도권을 가진 미국과의 관계에서 한국에 불리한 측면이 있다. 제1부에서 본 바와 같이 두 나라 모두 '미국을 좇아가는 외교'를 전개해 왔지만, 일본의 기능주의적 경향이 한국의 역사주의적 경향보다 훨씬 국제질서에 영합하기 쉽기 때문이다. 같은 수미(隨美)외교를 전개하면서도, 일본사회는 철저하게 친미의 입장을 고수해 왔고, 한국은 친미와 반미가 사회 속에서 상극하면서 최근에는 반미적인 경향이 점차 강해지고 있는 것이다.

제10장

한일관계의 전망

국교정상화 50주년을 맞이하며

2015년은 일본과의 국교정상화가 이루어진 지 50년째가 되는 해이다. 따라서 '한일관계'가 커다란 이슈로 부각될 것이다. 이러한 역사적 분기점에서 한국과 일본의 정상이 두 국민을 리드하여 냉각된 관계를 개선시킬 수 있는지는 전망하기 힘들다. 인간도 50살이 되면 장년이 되어 인생을 관조할 수 있다. 눈앞에 놓여 있는 구체적인 현안들에서 눈을 떼어 큰 시각으로 관조한다면 1965년의 국교정상화 이후 한일관계도 끊임없이 진화해 왔다는 사실에 주목해야 한다. 이 '진화'를 보는 시각은 현재 두 가지가 대립하고 있다고 본다. 하나는 한일관계가 힘의 격차를 상당히 해소하고 '대등'한 관계가 되었다는 것이다. 이를 일본에서는 '등신대'(等身大) 관계라고 표현한다. 또 하나는 1965년의 국교정상화 당시에 한일 양국의 정치엘리트들이 예상 내지는 희망하였던 '친분관계'가 사실상 퇴색하고 껍질만 남은 '형해화'(形骸化)하였다는 시각이다.

등신대 관계

한국을 비판하는 일본의 보수 내지 우익의 평론가들이 한국과 관련하여 자주 쓰는 어휘 중 '아마에'라는 말이 있다. 일한사전을 보면 '어리광, 응석' 정도로 번역되고 있다. 그러나 원래의 의미는 '타인이 가진 호의를 기초로 취하는 행위나 언동'이라고 이해할 수 있다. 즉, 한국 사람들은 일본인이 한국에 대해 가진 양보하는 마음으로 인하여 이해되고 받아들여질 것이라는 전제 위에서 일본에 대한 부정적이거나 공격적인 언행을 한다는 것이다. 역사인식 문제 등으로 양국관계가 아무리 외형적으로 나빠도 한국이 어려움에 처한다면 일본이 도울 것이라는 기대를 한국인이 가지고 있다는 것이다.

이러한 일본인의 인식에 한국인은 맹렬히 반발한다. 그런데 한국과 일본이 거의 십년 이상 말싸움을 하는 가운데 일본에서도 이런 '아마에론'이 점점 자취를 감추고 있다. 한국도 선진국의 대열에 들어가고 있고, 일본보다 앞선 면도 많다는 사실을 일본인이 받아들이며 인식이 바뀌고 있는 것이 현실이다.

이런 현실을 반영하는 어휘가 '등신대'의 관계이다. 문자 그대로의 의미는 몸의 크기에 맞는 관계를 만들자는 것이다. 여기서 몸이라는 표현으로 비유되는 것은 결국 국력이다. 국토, 인구, 생산력, 하드파워, 소프트파워 등을 다 합한 '국력에 걸맞은' 관계를 가리킨다. 현직 고위 일본외교관이 이 표현을 반복하여 강조하는 것을 들으면서 나는 일본의 수뇌부가 더 이상은 과거의 특수한 관계 등에서 벗어나서 따질 것은 따지고 주고받을 것은 확실히 주고받는 국익의 계산에 입각한 '정상적인'

외교관계를 수립하겠다는 의지를 한국에 대하여 가지고 있음을 느낄 수 있었다.

한일관계의 형해화

최근 한국의 학계, 특히 법학계에서는 1965년의 한일기본조약을 기초로 형성된 '1965년 체제'의 붕괴를 논하는 주장이 고개를 들고 있다. 한 예로 법학자 김창록은 다음과 같이 말하고 있다.

> '1965년 체제'는 매우 불안정한 상태로 출발했다. 과거청산이라는 관점에서 볼 때 해결해야 할 핵심과제였던 일제의 한반도 지배의 성격에 대해서는 어떤 합의도 도출하지 못했으며, 그 결과 청구권 해결의 성격도 애매한 상태로 남게 되었다. … 이러한 애매성이 '1965년 체제'가 35년간에 걸친 일제의 한반도 지배를 어떻게 볼 것인가라는 가장 핵심적인 문제를 얼버무린 어설픈 봉합의 결과였다는 데에 기인하는 것임은 말할 것도 없다.[119]

한일관계의 변질을 논하기 위하여 이 자리에서 어려운 국제법 논쟁을 소개할 필요는 없을 것이다. 한일관계가 당초 희망에 비하여 '소라껍질'처럼 형해화하였다는 시각은 두 나라 정치적 엘리트들의 관계에서 더 쉽고 구체적으로 보인다.

119 "한일 과거청산의 법적 구조," 〈법사학연구〉, 제47호, 93쪽.

특히 한일 간의 갈등을 완화시키고 해결할 수 있는 능력이 두 나라의 지도층에 존재하지 않는 것이 지금의 현실이다. '한일 간에 고위급 대화채널'이 없다는 말이 가끔 언론에 등장한다. 그런데 이는 실제로 엄중한 현실로 나타나고 있다. 소위 '물밑 대화'를 할 수 있는 가장 이상적인 채널로는 두 나라 집권여당의 중진정치가들의 만남이라고 할 수 있다. 이러한 기능을 할 수 있는 정치인단체가 서울에 있는 '한일의원연맹'과 도쿄에 있는 '일한의원연맹'이다. 이 두 단체는 1972년에 양국의 국회에 만들어진 임의단체이다. 이 두 의원연맹은 당시 한일관계가 거의 '유착'이라고 할 수 있을 정도로 발전했던 국제정치적 조류 속에서, 미국이 주도하는 냉전체제 속의 '보수의 일란성 쌍둥이'로 태어났던 것이다.

이 두 단체는 지금도 존재하고 양 의원연맹의 리스트에는 백 명 이상의 의원들이 올라 있다. 그러나 실상을 아는 사람들은 이 단체들이 '소라껍질'(形骸化)이 되었다고 생각한다. 이 단체들도 두 나라의 정치상황에 따라 일종의 스테이지를 형성하며 진화해왔다. 지금의 스테이지는 일본 측 단체를 모리 요시로 전 수상이 이끌고 한국의 단체는 이명박 전 대통령의 형 이상득 의원이 이끄는 것이었다. 그러나 모리 씨는 그가 키운 정치가 아베 신조도 무시하고 있는 처지이고, 이상득 씨는 유죄판결을 받은 흘러간 사람이다. 결국 모리-이상득이 이끌던 두 단체들은 무늬마저 바래버린 조개껍데기들이 되었다. 이를 두고 일한의원연맹의 현재 회장인 누카가 후쿠시로(額賀福志郎) 의원은 "오랜 시간에 걸쳐 쌓아온 의원 외교의 역사가 없어질지도 모른다"고 탄식한 것으로 전해진다.

의원 외교에 못지않게 심각한 것이 정부 고위 당국자 관계이다. 전후 긴 시간 동안 한국의 외교가에서는 일본이 소위 '일급' 부임지였다. 긴 외교공무원의 경력 속에서 참사관에서 대사에 이르는 다양한 직급 중에서 일본에 근무하는 경험을 갖고 나아가서 일본어를 구사할 수 있는 한국의 외교관들을 일본에서는 '재팬스쿨'이라고 부른다. 그런데 이 재팬스쿨의 외교관들이 한국의 외교가에서 이제는 소수파로 전락하거나 아예 없어졌다는 위기감을 일본의 정계는 가지고 있다.

이것이 사실이라면 심각한 문제이다. 민족주의적인 입장에서 사물을 보는 사람에게는 이것이 통쾌한 일일지 모른다. 그러나 외교는 국익을 확보하는 행위이다. 민주주의와 시장경제가 확립된 인구 1억 2천만 명을 가진 이웃의 나라, 더구나 미국과의 동맹으로 연결되어 있는 나라에 대하여 전문성을 지니는 직업외교관이 부족하다는 것은 외교라는 필수적인 국가행동을 민족주의적 쾌감으로 대치하는 것일지 모른다. 프랑스어와 독일어를 구사하는 외무공무원이 없는 영국을 상상해 본다면 문제의 심각성을 이해할 수 있을지 모른다.

한일관계를 어렵게 하는 것들

정치가들과 직업외교관이 펼치는 공식외교가 실질적으로 가동되지 않는 국가 간의 관계는 위기라고 부를 수밖에 없다. 이러한 나라 사이를 일 년에 500만 명 이상의 시민이 왕래하고 서로 드라마나 영화를 가져다 보고 가수들이 교류하며 콘서트를 개최한다. 하지만 두 나라의 지식인들이 온갖 어휘를 구사하여 서로를 가학적으로 비판하는 것을 보고 한일관계는 시민레벨에서 활력이 있고 견고하다고 낙관하는 것은 착각이 아닐까 하는 의문이 든다.

그렇다면 무엇이 두 나라의 관계를 위기적인 상황에까지 몰고 왔는가? 그것이 모두 아베 신조라는 한 일본의 정치가나 그를 지지하는 세력의 '우경화' 때문일까? 이는 너무 단세포적이고 자기중심적인 해석일 것이다.

나는 이미 앞에서 설명한 대로 두 나라의 '지정심리'가 부딪히는 가운데, 다양한 갈등요인이 구체적으로 출현했다고 본다. 몇 가지를 들어보면 다음과 같다.

지속되는 심리복합

인류문명의 역사는 어찌 보면 국가 간의 갈등의 역사이다. 학교에서 배우는 역사책에 수많은 전쟁과 분쟁이 소개되는 것도 그런 이유이다. 한국과 일본은 역사상 많은 갈등을 겪었다. 그 관계를 총체적으로 본다면 일본이 '승자'였고 한국이 '패자'였다. 이 엄연한 사실을 빼고 한일관계를 논하는 것은 가식이고 위선일 수 있다.

승자와 패자의 기억에는 강한 '심리복합', 즉 콤플렉스가 남는다. 이는 인간의 역사에 영원히 존재하는 우월감(superiority complex)과 열등감(inferiority complex)의 복합이다. 한국이 G20국가가 되어 일본과 대등하다고 믿는 젊은 세대가 늘어나고 있는 지금, 한일관계를 논하는 데 우월감-열등감이라는 담론을 제기하면 저항감을 느끼는 한국인이 많을 것이다. 그러나 나는 한일관계의 심층심리에서 가장 핵심적인 부분이 바로 이 담론이라고 생각한다. '일본이 우리의 국권을 빼앗고 35년이나 강점했지만 반일(反日)을 외칠 것이 아니라 실력을 길러 극일(克日)을 하자'는 명제는 전후 한국사회가 일본에 대하여 가져온 기본자세라고 할 수 있다. 동시에 이 명제는 '일본에 대한 열등감에서 벗어나자'라는 말로 해석해도 좋다.

수없이 벌어지는 국제축구경기에서 한국과 일본의 경기를 '숙적과의 대결'이라고 약속한 듯이 표현하는 한국매스컴의 심층심리에 들어 있는 기제는 열등감과 거기에서 벗어나려는 심리에 다름없다. 일본에 진출하여 활동하는 야구선수나 가수들의 활동이 전국 주요뉴스의 단골메뉴로서 늘 상위에 오른다. 이러한 현상을 냉정하게 보고 가장 합당한 서술어를 고른다면 역시 잠재하는 열등감의 발로라고 해야 할 것이다.

결국 국교정상화 조약에서 반세기가 흐른 이 시점에도 한일 간에는 애증이 교차하고 심리적 갈등이 깊이 복합되어 있음에 주목하지 않을 수 없다. 한국의 언론은 경향에 있어 진보·보수를 막론하고 강한 민족주의에 사로잡혀 있으며, 이를 강한 언어로 표출하는 데 주저하지 않는다. 수만 명이 사망한 동일본의 대지진을 보고 어느 한국인이 '천벌을 받았다'고 한 경솔한 발언을 그대로 보도하는가 하면, 독도 문제 등 두 국가 사이의 현안에 관하여 일본이 표하는 입장을 '침탈의 야욕'이라거나 '망언'이라고 평가한다. 이러한 표현이나 평가가 한국인에게 안심과 만족을 줄지 모른다. 하지만 이러한 평가를 접하는 1억 2천만 일본인의 심경은 어떤지 한번 생각해 볼 필요가 있다.

이명박 전 대통령의 독도방문과 천황사죄 요구발언이 있은 후 인터넷에 나타난 한국에 대한 일본시민들의 반응을 추린 것을 보면 다음과 같다.

- 대통령이 지지율을 높이기 위하여 반일적인 행동을 감행했다.
- 한국의 반일은 편파적인 반일교육의 산물이다.
- 한국인은 반일시위에 열광한다.
- 한국은 역사인식 문제에 있어 거짓말을 한다.
- 한국인은 모두가 반일이다.
- 한국은 영토 문제에 있어 중국과 결탁하고 있다.
- 한국은 한일기본조약을 국민에게 감추고 있다.
- 한국에서는 '친일파'가 학대를 받고 있다.
- 다케시마 문제를 국제사법재판소에 제소하자는 것에 한국이 응하지 않는 것은 자신이 없기 때문이다.
- 한국에는 언론의 자유가 없다.

이는 한일 간의 긴장을 계기로 한국을 잘 아는 세 일본인이 쓴 『철저검증 한국론의 통설·속설』이라는 책의 머리에 등장하는 내용이다.[120]

120 浅羽裕樹 등, 앞의 『徹底検証 韓国論の通説·俗説』.

한국에 유학하거나 언론사의 주한특파원 경험자들인 이들은 객관적으로 한일관계를 논할 수 있는 젊은 전문가들이다. 이들이 중립적인 입장에서 요약한 일본인의 한국에 대한 이미지는 막연히 일본을 생각하는 한국인에게 놀라운 내용일 수 있다. 명동에서 구두를 사고 공항에서 김과 김치를 사서 일본에 돌아가는 젊은 관광객들이 마음속으로는 이런 생각을 하고 있는 것이다.

중층화하는 한일관계

여기서 주목해야 할 것은 한국과 일본의 엘리트층에서 괴리가 보이고 있다는 것이다. 한일관계에 있어서는 지금까지 정치가, 관료 등 상층부에서는 이해와 친목이 있고 시민레벨에서는 이해의 부족과 반목이 있다는 생각이 지배적이었다. 그러나 최근에 들어서는 상층부에서의 의사소통의 채널이 좁아지고 서로 거리가 생기고 있다는 지적이 제기되고 있다. 따라서 시민레벨에서는 거리가 좁혀지고 상층부에서는 거리가 생기는 가운데 한일관계가 두 개의 층으로 나뉘는 중층화(重層化) 현상이 보이고 있는 것이다.

일본의 엘리트층이 느끼는 한일관계의 거리감, 특히 '피로감'에 숨어 있는 요소로서 나는 중국의 대두를 꼽고자 한다. 일본의 엘리트들이 한일관계에서 가진 커다란 우려는 한국에서 일본에 대한 관심이 꺼져가고 있으며, 나아가 한국이 일본을 버리고 중국에 접근한다는 생각과 이것이 가져오는 서운함, 소외감이 있다는 것이다.

한국이 중국에 '접근'하는 경향에 대해 일본 엘리트층은 위기감을 나타낸다. 예를 들어 한국 외교부는 전통적으로 '재팬스쿨'(일본중시론자들)이 주류를 이루고 있었는데, 이제는 한국외교부가 '일본을 통과'(Japan passing)하여 중국으로 기울고 있다는 것이다. 그 증거로, 전통적으로 일본중시론자가 맡던 한국외교부의 아시아국장 자리가 친중론자로 넘어갔다는 구체적인 사항을 꼽기도 한다. 2011년 9월, 한국을 방문했던 당시 민주당 오카다 가쓰야는 자신의 블로그에 다음과 같이 썼다.

> 한국외교통상부는 지금은 재팬스쿨의 외교관이 주류를 이루고 있으나 중국이나 미국에서 경험을 쌓은 외교관들이 한국에서 비중이 높아지는 것은 시간문제입니다. 그런 의미에서 일본이 더 정신을 차리지 않으면 한국과의 관계는 전에 비하여 더 상대화(相對化)해 가는 것을 부정할 수 없습니다.

또 하나의 증좌로 제시되는 것이, 한일 간에 군사정보보호협정(GSOMIA)이 협의되는 과정에서 일본에 대한 이해가 깊은 외교부 멤버들이 협상팀에서 차례로 제외되었다는 것이다.[121] 일본의 지식인들은 2012년 말, 이 협정이 체결 직전에 취소된 것이 중국에 대한 '눈치 보기'라고 다음과 같이 해석한다.

> 센카쿠에서 일본과 중국이 다툼을 벌이면 한국은 불똥이 튈 것을 염려

121 앞의「徹底検証 韓国論の通説·俗説」, 69쪽.

하여 상당히 겁을 내요. 최근에는 필리핀까지 중국과 대결자세를 명확히 보이고 있습니다. 그러자 한국신문에서 필리핀의 대응에 신경질을 보이는 것이 감지되는군요.[122]

결국 한국이 일본을 '경시'(輕視)하는 가운데 한국의 일본에 대한 이해는 점차 열악해지고 있다는 것이 일본의 한국통들의 지적이다. 일본 수상의 외교담당 보좌관을 역임한 오카모토 유키오(岡本行夫)는 현재의 동아시아국제관계의 가장 큰 문제는 한국과 중국이 일본을 '마음대로 경시'하는 것이라고 지적한다. 그리고 이러한 경시의 동반현상으로서 일본에 대한 무지(無知)가 더 심해지고 있다고 한다. 한국정치를 전공하는 고베대학의 기무라 교수는 "지금 일본에 대한 정보량은 적고 이해도는 낮다. 한국 전체에 들어오는 일본에 대한 정보량은 둘째로 치고, 대통령실에 들어가는 정보량도 많지 않다"고 단언한다.[123]

한류에 대한 착시

그렇다면 시민레벨에서의 한일관계는 양호하고 희망적인가? 최근에 한일 간의 관계는 시민레벨에서 급속도로 개선되고 있다는 이야기를 듣는다. 그 예로 자주 등장하는 근거가 시민의 교류이다. 연간 한일 간을 왕래하는 사람의 수가 500만 명을 넘었으며, 명동에 가면 한국인의

122 木村幹, 니케이BP 전자판, 2012년 12월 27일.

123 앞의「徹底検証 韓国論の通説·俗説」, 70쪽.

숫자에 버금가는 일본인들이 오가며, 일본 대부분의 TV방송에서는 한국드라마를 방영하고 있다는 등의 사실들이 꼽히고 있다. 이 '한류'라는 현상이 클로즈업되면서 한일 간의 시민문화가 상당히 동질화, 평준화하고 있다는 생각을 불러일으킨다.

그러나 나는 이것이 착시(錯視)라고 생각한다. 한일관계는 진정으로 '새로운 시대'라는 표현을 해도 될 만큼 좋아졌는가? 일제의 한국강점 100년째가 되는 2010년에 한국과 일본의 대표적인 공영방송인 KBS와 NHK가 실시한 공동조사의 결과를 보면 실제로 그렇지도 않은 것으로 나타났다. 표4에 요약되어 있듯이 일본의 한국에 대한 선호는 과거 20년간 대폭 개선이 되어 '좋아하는 편'이 28%에서 50%로 껑충 뛰었으며 '싫어하는 편'은 32%에서 21%로 내려갔다. 그런데 한국에서는 반대의 추이가 보인다. 일본을 '좋아하는 편'이라고 대답한 한국인은 과거 20년간 33%에서 26%로 감소하였으며, '싫어하는 편'은 37%에서

[표 4] 일본인의 한국에 대한 선호

	1991년	2010년
좋아하는 편	28%	50%
싫어하는 편	32%	21%

한국인의 일본에 대한 선호

	1991년	2010년
좋아하는 편	33%	26%
싫어하는 편	37%	57%

자료: NHK, KBS 공동여론조사(2010)(아사바, 56에서 인용)

57%로 크게 증가하였다.

이 결과를 거칠게 요약한다면 일본인의 마음은 뜨거워진 반면 한국인의 마음은 오히려 식었다는 것이다. 의외이고 놀랍기까지 한 조사결과이다. 왜냐하면 과거에 일본인의 한국에 대한 이미지는 한국인의 일본에 대한 이미지보다 내용이나 강도에서 더 나쁜 것이었기 때문이다.

그렇다면 앞에서 소개한 KBS/NHK조사에서 나온 일본인의 한국에 대한 선호의 급격한 증가와 한국에서의 일본에 대한 선호의 감소를 어떻게 이해하고 해석해야 할 것인가? 그 대답은 같은 조사의 다른 항목에서 찾을 수 있다. KBS/NHK조사에서는 상대방의 나라에서 떠오르는 인물을 조사하였다. 그 결과는 표5와 같다.

[표 5] 상대국에서 떠오르는 인물 상위 10명

한국인 선정		일본인 선정	
인 물	구성비	인 물	구성비
이토 히로부미	21%	배용준	21%
고이즈미 준이치로	10%	김대중	8%
아사다 마오	8%	이명박	7%
이치로	6%	최지우	4%
도요토미 히데요시	6%	이병헌	4%
혼다 게이스케	3%	김연아	3%
간 나오토	2%	동방신기	3%
도쿠가와 이에야스	2%	박지성	2%
기무라 다쿠야	2%	박정희	1%
아베 신조	1%	이승만	1%
생각 안 난다/모른다/무응답	25%	생각 안 난다/모른다/무응답	32%

자료: NHK, KBS 공동여론조사(2010)(아사바, 57에서 인용)

(재분류)

한국인 선정	
역사적 인물(적대)	29%
스포츠맨(경쟁상대)	17%
전후정치가(중립)	13%
연예인(호감)	2%
기타	14%
생각 안 난다/모른다/무응답(무관심)	25%

일본인 선정	
연예인(호감)	32%
전후정치가(중립)	17%
스포츠맨(경쟁상대)	5%
역사적 인물(적대)	0%
기타	14%
생각 안 난다/모른다/무응답(무관심)	32%

이를 다시 정리해 보면 한국인의 29%는 역사적 인물을 꼽고 17%가 스포츠맨을 꼽았다. 한국인의 뇌리에 떠오른 일본의 역사적 인물들은 다름 아닌 이토 히로부미, 도요토미 히데요시, 그리고 도쿠가와 이에야스이다. 이들은 조선을 침범하고 한국의 독립을 찬탈하는 데 직간접으로 관여된 사람들이다. 즉 한국인이 부정적인 이미지를 갖고 있는 인물들이다. 그다음으로 자주 연상된 스포츠맨들은 아사다 마오, 이치로, 혼다 게이스케이다. 이들은 늘 국제경기에서 한국의 '숙적'이 되는 피겨스케이트, 야구, 축구선수이다. 즉 경쟁상대로서 역시 한국인이 부정적인 이미지를 갖고 있는 인물들이다. 결국 한국인이 호감을 갖고 있다고 볼 수 있는 것은 기무라 다쿠야라는 배우로서 오직 2%에 해당한다.

그 반면에 조사에 응한 일본인의 32%는 머리에서 떠오르는 한국인으로 배용준, 최지우, 이병헌, 동방신기를 꼽았다. 이들은 한류의 대표주자로서 일본인이 호감을 가지고 있는 인물들이다. 그다음에 김대중,

이명박, 박정희, 이승만의 네 명의 전·현직 대통령을 꼽아 17%를 차지한다. 이 중에서 일본인에게 대체적으로 부정적인 이미지를 가진 인물은 독도를 한국령으로 넣은 '평화선'을 선포한 이승만으로 1%에 해당한다. 나머지 세 명에 대해서는 호불호를 분명히 말할 수가 없으나, 대체적으로 일본에서는 긍정적인 이미지를 가지고 있다.

결국 한국인의 46%는 부정적인 이미지의 일본인을 떠올리는 한편 일본인의 48%는 긍정적인 이미지의 한국인을 연상하고 있는 것이다. 이것이 바로 선호도의 격차를 설명해주고 있다.

일본의 슈퍼마켓에 김치가 놓여 있고 한국의 서점에서 무라카미 하루키를 비롯하여 일본작가들의 소설이 한국문학을 압도하는 것을 보고 한일관계가 시민레벨에서 견고하다고 보는 것은 성급한 판단이다. 더 깊은 지성의 레벨에서, 한국인은 일본문화를 진정으로 존중하지 않으며, 일본인은 한국문화를 진정으로 존중하지 않는다. 일본의 역사소설가 이자와 모토히코(井沢元彦)가 쓴 『한(恨)의 법정(法廷)』이라는 소설은 일반적인 일본지식인이 한국을 보는 시각을 잘 대변해주고 있다고 보인다.[124] 게다가 이 책이 일본사회에서 영향력이 큰 일본경제신문사에서 나왔다는 것도 주목할 만하다. 소설의 내용은 다음과 같다.

> 서울의 한 고속도로에서 사고가 발생하여 한국과 일본사람들이 사망한다. 이 죽은 사람들은 신(神) 앞에서 법정투쟁을 벌이게 되고, 그 자리에

124 『恨(ハン)の法廷』(徳間文庫, 1995).

서 양국의 역사인식과 문화에 대한 논쟁이 벌어진다. 이때 이 법정에 증인으로 등장하는 것이 양국의 역사적 거물로 한국 측에서는 단군, 세종대왕이 나오고 일본 측에서는 쇼토쿠 태자, 신란, 우에스기 요잔 등이 나온다.[125] 이 법정에서는 한일 양국의 논쟁점들이 많이 제기되는데, 특히 역사인식에 대해서는 다음과 같은 논쟁이 벌어진다.

- '한국인은 한(恨)을 잊지 못하는 민족이다.' (일본 측 주장)
- '일본인은 과거를 반성하지 않고 물에 흘려버리는 민족이다.' (한국 측 주장)
- '한일합방이 없이 한국이 근대국가로 변신할 수 있었는가?'
- '한국이 남북으로 갈린 것이 일본의 책임인가?'
- '일본의 역사교과서를 탓하지만 한국의 교과서도 한일 간의 우정을 해치고 있지 않은가?'

이러한 논란거리에 대하여 유럽의 시민들이 서로 공유하는 정도의 깊이와 폭을 가진 논의와 이해가 두 나라 시민들 사이에 이루어지고 있는가? 지금으로서는 아니고 앞으로의 전망도 밝지 않다. 두 나라 사람들은 문화 교류를 몸으로는 즐기고 있으나 정신으로 사색하지는 않기 때문이다.

125 신란(親鸞, 1173-1262)은 일본불교 정토진종의 시조로 통하는 인물이며, 우에스기 요잔(上杉鷹山, 1751-1822)은 지금의 야마가타 현에 있던 요네자와한(米沢藩)의 성주로서 성군으로 평가된다.

가해자의 '피로감'

일본의 최근 분위기는 '피로감'이라는 단어로 압축할 수 있다. 전후 한일관계가 역사적 갈등들이 해소되지 못하고 오래 표류하는 과정에서 '한국의 무리한 요구가 너무 오래 지속되어' 이제는 피로 그 자체를 느끼고 있다는 것이다. 상당한 일본 지식인은 2012년 8월에 있었던 이명박 전 대통령의 독도방문과 뒤이은 '일본천황 사죄요구 발언'으로 한일관계는 새로운 냉각의 시대로 접어들고 있다고 말한다. 실제로 일부 한국전문가들은 최근의 책에서 다음과 같이 쓰고 있다.

> 이번 건으로 일본 안에서 흥미로운 것은 보수파에서나 진보파에서나 무언가 한일관계에 대해서 체념 비슷한 것, 즉 피로감 같은 것이 나오기 시작한 것으로 보입니다. 그런데 역으로 한국에서 오는 말을 들어보면, 한국은 (한일관계를 위하여) 열심히 논리적으로 하고 있는데 일본이 우경화해서 감정적이 되어버려 어떻게 해도 안 된다는 말이 있다는 것입니다.[126]

수십 년간 한국관계를 연구한 사토 가츠미는 최근의 에세이에서 다음과 같이 썼다.

> 오랫동안 한일관계를 보아온 사람들 중에는 '일본이 변했다'는 공통인

126 앞의『徹底検証韓国論の通説 · 俗説』, 64쪽.

> 식이 최근에 형성되고 있다. 지금까지 한국인이 '35년의 식민지배를 어떻게 생각하는가'라고 큰 소리로 물으며 테이블을 두드리면, 일본인은 머리는 조아리며 타협을 모색해왔다. 그런데 오늘날의 일본인은 아무도 놀라지 않는다. 그리고 전에는 한일 간에 트러블이 생기면 이래서는 안 된다며 중재하는 일본인이 있었다. 그러나 작년에 이명박 전 대통령이 독도에 상륙하는 등 긴장상태가 발생해도 이제는 중재역이 보이지 않는다. 일본인들은 이제 '내버려 둬'라는 태도를 가지게 된 것이다.[127]

이 글을 쓴 이는 한국에서 우익으로 분류되는 사람이라고 할 수 있다. 하지만 그는 나름대로 수십 년간 한일관계가 잘 되기를 바라온 사람이었다.

동아일보의 심규선 논설위원은 2013년 9월 2일에 쓴 글 '요즘 일본, 그 불편한 진실'에서 다음과 같이 지적했다.

> 그동안 우리는 아베 신조 총리의 재등장과 우익 성향 지도자들의 언동에서 한일관계가 삐걱대는 원인을 찾아왔다. … 그런데 최근 일본 사회의 저변에서 변화가 일어나 예전의 일본만 생각해서는 안 된다는 주장이 고개를 들기 시작했다. … 일본의 변화 중 첫 번째는 일본 국민이 '사과 피로 증후군'을 느끼기 시작했다는 주장이다. 사과를 여러 번 했는데도 때만 되면 또 사과를 하라니 피곤하다는 것이다. … 두 번째는 '법'에

127 「이명박 대통령에게 항의한다」(2012. 8. 20). 이 글은 사토가 운영하던 〈현대코리아연구소〉의 홈페이지에 게재되었으나 그가 2013년에 사퇴하자 삭제되었다.

관한 문제다. 한국의 법원이나 헌법재판소가 일본군 위안부, 강제징용자 문제 등에서 일본에 불리한 판결을 내리는 데 대해 일본은(특히 오피니언 리더들이) 상당히 우려하고 있다고 주장한다. … 세 번째는 중국과의 관계다. 중국의 대두에 '위협'을 느낀다고 말하는 일본인이 부쩍 늘었다. 한국과는 분위기가 영 다르다. 일본의 침략을 받았던 중국이 강해지는 데 대해 실제로 두려움을 느끼는 듯하다. … 마지막으로 헌법 개정과 집단자위권 확보, 자위대 강화 움직임 등을 '군국주의', '전쟁할 수 있는 나라' 등으로 표현하는 데 대해 불만이 크다.

도덕적 포지션

2014년 8월에 있었던 로마교황의 한국방문은 어수선한 한국사회에 큰 감명과 교훈을 주었다. 그 방문을 계기로 제기된 하나의 명제는 국제사회에서 일본과의 외교적 갈등에 있어 더 큰 지지를 받을 수 있다는 것이었다. 구체적으로 종군위안부 피해자들에 교황이 관심을 보이고 손을 뻗침으로써 한국은 '국제사회의 지지를 얻어 일본을 궁지에 몰 수 있다'는 것이다.

이러한 생각이 타당하고 현실적인 것인지는 모르겠다. 다만 이러한 주장이 시사하는 것은 한일 간의 갈등에서 '도덕적 우위'(moral supeirority)를 점하는 것이 중요하다는 인식이다. 실제로 도덕적인 원칙이나 신념에 입각하여 상대방의 행동이나 태도를 바꾸는 것은 '도덕적 설복'(moral persuasion)이라고 한다.

한일관계에서 가장 민감하고 어려운 현안으로 등장한 종군위안부 문제(그리로 앞으로 크게 부각될 태평양전쟁 징용자 문제)에 있어서, 한국은 일본에 대하여 '도덕적 우위'에 있다는 생각을 가지기 쉽다. 그러나 이는 재고해 보아야 할 사안이다.

역사적으로 희생자는 '도덕적으로 우위라는 환상'을 가지기 쉽다. 피해를 당했기 때문에 타인이 누리지 못하는 우위성과 자유를 가질 수 있다는 생각이다. 이를 피해자의 특질(victimhood)이라고도 할 수 있다. 대표적인 예는 유태인이다. 역사 속에서 나치를 포함하여 다양한 주체에 의하여 학대당한 그들은 자신들이 선택대로 타인을 징치할 수 있는 일종의 '자연적인 권리'를 가지게 되는 것으로 착각하기 쉽다. 그러나 피해자가 진정으로 도덕적으로 우위에 서기 위해서는 가해자와 똑같이 도덕적 수준(moral integrity)을 유지할 수 있어야 한다.

개인과 마찬가지로 국가사회에 있어서도 도덕을 전체적인 인격에서 따로 떼어 생각할 수 없다. 어떤 사람이 도덕적으로 수준이 낮지만 그가 과거에 피해를 입은 사람이기 때문에 그 '프리미엄'을 따로 계산해서 인격을 인정해 줄 수 있는 것은 아니다.

한국사회는 과연 국제사회에서 도덕적 수준이 높은가? 그래서 과거에 일본에 피해를 당한 것과 관계없이, 한국인의 삶과 문화의 현재 상태만으로도 도덕적 우위성을 가지고 타인을 설득할 수 있는 힘이 있는가? 민감한 사안이지만, 나는 이 점에서 매우 회의적인 관찰들을 가지고 있다. 일제의 피해를 당한 당사자들은 80세가 넘은 노인들이지만, 그들을 대신해서 일본과 국제사회를 상대하는 주체는 한국사회이다. 특히 문제가 되는 것은 한국과 일본 두 사회가 얽히는 관계이다.

일본법무성이 2014년 3월에 발표한 일본 내의 불법체류자에 관한 통계를 보면 국적별로 다음과 같다.

순위	국가	총수	전체 구성비
1	한국	14,233	24%
2	중국	8,275	14%
3	필리핀	5,117	9%
4	태국	4,391	7%
5	대만	3,557	6%

이 추세는 오랫동안 계속되어 오고 있다. 한편, 대한민국 법무부 출입국 외국인 정책본부가 발표한 통계자료에 따르면, 같은 2011년 12월 31일을 기준하여 한국 내 불법체류자는 모두 167,780명으로 나타난다. 이 중에서 상위 5개국을 보면 다음과 같다.

① 중화인민공화국, ② 조선족, ③ 베트남, ④ 태국, ⑤ 필리핀.

한국에 불법체류하는 일본인의 수를 제시하는 통계는 찾아보기가 어렵다. 실제로 생활 속에서 한국에 불법체류하는 일본인을 보기는 힘들다.

그렇다면 한국인은 비위가 틀리면 부르는 '왜놈'의 땅에 왜 불법체류를 하는가? 정식으로 체류비자를 받기가 귀찮아서 불법으로 체류한다는 것은 생각하기 힘들다. 따라서 정식으로 체류허가를 받기 힘든 사람들이 체류하는 것인데, 문제는 그 동기이다. 왜 처벌이라는 리스크를 감수하고 일만 오천 명에 가까운 한국인이 일본에 불법체류하고 있는가? 그 대답이 '돈'에 있다는 것은 어린아이도 추측할 수 있다.

결국 많은 한국인이 돈을 벌기 위하여 일본에 불법으로 머물고 있는 것이다.[128] 그들은 대부분 주요도시의 역 근처에 있는 유흥업소에서 일한다. 그 유흥업소를 일본의 정치, 경제, 언론, 문화 등을 담당하는 화이트칼라 근무자들이 오늘도 이용하고 있다. 한국어는 몰라도 한국노래들을 상당수 외우고 있는 이들에게, G-20의 '국격'을 자랑하는 한국의 역사인식 공세가 역설적이거나 위선적으로 들릴 수도 있다.

인터넷의 반란

한국과 일본은 세계 어느 나라에도 뒤지지 않는 언론의 자유를 향유하고 있다. 이 법적인 자유는 의사소통의 수단, 특히 인터넷이 발달하면서 엄청난 양의 의견들이 공적인 공간에 쏟아져 나오고 있다. 게다가 과거와 달리 사회지도층과 일반시민 사이의 지식이나 정보의 격차가 좁아지면서, 과거에는 일반인이 언급하지 않던 '국정'(statecraft)의 문제를 이제는 '갑남을녀'가 마음껏 논하고 있다. 그리고 이런 의견들은 아무런 여과 없이 사이버스페이스에 입력되고 자동번역기능을 통하여 거의 실시간으로 다른 나라에 전해지고 있는 실정이다.

이런 가운데 한국과 일본 사이에는 서로 모든 것을 '까발리고' 평할

128 일본경찰청의 통계를 보면 2012년의 경우, 검거된 형사범의 41%가 중국인이고 그 뒤를 이어 한국인이 11%, 필리핀인이 9%였다. 그중에서 매춘을 포함하는 소위 '풍속법'의 검거는 중국인 18인에 이어 한국인이 7인이었다(www.npa.go.jp).

수 있는 전대미문의 문화가 형성되었다. 최근 한국에서 일고 있는 '반일'(反日) 그리고 일본에서 일고 있는 '혐한'(嫌韓) 조류는 이제까지 볼 수 없었던 거대한 물결을 이루고 있다. 이것이 일시적인 현상이라고 낙관하는 시각도 있지만, 내가 최근에 만난 거의 모든 일본의 한국전문가는 이것이 하나의 '거스를 수 없는' 문화현상으로 고착되고 있다고 말한다.

게다가, 일본인 사이에서는 한국이 '일본을 떠나 중국과 손을 잡고 있다'는 인식이 뚜렷이 자리 잡고 있다. 그리고 박근혜 정부가 들어선 이래 이러한 추세를 한국인도 부정하지 않고 있다. 나아가서 '한국이 중국과 손을 잡고 일본을 공격한다'는 멘트는 한국의 언론도 이제 서슴지 않고 쓰고 있다.

이러한 추세는 특정한 시각에서 가볍게 평할 수 없는 문제이다. 그러나 한 가지 분명하게 부각되고 있는 현상은 한일 간의 갈등이 이제 '관리'할 수 있는 수준을 넘어섰다는 우려이다.

디지털시대에 한국과 일본에서 담론이 이루어지고 그것이 가감 없이 양측에 공개되는 과정에서 발생한 하나의 현상은 포퓰리즘이었다. 과거 정치가나 관료들이 논의하고 결정하던 사항들이 모두 공개된 상태에서 토론되고 재단되게 된 것이다. 네티즌, 시민단체, 시사 문제에 관심이 있는 소설가나 가수 등이 외교를 대신할 수는 없지만 외교전문가들이 준비한 정책들을 죽일 수 있는 신종의 거부권을 행사할 수 있게 되었다. 게다가 이 거부권이 다수의 익명적인 존재들에 의해 행사되기 때문에, 그야말로 '아니면 말고' 식의 무책임한 자유를 즐길 수 있는 마당이 되었다고 할 수 있다.

이런 과정 속에서 한일 두 나라의 시민들이 주고받는 말들은 새로운 미래를 구축한다는 입버릇과는 달리 진정성이 없고 서로의 감정을 상하게 하는 것들이 주류를 이루게 되었다. 우리말의 속담에 '말은 많을수록 거칠어지고, 콩은 빻을수록 부드러워진다'는 것이 있는데 한일관계의 담론은 거칠고 상대방에게 상처를 주는 방향으로 심화되어 왔다는 느낌이다.

통치의 위기

이러한 현상들은 우리로 하여금 두 나라 모두에서의 '통치의 위기'를 생각하게 한다.[129] 독도나 역사인식 문제에서 한국정부와 일본정부가 평행선을 달리며 아무런 해결책을 제시하지 못하는 데에는 대중의 민족주의 열기에 정치가나 공무원들이 감히 사족을 못 다는 현실적인 제약도 있지만, 사회의 엘리트층이 시민사회를 선도해 나갈 수 있는 지적·도덕적 권위를 상실했다는 측면을 간과할 수 없다.

통치의 위기는 국가권력과 시민사회에서의 관계라는 맥락에서 논의함이 타당하다. 통치(government)의 위기는 국가권력을 구성하는 정부기구와 그를 운용하는 정치가, 관료 등 엘리트층의 권위에 대하여 시민사회가 의문과 불신을 가지고 그 정통성을 부정하는 것이기 때문이다.

129 통치의 위기(governability crisis, ungovernability)란 1960, 1970년대에 미국, 유럽, 일본 등에서 일어났던 사회경제적 변화들이 정부의 통제능력을 심각하게 떨어트려 행정의 민주성과 정당성마저 의심받는 '통치불능'의 상태로 몰아넣었다는 주장을 대표하는 말이다.

실제로, 최근에 독도 문제를 보면 국가를 대표하는 전문가들의 집단인 정부가 이 문제를 해결해야 함에도 불구하고 대중의 손과 입에 맡겨진 듯한 지금의 상황에는 한일 두 나라의 정부와 엘리트층의 통치의 위기적인 측면이 있다고 본다.[130]

130 독도 문제와 관련하여 이 소통의 권위가 결여된 대표적인 사례가 가수 김장훈의 활동이라고 본다. 가수로서 제한된 시간과 자원에도 불구하고 독도 문제, 위안부 문제 등과 관련하여 미국에 거액의 광고를 게재하고 독도까지 수영을 감행하는 등 그의 파격적인 활동은 많은 한국인의 칭찬과 지원을 받고 있다. 하지만 그 효용성이나 국제사회에서의 한국의 '품격'과 관련하여 생각해 볼 때 의문이 생기지 않을 수 없다.

安倍晋三

에필로그

한국과 일본은 2015년에 국교정상화 50주년을 맞는다. '10년이면 강산도 변한다'고 하니 반세기의 세월 속에서 당초의 관계가 많이 바뀌는 건 당연한 일일 것이다. 그 기간에 일본은 일시적인 기간을 제외하고는 자유민주당이라는 하나의 거대정당이 정권을 잡으며 세계 어느 선진국에서도 보기 힘든 보수적인 국가사회를 형성하였다. 경제적으로는 폐허에서 '기적'을 일으켜 G2의 고지에 올라갔다가 점차 기력이 쇠퇴하고 있지만, 긴 시각에서 보면 커다란 변혁이 없는 안정 속에서 발전해왔다고 할 수 있다.

그에 비하면 1965년 국교정상화 이후의 50년은 한국에게는 격동의 시기였다. 장기적인 군사정권의 통치 아래에서 산업화를 이룩하였고, 80년대에 들어서는 민주화라는 거대한 사회적 흐름 속에서 거친 파도를 만들어내며 선진적인 민주사회를 실현해냈다. 경제적으로는 국민총생산 세계 15위 안에 들어가며 동아시아에서 일본의 뒤를 추격하는 지위에 도달하였다.

이렇게 반세기를 보내고 난 두 나라는 흔히 쓰는 표현이지만 민주주의와 자유시장경제라는 커다란 가치체계를 공유하는 입장에 수렴하였고, 안보에서는 미국과의 동맹체계로 연결되게 되었다. 따라서 외형적으로 보면 유럽의 영국, 독일, 프랑스 등에 못지않은 친선관계를 가져도 좋을 조건을 갖추고 있다. 게다가 두 나라에 사는 1억 7천만 명의 사람들은 세계 최고의 교육수준을 가지고 첨단의 대중소비사회를 영위하고 있다. 이러한 외형적인 조건과 상황에도 불구하고 두 나라 국민은 아직도 진정한 화해를 하지 못하고 있다. 일 년에 수백만 명의 시민이 왕래하는 데에도 불구하고 서로를 '가깝고도 먼 나라'라고 부르는 데 주저하지 않는다.

이 세상의 모든 삼라만상에 관하여 개인들은 다른 생각을 가진다. 같은 부모에게서 태어난 형제자매마저도 많은 일에 관하여 생각을 달리하고 심지어 다투기도 한다. 따라서 한국인이 일본에 대하여 친근감을 가질 수도 있고 적대감을 가질 수도 있다. 그리고 일본과의 친선이 한국사회의 목적의 하나가 될 필요도 없다. 개인이 행복을 추구하듯이, 한국사회가 물질적 또는 정신적 복리와 가치를 추구함에 일본과 갈등할 수도 있고 협조할 수도 있다.

게다가 한국과 일본은 과거에 식민의 지배자와 피지배자의 관계에 있었으며, 그 과정에서의 피해자가 아직 생존해 있기도 하다. 그런 점에서 한일국교정상화를 가져온 '1965년 체제'를 온당하게 생각하지 않는 의견이 대두되는 것도 이해할 수 있는 일이다.

그러나 한 가지 피할 수 없는 것이 있다. 일본이라는 나라는 영원히 한반도의 동쪽에 위치하고 있으며, 그 나라와의 관계는 내용과 성질에 변화가 있을지언정 영원히 존재한다는 것이다. 요컨대 일본과의 관계는 한국인의 삶에 있어서 상수(常數)의 하나라는 것이다. 게다가 한국은 국제사회에서 주목받는 국가가 되었다. 한국인의 행동에는 지적인 탁월성과 높은 도덕성이 암묵적으로 요구되고 있다.

따라서 일본과의 갈등을 언젠가는 해소해야 한다면 우선 갈등의 요인이 되는 것들에 관하여 상대방의 입장에 서서 충분히 들어볼 필요가 있다. '입장을 바꾸어 본다'는 의미의 역지사지(易地思之)가 바로 그것이다. 영어표현으로는 '다른 사람의 신발을 신어본다'(in other's shoes)고 한다. 발의 크기와 생김새가 서로 다른 사람끼리 신발을 바꾸어 신고 보면 상대방의 생각과 느낌을 새삼스럽게 깨달을 수 있을 것이다. 그 깨달음을 통하여 자신의 생각을 회고하고 더 존중받을 수 있도록 만들 수 있다.

이 책에서 나는 일본의 최고지도자 아베 신조와 그의 주변 인물들, 그들의 주장, 그리고 그 주장의 심리적 배경을 자세히 그리려고 노력하였다. '우경화'하고 있다고 여겨지는 그들을 탄핵하고 비난하는 것이 아니라 '있는 그대로'를 체계적으로 설명하고자 노력하였다. 나는 재판관이나 평론가가 아니라 안내원을 자임하였다. 따라서 아베 신조의 우경화를 신랄하게 비판하고 조롱하는 글을 기대한 독자들은 실망하거나 분노할 수도 있다. 그러나 그런 글은 이미 다른 곳에서 얼마든지 찾을 수 있다.

나는 이 책에서 일본의 정치엘리트들이 신고 있는 신발을 한번 신어보고자 하는 독자들을 위하여 내가 아는 한 공정하고 정확하게 그 신발의 크기, 내부구조, 심지어 냄새까지 재현하고자 노력하였다. 누군가는 반드시 해야 할 일을 할 수 있는 여건에 내가 우연히 있었기 때문이었다.

2014년 10월

노 다니엘

⊙ 참고문헌

浅羽祐樹, 木村幹, 佐藤大介『徹底検証韓国論の通説・俗説』(中公新書ラクレ, 2012).

安倍晋三,『美しい国へ』(文藝春秋, 2006).

安倍晋三,『新しい国へ』(文藝春秋, 2013).

安倍晋三,『日本の決意』(新潮社, 2014).

安倍晋三, 岡崎久彦,『この国を守る決意』(扶桑社, 2004).

大下英治,『安倍晋三と岸信介』(角川SSC新書, 2013).

小川榮太郎,『約束の日 安倍晋三試論』(幻冬舎, 2012).

川瀬俊治, 文京洙(編),『ろうそくを越えて:韓国社会はどこに行くのか』(東方出版, 2009).

司馬遼太郎,『坂の上の雲』(全6巻) (文藝春秋, 1969-1972).

諏訪春雄,『天地, 女性, 太陽』(勉誠出版, 2009).

中村元,『中村元選集〈第3巻〉日本人の思惟方法』(春秋社, 1989).

藤原正彦,『国家の品格』(新潮社, 2005).

安丸良夫,『日本の近代化と民衆思想』(青木書店, 1974).

矢田部厚彦,『日本外交とは何か—その歴史と精神』(平凡社, 2005).

山際澄夫,『安倍晋三物語』(恒文社21, 2003).

和辻哲郎,『風土・人間学的考察』(岩波文庫, 1979).

PHP研究所 (編),『安倍晋三対論集 日本を語る』(PHP研究所, 2006).

[부록 1] 아베 신조 중요 연표

· 1896. 11. 13.	기시 노부스케(외조부) 출생
· 1901. 3. 21.	사토 에이사쿠(기시의 동생) 출생
· 1924. 4. 29.	아베 신타로(부친) 출생
· 1928. 6. 28.	기시 요코(모친) 출생
· 1941. 10. 18.	기시 노부스케, 상공대신 취임(도조내각)
· 1945. 9. 15.	기시 노부스케 A급 전범으로 체포
· 1951. 5. 5.	아베 신타로와 기시 요코 결혼
· 1954. 9. 21.	아베 신조 출생
· 1955. 11. 15.	기시, 신당 자유민주당(자민당) 초대 간사장
· 1956. 12.	아베 신타로, 장인 기시의 비서가 됨
· 1957. 2. 25.	기시 노부스케, 총리 취임
· 1958. 5. 22.	아베 신타로, 중의원 의원 당선
· 1964. 11. 9.	사토 에이사쿠, 총리 취임
· 1975. 6. 3.	사토 에이사쿠, 사망
· 1977. 3.	신조, 세이케이대학 졸업, 미국유학
· 1979. 4.	신조, 고베제강 취직
· 1983. 11. 27.	신조, 외무대신 아베 신타로의 비서가 됨
· 1991. 5. 15.	아베 신타로, 사망
· 1993. 7. 18.	신조, 중의원 당선(부친의 지역구)
· 2000. 7. 4.	신조, 관방 부장관 취임(모리 내각)
· 2001. 4. 26.	신조, 관방 부장관 유임(고이즈미 내각)
· 2002. 9. 17.	신조, 수상 고이즈미 평양방문 수행
· 2002. 10. 15.	북한에서 피랍일본인 5명 귀국
· 2003. 9. 21.	신조, 자민당 간사장 취임
· 2005. 10. 31.	신조, 관방장관으로 최초 입각(고이즈미 3차내각)
· 2006. 4. 15.	신조, 관방장관으로서 비밀리에 야스쿠니 참배
· 2006. 7. 19.	신조, 『아름다운 나라에』 출판
· 2006. 9. 7.	신조, 무라야마담화를 기본적으로 계승 천명
· 2006. 9. 26.	신조, 자민당 총재 당선(=내각총리)
· 2007. 9. 25.	아베내각 총사퇴
· 2008. 3. 5.	신조, 연구회 설립, 정치활동 재개
· 2012. 12. 16.	신조, 자민당 총재선거 당선(=내각총리)
· 2013. 1. 20.	신조, 『새로운 나라에』 출판
· 2014. 9. 3.	신조, 내각개편

[부록 2] 아베내각 중요 정치인(60인)

이름(한자이름)	생 년	중의원 (당선횟수)	참의원 (당선횟수)	2차집권 초기내각	개편내각	〈창생일본〉
고무라 마사히코 (高村正彦)	1942	11		부총재	자민당 부총재	
다니가키 사다카즈 (谷垣禎一)	1945	11		법무대신	자민당 간사장	
아소 다로 (麻生太郎)	1940	11		부총리 / 재무대신	부총리 / 재무대신	위원
아마리 아키라 (甘利明)	1949	10		특명담당대신	특명담당대신	
니카이 도시히로 (二階俊博)	1939	9			자민당 총무회장	
야마구치 슌이치 (山口俊一)	1950	8			영토, 과학기술 대신	위원
야마모토 유지 (山本有二)	1952	8				회장대리
이시하라 노부테루 (石原伸晃)	1957	8		환경대신		위원
후루야 게이지 (古屋圭司)	1952	8		국가공안위원장		회장대리
가모시타 이치로 (鴨下一郎)	1949	7				부회장
기시다 후미오 (岸田文雄)	1957	7		외무대신	외무대신	
모테기 도시미츠 (茂木敏充)	1955	7		경제산업대신	자민당 선거대책위원장	
시오자키 야스히사 (塩崎恭久)	1950	6	1		후생노동대신	부회장
기무라 다로 (木村太郎)	1965	6		총리 보좌관		창생
네모토 다쿠미 (根本匠)	1951	6		부흥대신		
다무라 노리히사 (田村憲久)	1964	6		후생노동대신		

이름(한자이름)	생 년	중의원 (당선횟수)	참의원 (당선횟수)	2차집권 초기내각	개편내각	〈창생일본〉
다카이치 사나에 (高市早苗)	1961	6		자민당 정조회장	총무대신	부회장
모치즈키 요시오 (望月義夫)	1947	6			환경대신	
스가 요시히데 (菅義偉)	1948	6		내각관방장관	내각관방장관	부회장
시모무라 하쿠분 (下村博文)	1954	6		문부과학대신	문부과학대신	부회장
오코노기 하치로 (小此木八郎)	1965	6		자민당 부간사장		위원
이마무라 마사히로 (今村雅弘)	1947	6		자민당 부간사장		위원
이마즈 히로시 (今津寛)	1946	6				위원
이와야 다케시 (岩屋毅)	1957	6				부회장
히라사와 가쓰에이 (平沢勝栄)	1945	6				위원
가지야마 히로시 (梶山弘志)	1955	5				부간사장
니시카와 고야 (西川公也)	1942	5			농림수산대신	
다카기 쓰요시 (高木毅)	1956	5		국토교통 부대신		부간사장
다케시다 와타루 (竹下亘)	1946	5			부흥대신	
마쓰노 히로카즈 (松野博一)	1962	5				위원
마쓰모토 준 (松本純)	1950	5				위원
사쿠라다 요시타카 (櫻田義孝)	1949	5		문부과학 부대신		위원

이름(한자이름)	생 년	중의원 (당선횟수)	참의원 (당선횟수)	2차집권 초기내각	개편내각	〈창생일본〉
신도 요시타카 (新藤義孝)	1958	5		총무대신		부간사장
야마구치 다이메이 (山口泰明)	1948	5				위원
에토 아키노리 (江渡聡徳)	1955	5			방위대신	
오노데라 이쓰노리 (小野寺伍典)	1960	5		방위대신		위원
가미카와 요코 (上川陽子)	1953	4		총무부대신	법무대신	
가토 가쓰노부 (加藤勝信)	1955	4		관방 부장관	관방 부장관	사무국장
니시무라 야스토시 (西村康稔)	1962	4		내각부 부대신		부간사장
니시카와 교코 (西川京子)	1945	4		문부과학 부대신		위원
다니카와 야이치 (谷川弥一)	1941	4				위원
다케다 료타 (武田良太)	1968	4		방위 부대신		위원
모리야마 히로시 (森山裕)	1945	4				위원
시바야마 마사히코 (柴山昌彦)	1965	4				위원
아키바 켄야 (秋葉賢也)	1962	4				위원
에토 다쿠 (江藤拓)	1960	4		농림수산 부대신		부간사장
이노우에 신지 (井上信治)	1969	4				위원
후루카와 요시히사 (古川禎久)	1965	4		재무 부대신		부간사장

이름(한자이름)	생 년	중의원 (당선횟수)	참의원 (당선횟수)	2차집권 초기내각	개편내각	〈창생일본〉
기우치 미노루 (城内実)	1965	3				사무국차장
이나다 도모미 (稲田朋美)	1959	3		특명담당대신	자민당 정조회장	사무국장 대리
하기우다 고이치 (萩生田光一)	1963	3		총리보좌관		위원
미야자와 요이치 (宮澤洋一)	1950	1	3		경제산업대신	
기시 노부오 (岸信夫)	1959	1	2	외무 부대신		위원
고노이케 요시타다 (鴻池祥肇)	1940		4			부회장
세코 히로시게 (世耕弘成)	1962		4	관방 부장관	관방 부장관	부회장
야마모토 이치타 (山本一太)	1958		4	특명담당대신		부간사장
하야시 요시마사 (林芳正)	1961		4	농림수산대신		
야마타니 에리코 (山谷えり子)	1950		2	참의원 정책심의장	국가공안위원장	부간사장
에토 세이치 (衛藤晟一)	1947		2	총리 보좌관		간사장
이소자키 요스케 (礒崎陽輔)	1957		2	총리 보좌관		위원